矿业企业
法律手册

并购 · 合规 · 诉讼 · 辩护

吴永高律师团队　著

Mining Enterprise Law Manual

Merger and Acquisition Compliance Litigation Defense

法律出版社
LAW PRESS · CHINA
北京

图书在版编目(CIP)数据

矿业企业法律手册:并购·合规·诉讼·辩护/吴永高律师团队著. -- 北京:法律出版社,2024
ISBN 978-7-5197-9133-9

Ⅰ.①矿… Ⅱ.①吴… Ⅲ.①矿产资源法-中国-手册 Ⅳ.①D922.62-62

中国国家版本馆 CIP 数据核字(2024)第 095935 号

矿业企业法律手册
——并购·合规·诉讼·辩护
KUANGYE QIYE FALÜ SHOUCE
—BINGGOU·HEGUI·SUSONG·BIANHU

吴永高律师团队 著

策划编辑 周 洁 林 蕊
责任编辑 周 洁
装帧设计 李 瞻

出版发行 法律出版社
编辑统筹 司法实务出版分社
责任校对 王语童
责任印制 胡晓雅
经 销 新华书店

开本 710 毫米×1000 毫米 1/16
印张 21 **字数** 294 千
版本 2024 年 10 月第 1 版
印次 2024 年 10 月第 1 次印刷
印刷 固安华明印业有限公司

地址:北京市丰台区莲花池西里 7 号(100073)
网址:www.lawpress.com.cn
投稿邮箱:info@lawpress.com.cn
举报盗版邮箱:jbwq@lawpress.com.cn
销售电话:010-83938349
客服电话:010-83938350
咨询电话:010-63939796

书号:ISBN 978-7-5197-9133-9
定价:78.00 元
凡购买本社图书,如有印装错误,我社负责退换。电话:010-83938349

作者简介

吴永高

北京金诚同达律师事务所高级合伙人。吴永高律师长期从事土地和矿产等自然资源领域法律实务和理论研究工作，曾在原国土资源部法律中心工作多年，现为中国矿业联合会法律专业委员会副主任、中国政法大学国土资源法律研究中心特聘研究员、中国矿业大学法律硕士校外导师、中国地矿经济法学分会常务理事。

吴永高律师团队曾担任2019～2021年度自然资源部法律顾问、2017～2020年度自然资源部法律中心法律顾问，能够综合地、系统地运用法律政策解决实务问题。团队承办过众多矿业诉讼案件和非诉项目，在矿业投资并购、矿业合规管理、矿产资源压覆补偿、自然保护区矿业权退出、涉矿纪检审计整改、涉矿争议解决和刑事辩护等方面具有丰富的实践经验。

邮箱：wuyonggao@jtn.com

撰 稿 人

吴永高　冼春雷　孔得安　王　琪　张雅蓝

序

PREFACE

矿产资源是经济社会发展的重要物质基础，矿产资源勘查开发事关国计民生和国家安全。当前，国际形势风云变幻，经济逆全球化趋势愈演愈烈，俄乌冲突、巴以战火引发的全球产业链、供应链剧烈动荡警示我们，提高能源和矿产资源自给能力是确保国家能源资源安全的压舱石。

市场经济是法治经济。在矿产资源领域，广大地质勘查和矿山开发企业是矿产资源勘查开发市场的主体，矿业企业能否合规经营，其合法权益能否得到法律保护，既关系到市场机制在矿产资源领域发挥作用的程度，也关系到依法治矿水平的高低，最终关系到能否实现我国矿业行业的高质量发展和能源资源的高水平安全。

我国现行《矿产资源法》颁布于1986年。1996年做了部分修正，2009年又做了个别文字修正。《矿产资源法》诞生于从计划体制向市场体制的过渡时期，加之近30年未做实质修改，实践中积累了大量问题。在此期间，只能靠出台大量规范性文件给法律“打补丁”。如今这件“老棉袄”由于补丁摞补丁，已经面目全非，但“里子”还在起作用，因此管理中矛盾重重。近年来，因应矿产资源管理改革需要，在现行《矿产资源法》及有关行政法规尚未修改的情况下，自然资源部本着急用先行原则出台了多份矿业管理制度重大改革文件。作为矿业领域的法律工作者，如果对矿业法律政策的历史演变不够熟悉，对矿业管理体制机制不够了解，对矿产资源勘查开发规律十分陌生，很难为矿业企业提供切实管用的法律服务。

本书作者吴永高律师曾在原国土资源部法律中心工作多年，参与过众多矿产资源领域的立法和课题研究工作，对于矿产资源领域法律政策具有较好的理解和驾驭能力。吴永高律师从事专职律师后，一直专注矿产资源领域法律服务，在开展律师工作的同时，还坚持将法学理论、法律政策和矿业行业实务结合起来，针对矿业领域的重点、焦点、难点问题进行深入研究分析，写成系列文章向社会传播，取得了较好的社会效果。

中国矿业联合会是中国矿业从业者的精神家园，将“全心全意为会员服务”确立为中国矿业联合会的核心价值观。我认为做好会员服务工作主要包括两方面内容，一是组织会员自律，二是帮助会员维权。组织自律是为了提高矿业行业发展质量和水平，使会员单位自觉适应社会的监督和环境的约束，树立社区融合发展促进者、生态环境建设者的良好企业形象。本书中“矿业企业合规管理实务要点”内容完全契合矿业企业自律的要求，即针对矿业企业如何按照法律政策规定履行法定义务、进行合规经营进行了深入全面的分析，是矿业企业自律的重要参考内容。帮助维权是为了增强会员的法治意识，通过参与立法修法，为会员单位创造一个良好的运行环境，同时组织开展释法维法，促进会员自觉遵纪守法，减少受到非法侵害。本书中“矿业投资并购法律实务”“建设项目压覆矿产资源纠纷”“非法采矿罪辩护要点”“非法占用农用地罪辩护要点”等内容都属于帮助企业维权的范畴。

法治是中国式现代化的重要保障。我们欣喜地看到，《矿产资源法》修订稿已经经过全国人大常委会二次审议，预计不久将会颁布实施。目前审议稿的法条内容较好地回应了矿产资源勘查开发企业对法治建设的期盼，解决了部分长期困扰中国矿业行业良性发展的难点问题。中国矿业联合会愿意联合包括矿业律师在内的广大法律工作者，在宣传、普及、解释和执行新的《矿产资源法》方面，在组织矿业企业依法自律、合规经营方面，在帮助矿业企业依法维护自身合法权益方面，继续贡献自己的力量，推动我国矿业行业高质量发展。

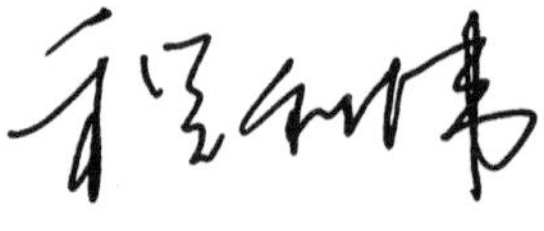

2024年8月30日

目录

CONTENTS

PART 01

第一部分

矿业投资并购法律实务

引　言

矿业投资的目的是取得矿业权或矿业公司股权，进而最终取得矿产资源开发的收益。它是矿业企业的重要经济活动，是矿业企业进行资本投资和资源整合的一种有效方式。近几年，矿产品价格高企，矿产资源管理政策不断完善，维护能源资源和重要产业链供应链安全成为矿产资源开发管理的战略目标。在价格和政策双重利好驱动下，矿业投资活动日趋活跃。

矿业投资并购是一项专业的系统性工程，投资并购过程中的前期准备、初步洽谈、尽职调查、交易谈判、签订协议、并购交割等各个环节往往承前启后、环环相扣、联系紧密，每个环节都需要专业法律服务的支持和保障。本部分将从矿业并购模式、矿业权尽职调查、矿山项目尽职调查、目标公司尽职调查、矿业并购流程概述、矿业投资并购交易合同六个方面，对矿业投资并购中的重点问题和常见法律风险进行梳理和解析，并对矿业权人有效应对矿业投资中常见的法律风险提出实务建议。

第一节　矿业并购模式

矿业投资的目的是取得矿业权或矿业公司股权，进而最终取得矿产资源开发的收益。根据投资阶段的不同，矿业投资途径可以分为一级市场和二级市场。一级市场是指通过招拍挂方式直接获取政府出让的探矿权或采矿权，属于新设矿业权，一级市场因为政府信用背书或者探矿权出让地质资料较为简单等，投资人需要法律尽调的内容相对简单；二级市场是指投资人对已设矿业权进行的投资，属于存量矿业权的交易，投资人需要开展较为详细的法律尽调。

二级市场矿业投资一般又分为资产并购和股权并购两种模式。鉴于并购模式的选择对于交易的风险、程序、难易程度等有重要影响，矿业企业要实现交易目的，就需要在并购过程中根据个案情况并结合矿产资源开发的特殊性，选择合适的并购模式。

一、资产并购模式的利弊分析

（一）资产并购的优势

根据我国现行法律法规，矿业权包括探矿权和采矿权，属于用益物权，能够依法进行转让。因此，矿业投资人可以通过资产收购的方式直接取得目标矿业权。对于投资人而言，这种模式能够与目标公司划清关系，具有以下优势：

一是可以仅就包括矿业权在内的目标资产进行法律尽调，并购前期尽调工作相对简单。

二是交易模式单一，就是并购资产的评估作价和转让。

三是可以规避目标公司以往经营中发生的债权债务导致的不可控风险，

投资风险相对较小。

四是不涉及目标公司后续的经营管理及人员处置问题，交易程序更为简单。

（二）资产并购的缺点

资产并购的核心是矿业权转让，而根据现行矿产资源管理政策的规定，矿业权转让需满足法定条件，并经自然资源主管部门批准。具体如下：

1. 探矿权转让应具备以下条件：（1）非油气探矿权的受让人原则上可以是营利法人，也可以是非营利法人中的事业单位法人；油气（含石油、烃类天然气、页岩气、煤层气、天然气水合物）探矿权的受让人原则上应当是营利法人。（2）除母公司与全资子公司之间、符合勘查主体资质条件申请人之间的探矿权转让外，以协议方式取得的探矿权，应当持有探矿权满 5 年。（3）探矿权人须完成最低勘查投入。（4）探矿权属无争议。（5）已缴纳探矿权使用费（矿业权占用费）、探矿权价款（出让收益）。

2. 采矿权转让应具备以下条件：（1）受让人原则上应当为营利法人。（2）除母公司与全资子公司、符合开采主体资质条件申请人之间的采矿权转让外，以协议出让方式取得的采矿权，应当持有采矿权满 5 年。（3）采矿权属无争议。（4）按照国家有关规定已经缴纳采矿权使用费（矿业权占用费）、采矿权价款（出让收益）、矿产资源补偿费和资源税。

《自然资源部关于进一步完善矿产资源勘查开采登记管理的通知》（自然资规〔2023〕4 号）中还规定，有下列情形之一的，不予办理采矿权转让变更登记：（1）采矿权部分转让变更的；（2）同一矿业权人存在重叠的矿业权单独转让变更的；（3）采矿权处于抵押备案状态且未经抵押权人同意的；（4）未按要求缴纳矿业权出让收益（价款）的；（5）未在转让合同中明确受让人承继履行矿山地质环境恢复治理义务的；（6）采矿权被自然资源主管部门立案查处，或人民法院、公安、监察等机关通知不得转让变更的。

综上，资产并购模式虽然具有诸多优势，但其弊端也较为明显：

一是目标矿权必须符合转让条件并且经过矿政管理部门审批。

二是矿业权主体发生变更，与此相关的安全生产许可证等其他审批文件也需要予以变更。

三是由于矿产资源开发属于政府强监管行业，投资人需关注当地的矿业权管理政策，并与当地政府进行充分的沟通，了解其对于矿权人变更的态度。

四是投资人同样需对矿业权的历史沿革、矿权取得的合法合规性、资源储量、生态环保、矿业用地等问题进行详细的法律尽职调查。而且，鉴于矿山地质环境恢复治理、土地复垦等矿业权相关的法定义务会随着矿业权的转让同时转让，尽调时还需关注原矿业权人的法定义务履行情况。

五是由于矿山的生产经营不仅依赖于矿权本身，还需要厂房、设备、道路等设备设施的支撑，投资人在进行矿业权收购时还要对该等相关资产的收购问题一并考虑。

二、股权并购模式的利弊分析

（一）股权并购与资产并购的区别

所谓股权并购，是指投资方通过购买持有矿业权的公司的股权或认购目标公司增资，从而拥有矿业权投资权益的收购方式。其与资产并购在交易主体、交易标的、适用法律和法律效果等方面存在明显的区别：

第一，矿业权转让是矿业权人和投资方之间发生的交易，而股权转让是矿业权人的股东和投资方进行的交易。

第二，矿业权转让的标的是矿权本身，而股权转让的标的是目标公司的股权。

第三，矿业权转让适用的是《矿产资源法》和《探矿权采矿权转让管理办法》等矿产资源管理相关的法律法规，而规制股权转让行为的法律依据则是《公司法》和《市场主体登记管理条例》等。

第四，矿业权转让的法律后果是矿业权人的变更，而股权转让的法律后果则是公司股东的变更。

（二）股权并购的优势

正是由于上述不同之处，相较于矿业权转让，股权收购模式具有以下优势：

一是不涉及矿业权主体的变更，法律程序更为简单。如前所述，矿业权转让需要满足法定条件且须经行政主管部门依法审批，而股权转让除涉及国有产权转让需要履行相关审批手续外，一般只需要在签署股权转让协议后，办理工商变更登记即可。这样就能够规避矿业权等资产转让在交易过程中可能面临的法律障碍，减少交易难度。

二是矿山生产经营的过渡期更短。股权转让模式下，矿山勘探或开采所需的各种证照、法律文件等均无须办理任何变更，生产经营所需的设施设备、土地等也无须办理过户手续，投资人在签订股权转让协议、办理工商变更登记并完成交割后，即可通过对目标公司的控股地位而直接参与矿山的生产经营。

三是税费负担相对较低。如前所述，股权转让是目标公司股东和投资人之间的交易，所涉税费主要是企业所得税。而矿业权等资产转让涉及的税费除了企业所得税外，还包括增值税等，税费负担一般更重。

（三）股权并购的缺点

相较于直接转让矿业权，股权转让的可操作性显然更强，实践中投资方也较多采用此种方案。但此种交易模式也存在以下问题：

一是由于目标公司的民事权利义务依然延续，股权转让并不影响目标公司对原有债权债务的享有和承担。在出让方对目标公司负债情况披露不全面或不真实的情况下，目标公司承担或有负债，导致投资者权益减损的风险较高。

二是根据《公司法》和《劳动法》的相关规定，股权转让涉及其他股东是否放弃优先购买权、出让方是否已按期履行出资义务、公司治理结构安排、原有员工安置等诸多问题。

三是为了规避风险，股权并购模式下需要进行法律尽职调查、财务尽职调查、业务尽职调查等大量的尽职调查工作。就法律尽调而言，需要重点对目标公司的设立和历史沿革、股权结构和股权质押情况、公司的融资担保情况、签署的全部合同、全部的固定资产、劳动用工情况、税费缴纳、涉及的诉讼、仲裁和行政处罚等情况进行全面尽职调查，并根据尽调结果在交易合同中作出相应的安排，避免在交割完成后发生风险和造成损失。

此外，需要注意的是，由于我国矿产资源的稀缺性和重要性，政府部门从行政管理角度，为了防止通过股权转让的方式（尤其是实际控制人发生变化的情形）规避矿业权转让的限制条件，在以往的地方矿政管理实践中，存在个别地方矿产资源主管部门将矿业公司的股权转让视为矿业权转让进行管理的情况。例如，表1所列部分地区文件规定。

表1　部分地区文件规定

地区	文件名称	相关内容
新疆维吾尔自治区	《新疆维吾尔自治区探矿权采矿权管理办法》（新政办发〔2007〕229号，2008年1月1日起实施）	**第三十六条**　变更采矿权应当符合下列条件： …… （四）变更采矿权人名称的，投资主体未发生变化；投资主体发生变化的，按照转让采矿权的规定办理……
山东省	《山东省国土资源厅关于转发〈国土资源部关于进一步完善采矿权登记管理有关问题的通知〉的通知》（鲁国土资字〔2011〕508号）	采矿权人以出售、作价出资，引进他人资金、技术、管理等合作经营，企业重组改制等原因，只要采矿权人的股东、股比发生变化，均属采矿权转让行为，必须办理采矿权转让手续

根据上述规定，对于矿业企业的股东变更，部分地方直接将股权转让视为采矿权转让进行规制。笔者认为，我国法律法规对矿业权人的股权转让未做强制性规定，一般只需依法办理变更登记即可，无须特殊的批准程序，未经批准也不影响转让合同效力。但是，鉴于部分地方在以往的管理实践中有将股权转让参照矿业权转让的管理倾向，且在矿山的后续经营过程中还有较

多的手续需要到矿产资源主管部门办理，对于投资人而言，还是应当在交易前充分了解当地的政策以及主管部门的态度，进行相应的窗口咨询，避免对交易产生障碍和风险。

三、并购模式的选择建议

综合上述分析，对于矿业并购而言，资产并购和股权并购均有其优势和劣势。具体到个案，并购模式的选择还是需要投资人综合考虑投资需求、法律风险、经济利益以及交易的难易程度等因素，结合项目的具体情况进行选择。例如，在矿业权转让存在法律上的障碍，或者矿业权转让审批难度较大时，应基于交易难易程度的角度，考虑选择股权并购方式；在目标公司存续时间较长且管理不规范，存在历史沿革复杂、或有负债风险高、核心资产设有权利负担、股东之间利益纠纷难以解决等情况时，则应基于法律风险防控的角度，考虑选择资产并购方式。

以笔者团队承办的项目为例。A 地方国资公司拟通过股权收购的模式投资 B 采矿权公司。但在笔者团队进行充分法律尽职调查后，发现 B 采矿权公司因当地的矿产资源整合政策而长期停产，经营情况不佳，存在多笔成本较高的融资负债、核心资产也已经存在抵押质押、合同欠款和潜在诉讼较多且存在小股东的利益较难平衡等多个法律风险，在综合研判后我们建议 A 地方国资公司将交易模式变更为资产并购，直接受让 B 采矿权公司采矿权及相关资产，从而降低或者避免相应的法律风险。

C 矿业公司通过矿业权收购方式从 D 国资公司处取得了目标探矿权，E 国有企业又通过股权收购方式取得了 C 矿业公司 100% 股权。此后，C 矿业公司与 D 国资公司之间的探矿权转让行为被行政机关认定为低价转让，造成了国有资产损失，C 矿业公司因此补交了巨额的探矿权转让价款。该案例实际上就属于投资者因为目标公司的或有债务而遭受损失的情形，若作为投资者的 E 国有企业当时能够在充分尽调的基础上，正确评估 C 矿业公司的前序交易行为存在的潜在风险，则就可通过资产收购方式直接受让目标探矿权，有效规避相应风险。

当然，除了矿业并购之外，投资人还可以通过合作勘查、合作开采、矿山租赁、矿山承包以及矿山托管等方式进行投资。但必须认识到，矿产资源行业在我国属于强监管行业，矿产资源的开发利用涉及自然资源、发改、工业、交通、环保、安全、公安、市场监管等诸多政府部门的行政审批和监管。无论采取何种投资方式，对标的资产、目标公司或合作对象的全面尽调都是重中之重，这是投资方识别和防控法律风险，顺利完成交易的前提和基础。因此，我们建议，投资人在矿业投资并购中应当聘请专业的矿业律师，在了解交易目的、收集交易背景材料、梳理相关法律政策的基础上，结合交易中可能涉及的相关具体问题，帮助投资方发现和分析其中的法律风险，判断交易难度，为交易方案的选择和交易的顺利推进提供专业意见。

第二节　矿业权尽职调查

矿业权是矿业企业的核心资产，是矿业企业开展矿产资源勘查开发活动的重要基础和前提。矿业投资并购尽职调查中，应把矿业权尽职调查作为工作的重中之重，围绕矿产开发区域限制、矿产资源规划、矿业权合法性、储量真实性、有偿处置、矿业权重叠、矿产资源压覆等重点问题，通过多种方式进行调查核实。针对尽职调查中发现的法律问题，应进一步分析评估法律风险，有针对性地采取风险防范措施，为投资并购目的的实现提供有力保障。

一、关于矿产开发限制或禁止区域问题

《矿产资源法》第20条规定，非经国务院授权的有关主管部门同意，不得在国家划定的自然保护区等国家规定不得开采矿产资源的地区开采矿产资源。近年来，随着生态文明建设的推进，从中央到地方都日益重视协调自然资源保护与开发利用，特别是党的十九大报告明确提出要“完成生态保护红线、永久基本农田、城镇开发边界三条控制线划定工作”，自然资源部制定了全国“三区三线”划定规则，“三区三线”成为矿产资源开发不可逾越的红线。矿业投资并购过程中，查明目标矿业权是否处于“三区三线”等矿产开发限制或禁止区域，是事关矿业权能否存续的重大问题。

案例1：尽调时未发现目标采矿权拟被划入生态保护红线，并购完成后采矿权被责令退出

A公司是一家石材企业，为了提供原材料自给能力，计划收购甲公司拥有的饰面用花岗岩采矿权。A公司通过尽职调查了解到，目标采矿权有效存续且不存在转让过户障碍，A公司据此判断目标采矿权符合收购条件。A公司通过转让方式取得目标采矿权不久后知悉，该矿区范围即将被地方政府划

入生态保护红线范围，矿山项目已无法办理立项等审批手续。之后，生态保护红线范围公布，该采矿权被政府列入退出矿业权名单。

上述矿业投资并购尽职调查过程中，A 公司未对目标采矿权所在地域的生态环保政策情况进行调查核实，未能了解到目标采矿权即将被划入生态保护红线这一重要信息，最终导致其投资并购的采矿权被政府责令退出。

矿业投资并购实务中，为查清目标矿业权存在矿产开发的区域限制或禁止问题，尽职调查中应重点关注以下内容：一是核实目标矿业权是否涉及永久基本农田，涉及永久基本农田的，须进一步根据永久基本农田保护规定，结合目标矿业权的矿种、开采方式等情况对能否占用永久基本农田作出分析判断。二是核实目标采矿权是否涉及生态保护红线，涉及生态保护红线的，须进一步根据生态保护红线管理规定，结合目标矿业权的矿种、是否符合国家战略需要等情况对能否开发利用作出分析判断。三是核实目标矿业权是否涉及自然保护区、风景名胜区、饮用水水源保护区等各类保护区，涉及各类保护区的，须依照相关法律法规进行分析判断。四是核实目标矿业权是否涉及城镇开发边界范围。五是核实目标矿业权是否涉及国务院规定的大气污染防治重点区域等其他禁止或限制区域。

二、关于矿产资源规划问题

矿业权设置受国土空间规划（土地利用规划）、矿产资源总体规划以及专项规划的强力制约。自然资源主管部门进行矿业权新设、转让、延续等审批登记时，对不符合有关规划要求的，一般不予办理审批登记。目标矿业权是否符合矿产资源有关规划，是事关矿业权能否存续的重大问题。

案例 2：尽调时未核查矿产资源规划，并购完成后采矿权因不符合规划无法延续

B 公司拟收购乙公司拥有的硅石矿采矿权。在尽职调查过程中，B 公司发现目标矿山处于停产状态，乙公司解释称矿山系因市场价格低迷停产，后缺乏启动资金无力恢复生产。鉴于目标采矿权手续齐全，B 公司决定进行收购。收购完成后，因采矿许可证临近到期，B公司向矿产资源管理部门申请办理采矿权延续，被告知该矿山因生产规模过小，不符合当地矿产资源规划要求，已被纳入关闭矿山范围，不予办理采矿权延续。

上述矿业投资并购尽职调查过程中，B公司在未核查矿产资源规划的情况下就达成了交易，之后因目标采矿权不符合规划无法办理延续手续，矿业投资并购以失败告终。

矿业投资并购实务中，应核查拟并购矿业权所在区域的国土空间规划和矿产资源总体规划、资源专项规划的编制审批及实施情况，并了解各类、各级规划之间的衔接问题，对目标矿业权是否存在因不符合规划而无法进行转让、延续的风险作出判断。

三、关于矿业权合法性问题

矿业权是拟并购项目中的核心资产，矿业权合法性是决定项目投资风险大小的重要因素。由于矿业权兼具用益物权和行政许可的双重属性特征，加之我国矿业权管理法律政策具有专业性、复杂性、多变性等特点，使矿业权合法性的判断成为一项较为复杂的问题。

案例3：目标采矿权存在越界开采行为，并购后投资方承担了巨额行政处罚

C公司拟通过股权收购方式取得丙公司铁矿采矿权。由于丙公司在开采过程中存在越界开采情形，矿产资源主管部门曾向丙公司下达过责令停止违法行为通知书。但C公司开展项目尽调过程中，丙公司隐瞒了越界开采的事实，C公司未就此问题进行深入核查，股权转让协议中也未要求原股东就矿山不存在越界开采作出承诺。股权收购完成后，C公司实际经营矿山期间，矿产资源主管部门针对越界开采行为进行立案调查，最终作出了巨额行政处罚。

上述矿业投资并购尽职调查过程中，C公司未对目标公司是否存在越界开采这一常见典型违法风险进行重点核查，导致尽职调查遗漏了重大合法性风险，并因矿山被行政处罚而承担了巨大损失。

矿业投资并购实务中，为查清目标矿业权存在的合法性问题，尽职调查中应重点关注以下三个方面：一是矿业权取得的合法性。在取得方式上，如果目标矿业权系通过矿业权一级市场出让方式取得，须调查核实矿业权出让政府文件、矿业权出让合同、矿业权登记发证等资料；如果矿业权系通过二级市场转让方式取得，还应核实矿业权转让合同、转让价款支付凭证、转让审批文件等资料。二是矿业权存续的合法性。应调查核实矿业权人履行矿业权出让合同约定义务和法定义务的情况，包括开采范围不得超出采矿许可证规定的范围，依法缴纳采矿权使用费、资源税等税费，开展矿山地质环境保护与治理恢复等。三是矿业权到期后能否顺利办理延续登记。

四、关于资源储量风险问题

资源储量是判断矿产资源开发利用价值的核心经济指标之一，是决定投资并购交易成败的重要因素。矿产资源通常蕴藏在地下，其隐蔽性决定了矿产资源储量的不确定性，矿产投资并购实践中资源储量不实甚至造假行为时有发生。因此，资源储量风险是矿业投资并购交易中的重要风险。

案例 4：目标采矿权资源储量不实引发并购双方争议

D 公司拟通过增资入股方式，投资丁公司拥有的萤石矿采矿权。丁公司提供的矿产资源储量报告显示，该萤石矿保有矿石量约 700 万吨，CaF_2 量约 300 万吨，平均品位为 38%。双方依据该储量报告，对采矿权价值及公司股权价值进行了评估。D 公司入股丁公司后，为了编制矿山开采设计对矿产资源储量进行再次核实，发现该萤石矿实际保有矿石量不足 500 万吨，平均品位仅有 25%。该资源储量与投资入股时储量报告记载的数据存在较大差距，致使矿山开发利用价值受到重大影响。

上述矿业投资并购尽职调查过程中，D 公司未对目标公司采矿权矿产资源储量真实性进行充分核实，仅依靠储量报告记载作出判断，导致矿产资源实际储量与并购交易储量存在较大差距。

矿业投资并购实务中，为充分核实目标矿业权矿产资源储量真实性问题，在开展法律尽职调查和地质专业尽职调查中，应重点关注以下三个方面：一是要充分调取和审查有关书面材料，包括普查报告、详查报告、勘探报告，以及矿产资源储量报告评审意见书、评审备案证明等；二是核查有关探矿工程、测量成果以及化验结果等，有针对性地对槽探、钻孔、坑道等勘查工程进行实地检查；三是根据实际需要实施工程验证与生产核验，必要时重新编制储量核实报告。

五、关于矿业权价款（出让收益）问题

矿业权价款（出让收益）问题对目标公司负债金额的认定、并购交易价格的确定具有重要影响。近些年，我国矿业权价款征收管理制度不断调整变化，特别是2017年以来将原来只对国家出资探明矿产地收取、反映国家投资收益的探矿权采矿权价款，调整为适用于所有国家出让矿业权、体现国家所有者权益的矿业权出让收益。政策的变化及其理解适用对企业如何承担矿业权价款（出让收益）提出了很多新的问题，给矿业投资并购带来了重大风险。

案例5：目标采矿权尚未全部完成有偿处置，交易完成后双方因采矿权出让收益承担问题发生争议

戊公司系煤矿企业，2013年E公司拟收购戊公司股权。戊公司采矿权属于国家出资探明矿产地，已在2010年按照规定评估缴纳了采矿权价款。由于该矿山服务年限为50年，但矿业权价款评估最多只能计算30年动用储量，还有部分资源储量尚未进行有偿处置。股权交易完成后，由于戊公司申请核增生产能力，矿产资源管理部门要求戊公司针对尚未有偿处置的资源储量评估缴纳采矿权价款。E公司认为该部分采矿权价款属于股权转让交易时戊公司的潜在负债，应由原股东承担。原股东则认为该项费用系股权交易后产生，属于和原股东无关的新债务。

上述矿业投资并购尽职调查过程中，E公司未关注到目标采矿权矿产资

源储量中尚有部分储量未完成有偿处置，未在交易合同中对剩余资源储量对应的采矿权价款承担问题进行约定，导致后期该项费用发生后双方对费用承担问题产生争议。

矿业投资并购实务中，为查清目标矿业权是否存在矿业权价款（出让收益）缴纳问题，尽职调查中应重点关注以下三个方面：一是核查目标采矿权已评审备案的保有资源储量是否全部进行了有偿处置；二是核查目标采矿权新增资源量的价款（出让收益）缴纳问题；三是核查目标采矿权过往交易中相关主体对采矿权价款（出让收益）承担问题的有关约定。

六、关于矿业权重叠问题

矿业权重叠是指两个以上分属不同矿业权人的矿业权，其客体在空间或垂直投影范围内发生交叉或重叠的情形。由于过往政策未完全禁止矿业权重叠，以及探矿权、采矿权审批层级不一致导致信息不畅等，我国过往设立的矿业权中有的存在矿业权重叠情形。随着矿产资源管理制度的变化，过往原因形成的重叠矿业权面临未来无法顺利办理延续登记等问题。

案例6：目标探矿权和其他已设探矿权存在重叠，并购完成后投资人无法办理探矿权延续

F公司拟收购一宗铜多金属矿探矿权。F公司在开展尽职调查过程中，经过审核文件确认目标探矿权合法有效，探矿权存续不存在风险和障碍。F公司受让取得该探矿权后，继续实施地质勘查工作并取得了重大勘查成果。探矿权到期前，F公司向矿产资源管理部门申请办理探矿权延续，被告知该探矿权和在先设立的另一宗探矿权存在部分重叠，需要F公司同意放弃重叠区域后，才同意为剩余勘查区域办理探矿权延续。但重叠区域属于F公司探矿权探明资源储量的核心区，放弃重叠区域将导致该探矿权基本丧失开发利用价值。

上述矿业投资并购尽职调查过程中，F公司未核查到目标探矿权和已设探矿权存在重叠的重大不利事实，导致F公司无法顺利办理探矿权延续手续，造成并购投资和勘查投资的双重资金损失。

矿业投资并购实务中，为查清目标矿业权存在的矿业权重叠风险，尽职调查中应重点关注以下三个方面：第一，通过审核书面材料、咨询行政主管部门、走访周边矿山等方式，查清目标矿业权是否存在和其他矿业权重叠的情形。第二，经核查发现存在矿业权重叠情形的，应进一步对矿业权设立顺序、重叠矿业权区域面积等进行调查核实。第三，对于被并购方提出的解决矿业权重叠方案，应围绕方案的可行性和成本代价情况进行调查核实，为投资决策提供基础依据。

七、关于矿产资源压覆问题

建设项目压覆矿产资源，是指项目建设压覆一定规模的矿产资源，并导致其无法开发而失去利用价值。随着铁路、公路等基础设施项目的大量建设，建设项目压覆矿产资源的情况时常发生，压覆问题成为矿业投资并购中需要关注的重要法律风险。

案例 7：原采矿权人隐瞒拟建高铁线路途经矿区的信息，交易完成后采矿权因工程压覆而无法开采

G 公司拟收购某白云岩矿采矿权。在进行尽职调查过程中，G 公司经过审核资料、现场调查、咨询矿产资源管理部门等方式，认定目标采矿权合法存续，具备投资并购条件。G 公司完成收购后，在开展矿山建设过程中，收到地方政府发出的高速铁路工程沿线矿产资源禁采范围的通知。后 G 公司经过了解方才得知，早在 G 公司收购该采矿权之前，原采矿权人已和高速铁路建设方签订了压覆补偿意向书，高速铁路工程可研报告已获批复。G 公司遂以原采矿权人未如实披露重大事项为由，向法院提起诉讼要求原采矿权人承担违约赔偿责任。

上述矿业投资并购尽职调查过程中，原采矿权人隐瞒了拟建高铁线路途经目标采矿权矿区范围这一重要信息，G 公司也未对可能存在的压覆情形进行信息查询检索，导致并购后目标采矿权因工程压覆而无法开发，造成巨大投资损失。

矿业投资并购实务中，为查清目标矿业权存在的矿产资源压覆风险，尽职调查中应重点关注以下四个方面：一是通过核查目标公司提供的有关材料，判断是否存在压覆情形，或者潜在压覆风险；二是咨询当地矿产资源管理部门，核实目标采矿权是否存在建设项目压覆查询、压覆审批或备案的记录；三是到矿区范围及周边进行实地踏勘，核查是否存在建设项目施工行为；四是通过公开途径查询目标矿业权所在地的公路、铁路等重点项目情况，对目标矿业权被压覆的风险作出分析判断。

八、做好矿业权尽职调查防范投资并购风险的几点建议

第一，围绕并购目标，深入开展尽职调查工作。一是要突出重点。为了在有限的时间内查清重大法律问题，需要律师在全面收集信息的基础上，紧紧围绕矿产开发禁止限制、矿业权合法性、储量真实性、有偿处置、矿业权重叠、矿产资源压覆等重点问题，通过多种方式进行信息的获取、分析和判断。二是要坚持独立审慎原则。律师在审阅目标公司提供的资料时，应注意判断这些资料是否足够、是否相互矛盾，是否需要发出补充文件清单；对于公司人员的陈述、说明，应结合现场调查结果和其他信息来源综合判断；对于一些重大文件的真实性，应到有关政府部门进行独立调查核实。三是与各方进行及时有效的沟通。律师应就尽职调查中的重要问题及时与客户进行沟通交流，并和审计机构、资产评估师、矿业权评估机构、技术专家保持良好的沟通配合。

第二，剖析尽调中发现的问题，揭示投资并购法律风险。法律尽职调查的过程是对目标公司过往及现在法律风险的发现、识别、评估的过程。律师应针对尽职调查中发现的法律问题，从问题产生的原因、来源、后果及发生的可能性等方面，进行法律风险分析评估。按照不同情形，将法律风险划分为一般性法律风险、重要法律风险、颠覆性法律风险等不同等级，特别是要准确识别出对投资并购形成实质性影响的重大法律风险。例如，矿业权合法

性方面，欠缴税费通常属于一般性法律风险，违法开采通常属于重大法律风险，矿业权无法办理延续则属于颠覆性法律风险。

第三，针对具体法律风险，提出切合实际的防范措施。通过法律尽职调查发现问题、揭示法律风险后，应根据法律风险的性质和程度提出对应的防范措施。对于足以推翻交易的颠覆性风险，建议投资方作出放弃并购、撤出交易的决策；对于尚不足以推翻交易的重要法律风险，应结合实际情况重构交易，调整投资并购方式，并采取设置先决条件等措施，将风险控制在可承受范围；对于一般性法律风险、法律瑕疵，则应通过要求对方提供担保、延长付款期限、出具声明承诺、设置违约条款等方式消除或降低交易风险。

第三节　矿山项目尽职调查

矿山项目建设是矿产资源开发活动的重要组成部分，矿业投资并购尽职调查中应把矿山项目尽职调查作为工作的重点，在全面调查矿山项目审批建设情况的基础上，突出项目核准、矿山环保、矿山安全、项目用地等重点问题。律师在开展矿山项目尽职调查过程中，应充分做好调查准备工作，通过多种方式查清有关事实，出具专业、精准、切合实际的法律尽职调查报告。

一、关于矿山项目核准问题

我国对关系国家安全、涉及全国重大生产力布局、战略性资源开发和重大公共利益等企业投资项目，实行核准管理。矿山项目中的煤炭、黄金、稀土、铁矿、有色矿山开发等项目属于实行核准管理的项目。矿业投资并购过程中，了解矿山项目核准有关情况，既是判断项目合法性的重要依据，也是掌握项目建设进度、分析项目建设周期的重要参考。

案例1：尽调时对项目核准风险未予关注，并购完成后项目因不符合产业政策无法办理核准

甲公司拥有煤矿探矿权，经过两年多的勘查工作，已获得资源储量并完成评审备案，具备了办理探转采的条件。A公司拟通过收购甲公司股权的方式实现对该煤矿探矿权的收购。A公司在开展尽职调查过程中，重点调查了探矿权的有关情况，未关注到煤矿项目核准手续办理风险问题。A公司完成并购后，在办理煤矿项目核准手续时得知，该探矿权由于不符合煤炭矿区总体规划，不予符合项目核准条件，能源主管部门不予办理项目核准手续。

上述矿业投资并购尽职调查过程中，A公司未对目标项目是否符合煤炭矿区总体规划、生产开发规划、煤炭资源勘查规划等情况进行调查核实，未能了解到目标项目不符合煤炭矿区总体规划的情况，最终导致投资并购的煤矿项目无法办理核准手续，项目无法进行开发建设。

矿业投资并购尽职调查过程中，在矿山项目核准方面应关注以下事项：第一，对于尚未取得核准批复的项目。一方面，要关注项目是否符合有关规划、产业政策等，判断项目下一步能否顺利办理核准手续；另一方面，要关注项目用地预审、选址意见书、社会稳定风险评估等项目核准前置手续办理进展情况。第二，对于已经取得核准批复的项目。一方面，要关注项目是否在核准文件有效期内开工建设，需要延期开工建设的，是否已经项目核准机关批准延期。另一方面，要关注项目是否出现了投资规模、建设规模、建设内容发生较大变化等需要变更核准的情形。

二、关于矿山项目环保问题

矿产资源开发通常会对周边生态环境造成较大的扰动和损害，因此矿山项目受到行政机关严格的环保审批和监管，环保合规是矿山项目合法存续的重要条件。无论是在矿山项目前期、矿山建设期，还是矿产资源开采、选矿、冶炼加工等环节，环保风险都是制约矿山开发建设的重要风险，环保问题是矿业投资并购中需要关注的重要问题。

案例 2：尽调时对项目改扩建工程环评问题未予关注，并购完成后技改扩建工程因环评未通过而无法实施

B 公司拟收购乙公司铁矿开发项目。目标项目为年产 40 万吨铁矿石采选项目，处于在产状态。乙公司为扩大生产规模，正在推进技改扩建工程，技改扩建完成后生产规模将达到 90 万吨/年。B 公司在开展尽职调查过程中，了解到技改扩建工程已取得项目核准批复。在并购交易中，双方按照 90 万吨/年生产规模对铁矿采矿权价值进行了评估。B 公司完成并购后，在办理铁矿项目环境影响评价手续过程中，由于扩建工程用地涉及风景名胜区范围，环境主管部门对环境影响评价报告不予批准。

上述矿业投资并购尽职调查过程中，B 公司在未对改扩建工程情况进行充分调查核实的情况下，即把尚未改扩建完成的90万吨/年生产规模作为评估和交易的前提。最终由于改扩建工程未能实现，B公司实际并购获得的矿山生产规模仅为40万吨/年，交易估值出现重大偏差。

矿业投资并购尽职调查过程中，在环保方面应针对矿山项目具体情况关注以下事项：对于正在办理前期手续的矿山项目，应关注项目环境影响评价手续办理情况；对于建设期矿山项目，应关注生态环境保护设施是否与主体工程同时设计、同时施工、同时投产使用，以及排污许可证申领情况；对于在产矿山项目，应关注大气、水、固体废物、噪声、土壤污染防治，以及矿山地质环境保护与土地复垦等情况。

三、关于矿山项目安全问题

矿业开发属于安全生产的高风险行业，矿山项目受到行政机关严格的安全审批和监管，安全合规是矿山项目合法存续的重要条件。由于矿产资源赋存特殊性和矿山开发的综合性、复杂性，矿山安全事故隐患伴随矿山建设、矿山开采、尾矿库管理全过程，安全风险都是制约矿山开发建设的重要风险，安全问题是矿业投资并购中需要关注的重要问题。

案例3：尽调时未关注矿山项目是否符合办理安全生产许可证要求，并购完成后矿山因无法办理安全生产许可证而关停

C公司拟收购一家磷矿项目。该项目已取得采矿许可证并完成矿山建设，投入生产经营多年。由于市场需求等原因，该磷矿当前处于停产状态，安全生产许可证已过期。C公司在尽职调查过程中，了解到项目恢复生产需重新办理安全生产许可证。并购完成后，C公司在办理安全生产许可证过程中，被行政主管部门告知该磷矿项目未达到该省最新确定的磷矿最低开采规模要求，不符合办理安全生产许可证的条件。

上述矿业投资并购尽职调查过程中，C公司仅了解到目标项目须重新办理安全生产许可证，但未核实项目是否符合办理安全生产许可证的条件。最终该矿山项目因未达到最低生产规模而无法办理安全生产许可证，导致项目恢复生产无望。

矿业投资并购尽职调查过程中，在安全方面应针对矿山项目具体情况关注以下事项：对于正在办理前期手续的矿山项目，应关注安全预评价、安全设施设计编制审批情况；对于建设期矿山项目，应关注安全设施是否与主体工程同时设计、同时施工、同时投产使用，矿山项目是否完成了安全评价和安全设施竣工验收，是否取得安全生产许可证；对于在产矿山项目，应关注矿山安全事故隐患预防、设施设备使用和检修、外包工程和矿山托管以及安全生产标准化等情况。

四、关于矿山项目用地问题

矿产资源的勘查与开发离不开对土地资源的占有和使用，矿业用地是矿山建设和生产的重要一环。目标项目用地需求情况，用地审批手续办理进展，是否存在违法用地情形等，都是矿业投资并购中需要关注的重要问题。

案例4：尽调时对矿山项目林地指标问题未予关注，并购完成后项目不能按照预期时间建设投产

D公司拟并购一大型砂石矿山项目。在尽职调查过程中，D公司了解到目标项目受到当地政府的大力支持，政府已承诺提供建设用地指标，尽快为项目办理建设用地手续。D公司据此分析认为项目用地方面不存在障碍，预计项目并购后一年内即可投入生产。并购完成后，D公司在办理用地手续过程中得知，矿山用地范围涉及林地，需要先办理建设项目使用林地审批手续，才能办理建设用地手续。由于受到林地指标不足的限制，该项目短期内无法取得林地指标，无法按照计划时间开工建设。

上述矿业投资并购尽职调查过程中，D公司在矿山项目用地方面仅关注到建设用地指标问题，忽视了林地指标问题，对目标项目投产运营时间作出了错误判断。最终矿山项目因短期内无法取得林地审批手续，D公司一年内投产运营的目标难以实现。

矿业投资并购尽职调查过程中，在用地方面应针对矿山项目具体情况关注以下事项：探矿用地方面，是否办理了临时用地审批手续。采矿用地方面，是否办理了建设用地审批手续；尚未办理建设用地审批手续的，须了解开采区块是否符合土地利用总体规划（国土空间规划）要求，未来办理采矿用地手续是否会受到规划制约，以及地方政府能否为采矿用地办理预留相应的新增建设用地指标。采矿用地占用林地的，须关注是否存在林地指标限制，是否办理了建设项目使用林地审批手续。采矿项目占用草地的，须关注是否办理了建设项目使用草原审批手续。

五、矿山项目其他审批手续问题

一个矿山开发项目，自开始办理前期手续至建设完成投产运营，其间需要办理诸多审批手续。矿业投资并购过程中，应全面调查核实矿山项目审批手续办理情况。特别是对于建设期矿山项目，了解审批手续情况对于掌握项目建设进度、全面评估项目风险具有重要作用。

矿业投资并购尽职调查过程中，除了上述项目核准、环保、安全、用地等方面的问题外，对于其他行政审批审查手续也应给予关注。主要包括：一是开展地质灾害危险性评估。二是编制固定资产投资项目节能报告，并取得投资主管部门节能审查意见。三是编制初步设计，并取得行政主管机关审查批复。四是完成项目压覆矿产资源查询及审批。五是开展文物勘探工作。六是编制建设项目水资源论证报告书并提出取水许可申请，取得行政主管机关取水申请批准文件。七是编制水土保持方案，并取得行政主管部门审批决定。八是开展职业病危害预评价及职业病防护设施设计评审。九是完成取水工程验收、职业病防护设施验收、水土保持设施验收等验收工作，并最终完成项目竣工验收。

六、关于矿山配套项目建设问题

矿山开发项目组成中，除了采矿场以外，通常还包括选矿厂、加工厂、尾矿库、运输道路等配套工程项目。配套工程项目的建设，有的是生产工艺、生产流程中的必经环节，有的是当地矿产资源开发政策的强制要求，还有的是基于政府矿业权出让文件的明确约定。配套工程项目作为矿山开发项目中不可分割的部分，是矿业投资并购中需要关注的重要问题。

案例5：尽调时对选矿厂项目手续问题未予关注，并购完成后因选矿厂停产整顿导致矿山生产受到重大影响

E公司拟收购某铁矿开发项目。该项目包括采矿场、选矿厂和尾矿库等。E公司开展尽职调查过程中，项目公司仅提供了矿山开采有关审批手续，未提供选矿厂审批手续，并解释为选矿厂属于配套设施，无须单独审批。并购完成后，E公司开展矿山生产经营过程中，有关部门提出选矿厂没有立项项目审批手续和环评手续，责令该选矿厂停产整顿。由于配套选矿厂停产，补办手续周期漫长，E公司只能采取原矿直接外销方式维持矿山运营。

上述矿业投资并购尽职调查过程中，E公司仅关注到采矿项目审批手续问题，轻信了项目公司对选矿厂手续问题的单方解释，对于选矿厂手续缺失问题未进行深入核实。并购完成后，选矿厂因违规建设而被责令停产整顿，矿山原有生产运营模式被迫调整，项目盈利受到重大影响。

矿业投资并购尽职调查过程中，针对矿山配套项目建设问题应注意关注以下事项：一是基于矿山项目生产工艺、生产流程，调查了解目标矿山的配套工程项目建设需求。二是调查了解当地矿产资源开发政策，以及政府矿业权出让文件中，是否对矿山配套工程项目建设提出了要求。三是对于已建设的配套项目，核实其审批手续的合法合规性；对于亟须投资建设的配套项目，了解项目审批手续办理情况及建设进度。

七、关于做好矿山项目法律尽职调查工作的几点建议

（一）关于矿山项目尽职调查的准备

一是确定尽职调查的目的。法律尽职调查应当以协助委托方实现商业计划和商业目的为中心，因此律师应和委托方充分沟通协商，确定尽职调查的目的，进而明确工作范围和工作重点。二是充分了解有关法律法规政策。特

别是目标项目所在地矿产资源管理政策，以及目标项目矿业权所属矿种可能涉及的特定管理政策。三是提前查询目标项目有关信息。可以通过委托方介绍、公开网络查询等途径，查询了解目标项目审批手续、项目进展、行政处罚等信息。四是提前准备尽职调查清单。在现有矿山项目尽职调查清单模板的基础上，结合本次目标项目的特点，对尽职调查清单进行调整完善。

（二）关于矿山项目尽职调查的开展

一是要全面收集和审查矿山项目有关书面材料。可以按照项目前期、项目建设期、项目生产运营期等分类方式，对资料进行分类整理审查。原则上需要核对资料原件，对于无法提供原件的，应通过查询、函证、访谈等方式予以核实。针对部分资料缺失的情形，可以通过矿山项目不同审批手续之间的关联关系予以印证，如矿山项目已取得核准批复的，可以判断其已完成社会稳定风险评估。

二是要做好现场核查和访谈。核查和访谈是矿山项目尽职调查中不可或缺的环节，律师应本着审慎原则认真进行现场核查和访谈。对于审查书面资料过程中梳理的重点问题、存疑问题，往往可以通过核查和访谈获得答案。

三是要走访有关行政主管部门。矿山项目涉及诸多行政审批事项，走访有关行政主管部门对于核实项目的合法合规性，分析评估项目风险并研究解决措施，具有不可或缺的作用。在具体矿山项目尽职调查过程中，应在审阅资料、现场核查和访谈的基础上，根据实际需要确定需要走访的部门。以笔者参与的一则矿山项目尽职调查为例，由于目标公司提供的资料中缺少当地矿产资源总体规划，通过网络检索也无法查询到该规划，为此笔者决定走访当地自然资源主管部门了解有关情况。根据自然资源主管部门介绍，按照当地正在编制的新一轮矿产资源总体规划，目标矿山已被列入矿产资源整合范围。这一信息成为尽职调查报告中提示委托方关注的重点事项。

（三）关于尽职调查报告中矿山项目部分的撰写

矿山项目是矿业投资并购尽职调查报告中的重要组成部分。结合矿山项目尽职调查的特点，对尽调报告中矿山项目内容的撰写提出以下建议：

一方面，事实描述要条理清晰。矿山项目从前期手续办理到最终投入生产运行，其间涉及行政审批手续较为复杂，在进行事实描述时应对具体事项进行分类、整合，并进行必要的归纳和总结。在事实描述的方式上，既要有客观事实的定量陈述，也要有事实问题的定性结论。例如，对于建设期矿山项目的环保问题，既要对环保审批手续、环保设施建设事实进行客观描述，也要对保护设施是否与主体工程同时设计、同时施工作出结论判断。

另一方面，法律分析建议要切合实际。矿山项目尽职调查中，对于法律问题的分析方式通常有三种：第一种是针对矿山项目中的不规范事项作出提示性分析。这类事项虽然存在法律瑕疵，但对并购交易不构成实质性影响。第二种是就重大法律问题发表法律分析意见。这类问题通常属于重大法律风险，对并购交易构成实质性影响。律师可根据项目实际情况，在尽调报告中或者另行出具专项法律意见，对重大法律问题进行详细分析。第三种是因不合理法律政策导致的法律风险。比较典型的是因矿业用地政策和矿产资源开发政策之间缺乏有效协调，导致矿山项目用地存在普遍性违法现象。此种类型的风险，是矿山开发中不可避免的问题，尽调报告中作出简要提示即可。

第四节　目标公司尽职调查

矿业公司股权并购交易中，为了充分了解矿业公司的经营状况和股权价值，投资者要根据交易情况对矿业公司进行法律、业务、财务等尽职调查，以尽可能地掌握矿业公司真实情况，发现既有及潜在风险以及可能发生的隐性成本。一般而言，矿业公司股权并购的法律尽职调查要从公司基本情况及历史沿革、股权结构、经营业务、公司治理、对外投资、重大资产、关联交易、税务、劳动用工以及诉讼、仲裁和行政处罚等方面进行调查，披露事实并揭示风险，为投资方决策提供依据。

一、矿业公司尽职调查的主要内容

（一）公司基本情况及历史沿革

投资方进行矿业公司股权并购的目的是取得公司控制权并继续进行经营。因此，对矿业公司的法律尽职调查首先要核查公司的基本情况及历史沿革，以确认公司是否依法设立、有效存续以及历史沿革的合法合规性，避免因历史问题而影响后续的经营活动。

该部分的调查主要是依据公司工商登记信息及档案资料核查以下内容：一是公司设立是否符合法律规定，重点审查公司的设立审批、登记档案、营业执照等。二是公司是否有效存续，重点审查企业年审情况以及是否存在影响公司合法存续的重大法律障碍。三是历次变更是否符合法律法规和公司章程的规定，重点审查变更事项是否履行了相应程序，是否办理了公司变更登记及备案手续。

（二）公司股权结构

股权结构对于公司组织结构和经营决策机制的确立具有重要意义。从尽职调查的角度而言，对公司股权结构的调查应围绕“股东资格、股东出资、股权变动”三个方面重点关注以下问题：

一是股东资格问题。需重点关注矿业公司股东是否适格，即是否存在法律法规规定的股东资格禁止或限制性情形。例如，《公务员法》规定，公务员不得从事或者参与营利性活动；《国有企业领导人员廉洁从业若干规定》规定，国有企业领导人员不得从事营利性经营活动和有偿中介活动，或者在本企业的同类经营企业、关联企业和与本企业有业务关系的企业投资入股。

二是股东出资问题。需重点核查出资是否及时到位、出资形式是否合法、相关决议文件是否完善、是否存在出资瑕疵或出资不实等情况。

三是股权转让合法性问题。需重点关注股权转让是否符合法律法规和公司章程的规定，是否履行了相应程序。例如，《公司法》规定，有限责任公司的股东向股东以外的人转让股权的，应当将股权转让的数量、价格、支付方式和期限等事项书面通知其他股东，其他股东在同等条件下有优先购买权。

四是股权结构是否清晰、稳定的问题。需要重点关注标的股权是否质押、是否涉诉或被冻结，股权是否存在股权代持、信托持股、工会持股及其他社团持股等情形，股东与矿业公司之间是否存在回购条款，股东是否存在被吊销、注销情形等。

五是控股股东及实际控制人的情况。由于控股股东、实际控制人能够对股东会、董事会的决议施加重大影响，对公司重大事项具有决定性的影响和作用，一般会将控股股东、实际控制人纳入尽职调查范围，但调查内容相对简单，仅包括公司登记信息、征信报告、涉诉情况等基本信息。

（三）公司经营业务

尽职调查中一般要根据矿业公司的访谈情况、审计报告或财务报表、与其他中介机构的沟通情况，并结合国家和地方的矿产资源开发利用政策对矿业公司的经营业务进行审查，重点关注以下内容：

一是矿业公司经营业务是否符合产业政策。根据《国务院关于发布实施〈促进产业结构调整暂行规定〉的决定》第12条第1款的规定，《产业结构调整指导目录》是引导投资方向，政府管理投资项目，制定和实施财税、信贷、土地、进出口等政策的重要依据。因此，若公司经营业务不符合产业政策，则在项目立项、用地审批、安全生产许可、银行授信等方面都会受到限制。此外，我国矿产资源管理政策还规定不符合产业政策的矿山需要依法关闭。

二是矿业公司经营业务是否合法。从法律尽职调查的角度而言，公司经营合法性调查的核心在于公司是否依法取得了生产经营所需的相关许可，是否按照许可要求进行经营，以及该等许可在后续的营业执照期限内是否具备相应的条件能够持续获得。实践中，矿业企业常见的违规经营情形主要包括无证开采、越界开采、超规模生产，安全、环保手续不全，矿业权等相关许可过期未延续等。

（四）公司治理

所谓公司治理，其功能在于通过“三会一层”（股东会、董事会、监事会及管理层）构成的公司治理结构及相关制度，对股东和经营者之间的权、责、利进行配置，防止经营者对股东利益的背离。该部分的调查需重点关注以下方面：

一是公司现有的组织管理结构是否符合法律和公司章程的规定。例如，《公司法》第68条规定，有限责任公司董事会成员为3人以上，其成员中可以有公司职工代表。职工人数300人以上的有限责任公司，除依法设监事会并有公司职工代表的外，其董事会成员中应当有公司职工代表。

二是公司董事、监事、高级管理人员的历次变更是否依法办理了备案。根据《市场主体登记管理条例》第9条和第47条之规定，市场主体的公司董事、监事、高级管理人员应当向登记机关办理备案，未办理备案的，由登记机关责令改正；拒不改正的，处5万元以下的罚款。

三是公司的董事、监事、高级管理人员是否符合法定的任职资格。《公司法》第178条规定对不得担任公司董事、监事、高级管理人员的情形做了明确规定。在对矿业公司的治理结构进行调查时，需要根据该规定核查公司的董事、监事、高级管理人员是否具有任职资格。

（五）公司的主要资产

公司的主要资产关系到公司股权的估值问题，是尽职调查的重要内容。一般而言，矿山企业的核心资产就是矿业权，它是矿业企业开展矿产资源勘查开发活动的重要基础和前提，在矿业投资并购尽职调查中，通常会把矿业权尽职调查作为单独部分。除了矿业权之外，矿山企业的主要资产还包括知识产权、土地、房产、主要生产设备以及车辆等。对于上述资产的核查需围绕“权属”和“使用”两个方面进行，具体包括以下内容：

一是建设用地使用权的取得和使用是否合法。重点审查是否依法履行了相应的用地审批手续，是否依法办理了不动产登记，是否存在未批先占、少批多占等违法占地情形。以出让方式取得的，还需审查公司是否履行了土地出让合同约定的义务（如土地出让金是否缴纳、土地用途是否符合约定）。

二是自建房屋是否合法。就矿山企业而言，其自建房屋多是由于矿山建设而形成的，对于该部分房屋而言要重点审查建设手续是否合法、齐全，是否取得不动产权属证书。若未取得权属证书，则还需关注将来办理不动产登记是否存在法律障碍以及是否存在被认定为违章建筑进而被拆除的风险。

三是生产设备、车辆等其他资产的权属问题。重点审查相应资产是否依法取得了所有权，是否存在权利负担、瑕疵或者争议。

（六）重大债权债务

公司的债权债务是直接影响交易价格的重要指标，在尽职调查中通常结合矿业公司的各类合同及财务报表，对公司的债权债务进行审查，审查的内容包括以下几个方面：一是公司的银行贷款，主要审查贷款的金额、利率、期限、担保情况以及是否存在违约情形。二是公司正在履行、尚未履行以及已履行完毕但存在潜在纠纷的重大合同，主要审查合同的效力、履行情况、是否存在违约情形、是否存在潜在纠纷以及是否存在限制或者禁止本次交易的合同条款。三是公司是否存在合同之债以外的其他债务，如因安全、环保、劳动用工等产生的侵权之债，因诉讼、仲裁及行政处罚而产生的债务等。四是公司是否存在对外担保，主要审查担保原因、担保期限以及是否履行了对外担保的内部审批手续等。五是公司重大债权的基本情况，主要审查债权依据文件的合法性、债权是否有相应担保以及是否办理了担保登记、债务人偿还情况及是否具有继续偿还能力等。

（七）公司的税务情况

在矿业公司股权并购中，投资者对于公司的税务情况一般会通过财务尽职调查或者税务专项尽职调查进行核查，虽然公司的税务情况也是法律尽职调查的构成要素之一，但由于专业所限，法律尽职调查并不会对税务情况进行全面详细的核查，而是针对已披露的涉税事项进行法律判断。税务调查的内容一般包括以下方面：一是公司执行的税种、税率是否符合现行法律法规的要求；二是公司享有的税收优惠、财政补贴等是否有合法依据，如政府政策文件、批复、证明等，以及该等文件是否符合法律法规的规定；三是公司是否依法纳税，是否存在被税务部门处罚的情形。

除上述内容之外，对矿业公司的尽职调查一般还包括关联交易与同业竞争、对外投资、财务情况、劳动用工以及诉讼、仲裁和行政处罚等内容，笔者在此不再一一列举和阐述。在具体尽调项目中，尽职调查的内容及侧重点还需要根据投资方的需求及项目的具体情况进行设计。

二、法律尽职调查的途径与方法

由于法律尽职调查涉及的内容复杂、种类繁多，需要采取多种途径与方法，收集、掌握目标公司全面、完整、准确的信息，并通过对资料信息的梳理发现存在的问题。一般而言，法律尽职调查的途径与方法包括以下几种：

一是公开资料的收集与核查。在投资方确定尽调对象即目标公司后，律师可以通过公开渠道查询目标公司的相关信息，了解目标公司的基本情况以及所在行业的情况，为后续制作“尽职调查清单”以及与目标公司提供资料进行对比核查做好准备。

二是向目标公司收集资料。律师在接受委托后通常会根据投资者的初步意向以及目标公司的基本情况，制作“尽职调查清单”，并将其发送给目标公司，要求其按照清单收集准备相应资料。

三是访谈目标公司相关人员。律师在仔细梳理目标公司提供资料的基础上，应根据资料反映的情况和发现的问题，制作“访谈清单”以用于对目标公司高管、相关部门负责人以及相关业务人员的现场访谈。一般而言，现场访谈会根据需要尽可能多地访谈不同层级、不同部门、不同职位的人员，一方面是为了对访谈内容相互印证，另一方面是为了更加全面、多角度地了解目标公司的实际情况。

四是走访有关政府主管部门。为了核实目标公司提供资料的真实性、准确性和完整性，律师通常会到有关主管部门进行走访查询，如到市场监督管理局查阅复制公司的工商档案，到当地不动产登记中心查询公司的土地、房产等不动产登记信息，到当地自然资源主管部门核实目标公司矿业权是否处于“三区三线”等矿产开发限制或禁止区域等。

五是现场考察。对于矿山企业而言，公司的办公场所、土地、房屋、车辆等资产、矿产资源勘探或开采现场、矿产品生产线、矿山周围环境状况、排污情况等，都可以通过现场实地考察的方式进行调查。

六是由目标公司出具“声明书”“承诺函”等书面文件。由于信息的不对称以及目标公司利益最大化的价值取向，目标公司按照“尽职调查清单”提供的资料难免会有不完整的情况，因此，在尽职调查过程中无法通过现有资料进行核实，且穷尽当前可能手段仍无法确认的情况并不鲜见，此时就需要通过由目标公司或其股东出具声明、承诺等书面文件的方式予以解决。

三、矿业公司尽调中需重点关注的法律风险

在股权收购中，法律尽职调查的基本目标是发现目标公司存在的法律问题或法律风险，以帮助投资者对交易行为进行评估、判断和决策。就矿业公司股权并购而言，在对公司进行全面尽调的基础上，需重点关注以下法律风险：

一是标的股权被限制交易的风险。在股权并购中，标的股权能够依法转让是整个交易行为能够进行的前提条件，因此，在尽职调查中应重点关注标的股权状况，核查是否存在禁止或者限制股权交易的情形。如标的股权被质押时，除质权人同意外，该股权依法不能转让。虽然司法实践中未经质权人同意的股权转让合同一般被认定为有效，但由于其并不产生物权变动的效力，实际上无法办理工商变更登记，即使转让合同有效也无法实现投资方的交易目的。除此之外，部分矿业公司在设立之初为了保障公司股权结构的稳定和各方股东的利益，往往会在公司章程中针对包括股权转让在内的公司重大事项设置“全体股东一致同意条款”。在投资方仅收购目标公司部分股权的情形下，这种“一票否决条款”不但可能会对收购计划造成阻碍，在收购完成后还可能会影响投资方对于目标公司的控制权。

鉴于此，对于尽职调查中发现的该类问题，我们一般会建议投资方要求股东采取清偿债务、修改公司章程等方式清除标的股权本身的瑕疵，并在相关交易文件中加以明确约定。此外，为了避免标的股权存在未经披露的潜在瑕疵，通常还要在交易文件中由出让股东对此问题作出保证或承诺。

二是股东存在出资瑕疵的风险。根据《公司法》的相关规定，股东应当按期足额缴纳公司章程中规定的各自所认缴的出资额，否则，除应当向公司足额缴纳外，还应当对给公司造成的损失承担赔偿责任。股东转让已认缴出资但未届出资期限的股权的，由受让人承担缴纳该出资的义务；受让人未按期足额缴纳出资的，转让人对受让人未按期缴纳的出资承担补充责任。

因此，在尽职调查中应通过查阅出资缴付凭证、验资报告、非货币财产评估报告、审计报告等资料，重点核查转让方是否存在以非法定资产出资、用于出资的非货币财产未经评估、以非货币财产出资未转移权属、逾期出资、抽逃出资等出资瑕疵情形。若存在，则还应进一步核查存在出资瑕疵的具体原因，并结合项目实际情况提出解决建议，如以非货币财产出资未转移权属的情形下，可建议投资方要求股东在交易之前完成相关资产的权属转移，若权属转移存在法律障碍，则需以其他方式补足出资。

三是公司存在潜在债务的风险。由于股权转让并不影响目标公司对原有债务的承担，目标公司的重大债务往往是股权收购的“陷阱”之所在。因此，尽职调查中不但要重点关注公司和股东已披露的现有债务，还要进一步核查目标公司的潜在债务，具体包括隐性债务（已存在但未经披露的债务）和或有债务（因目标公司现有的交易或事项导致未来可能发生的负债）。而对于目标公司潜在债务的核查，除了依据合同和财务资料尽可能查找相关线索外，还应与财务尽调人员进行密切配合，借助财务人员的专业知识，通过协同工作发现潜在问题。此外，鉴于法律尽职调查手段的局限性及潜在债务的隐蔽性，目标公司的潜在债务一般很难通过尽职调查得以完全揭露，此时，我们通常会建议投资方在交易文件中设置股东陈述与保证条款、潜在债务赔偿条款、股东或第三方担保条款等，以最大限度地降低相应风险。

第五节　矿业并购流程概述

矿业投资并购是一项系统性工程，随着交易的推进，先后存在确定投资意向、项目尽调、制订交易方案、履行审批程序、签署交易文件、整体交割等环节。上述各环节往往承前启后、环环相扣、联系紧密。鉴于矿产资源赋存状态、开发利用的特殊性，以及矿业监管政策的复杂性，在矿业投资并购的各环节中，要充分关注矿业领域业务特点和矿业投资并购的法律风险，及时作出特殊安排和处理，以保证交易的顺利实施。

一、初步磋商阶段

在投资并购的初始阶段，收购方需根据其所在行业发展趋势、监管政策、自身经营状况以及发展战略，确定其资产收购计划，并据此初步筛选目标项目、锁定收购对象。确定收购对象后，收购方在此阶段通常会先行与对方进行初步的商业洽谈，了解交易对方进行股权融资或资产出售的意愿、动机及基本要求，以此确认投资并购的基本结构、收购进度安排等事项。

虽然矿业领域监管政策是全国统一的，但各地政府主管部门在实操层面仍存在不同的监管要求。矿业企业投资并购工作启动之前，收购方仍应做好政策风险的研究和方案应对，必要时可提前向监管部门沟通咨询具体事项的政策实操要求。如笔者所参与的一起煤矿企业并购案例中，目标项目已批复的产能规模低于当地政府对新建井工煤矿的最低产能要求，需要通过矿区总体规划的修编工作来提高产能规模。而矿区总体规划的修编工作需由政府部门根据当地矿区分布及煤矿资源赋存和开发情况重新编制并报上级行政机关审批，其结果存在不确定性。故目标项目建设规模达标即成为该项目并购能够开展的前提条件，需要收购方从初步磋商阶段就高度关注，在后续各环节持续作出相应处理。

二、初次谈判并确定收购意向

初步商业洽谈之后，收购方通常需要对收购对象的基本经营情况、法律状况、可能面临的主要法律障碍、财务成本等事宜进行概括了解，由此就收购交易的条件、方式、程序以及收购价格等主要因素，与目标公司的股东、管理层等人员进行正式的初步谈判。

在达成初步共识的情况下，双方通常以签署收购意向书的方式确定收购意向，具体形式可以是框架协议、备忘录或意向协议书等，内容包括交易双方主体、收购方式、收购标的物、收购价款确定原则、并购工作进度安排、排他协商条款、保密条款、终止条款等。签订意向协议后，双方以意向协议为基本的合作框架，共同推进收购工作的开展。

三、开展尽职调查

在收购意向协议签署后，收购方将组建收购工作组，由审计、评估、法律、技术等专业中介机构组成。收购工作组需前往目标公司办公现场及项目现场，进行全方位的尽职调查及评估。尽职调查的主要目的在于价值发现、风险发现和投资可行性分析，从而一方面为交易价款的确定提供主要参考依据，另一方面为交易方案的制订奠定基础。

对法律尽职调查而言，收购方式的不同可能会导致尽调重点有所不同。若采取股权收购方式，则法律尽职调查工作范围需要全面涵盖目标公司生产经营的各个方面，包括对目标项目的全面法律尽职调查；若采取资产收购的方式，则法律尽职调查的侧重点将落在目标项目及矿业权资产等方面。无论采取何种收购方式，矿业权取得及历史沿革的合法性、矿业权相关税费的缴纳、矿业权与环境保护的关系、矿业权与周边矿业权及建设项目的冲突关系、矿山建设项目核准备案手续、采矿用地审批手续、矿山开采活动相关的环境保护、安全生产义务的履行情况，矿山选冶生产项目的核准备案手续、用地审批手续、建设工程许可手续、环境保护和安全生产义务履行情况等，均应在法律尽职调查中予以关注和核实。

四、制订收购方案

在全面尽职调查的基础上，收购方需要对是否收购以及具体如何收购制订较为详细的方案。

（一）收购与否的判断

基于尽职调查工作的结果，收购方需首先对收购计划的可行性作出判断，如在经济评价上，收购是否能够实现投资目的；在法律方面，收购对象是否存在重大的法律瑕疵等。就矿业企业而言，因收购方的主要目的在于获取目标矿业权的权益，通常而言，若目标矿业权存在存续障碍，如探矿权存在超过法定保留次数、采矿许可证过期未按时提出延续申请等情形；目标矿业权存在与自然保护区、生态红线划定范围和基本农田保护区重叠或交叉情形；目标矿业权存在被建设项目压覆或者可能作为矿产资源整合事宜中的被整合对象等情形，均有可能导致并购项目无法继续推进。

（二）交易方案的调整与细化

在确认可继续推进收购计划的情况下，收购方需根据尽职调查的具体情况对交易方案进行调整和细化：（1）确认收购方式是股权收购还是资产收购。对于设立时间较长的矿山企业，或者因停工停产等原因导致的企业经营管理混乱、财务管理不规范等情形，单纯的股权收购或资产收购可能无法同时满足收购方及转让方的交易要求，此种情形下需结合收购对象具体情况、双方具体需求，寻求创新性的双赢收购方案，以达到既符合双方利益又能推进项目开发建设的平衡效果。（2）梳理收购对象涉及的负债情况，并根据评估结果确定收购价款计算方式。对于矿业企业而言，收购方在确定交易价款时，除常规性的关联方往来款、金融机构借款等应付款项外，还需根据法律尽职调查结果，确认收购对象涉及的矿业权价款/出让收益、矿业权使用费、资源补偿费/资源税、水土保持补偿费、森林植被恢复费、排污费/环境保护税等应付款项是否完成缴纳，并将其纳入交易价款设定的考虑范畴。（3）梳理收购对象的主要法律风险，以便提出应对措施、担保机制或增信措施等制衡方案。

（三）明确风控措施

作为收购方，可采取的风控措施通常包括：（1）针对重大不确定风险，设定灵活退出机制。如出现矿业权保留、延续或探转采手续在特定期限内无法办理完成、与矿业权相关的规划文件在特定期限内无法确定等情形时，可设定转让方的股权回购义务等。（2）针对交易对方的信用风险，可采取交易价款共管措施，根据特定节点或事项的完成进度，按比例释放共管款项，如国有矿业企业资产处置或股东变更的行政审批手续取得、产权变更登记手续办理等。（3）明确交割完成的标志为登记或备案变更手续的完成，并明确过渡期内收购对象的监管以及所产生的权益归属。（4）对于担保债务、未决诉讼仲裁可能导致的债务、违法违规行为导致的行政处罚债务以及交易对方未予披露的其他债务等或有债务，可设定股权质押、交易保证金等担保措施，同时由交易对方出具兜底承诺函。

五、启动收购谈判并拟订交易文件

在收购方内部就收购方案形成一致意见后，收购方将与交易对方展开多轮正式的谈判协商，谈判协商的内容将全面涉及收购交易的所有内容，包括核心要素以及细节问题，可能需要业务、法务、财务、技术、税务等各专业领域人员的介入。通常由收购方根据谈判的具体情况起草交易文件，并进行多轮谈判、反复修订后达到双方利益的平衡。

（一）资产收购方式下的交易文件

若收购方采取资产收购的方式，则涉及的交易文件主要包括资产转让协议以及关于同意资产处置的内部决议文件。涉及上市公司的，需关注上市公司关于关联交易、重大资产重组等事项的披露及决议、报批要求；涉及国有企业的，需关注国有资产处置的特殊规定。

其中，资产转让协议的主要内容包括：资产现状的确认、交易前提条件的设定、资产过户手续的办理、交易价款的支付方式、过渡期监管及权益归属、税费承担、担保措施等问题。

（二）股权收购方式下的交易文件

若收购方采取股权收购的方式，除股权转让协议外，所涉及的交易文件通常还包括：（1）目标公司关于股权转让、高管人员变更的股东会决议或股东决定；（2）部分转让股权的，还应有其他股东出具的关于放弃优先购买权的承诺函；（3）目标公司章程修正案；（4）其他根据交易方案需要转让方出具的承诺函等文件。

其中，在股权转让协议的具体内容中，除常规条款外，还应关注以下问题：（1）若收购方不再保留目标公司原有员工，通常会约定由转让方负责员工安置问题；（2）对于交易方案中设定的前提条件等相关事宜，可约定由转让方在协议签署前完成，或可在交易文件中约定将其作为协议生效的条件；（3）过渡期监管条款和权益归属条款，收购方在过渡期需着重监管的内容包括但不限于注册资本的变更、利润分配、资产处置、债权债务情况、章证照使用、人事变更、财务事项、诉讼仲裁等，收购对象在过渡期所产生的损益也需要根据收购方、转让方在此期间的介入程度作出明确安排。

六、投资并购交易实施前需履行的相关程序

对有限责任公司股权的投资并购过程中，从交易双方在交易中的角色而言，需分别从收购方、转让方各自的角度出发确认各方需履行的相关程序；从交易主体的企业性质角度而言，还需从公司是否属于上市公司、国有企业、外国投资者等方面考虑。①

---

① 对于标的公司为上市公司的投资并购交易，需根据上市公司监管规定通过协议收购、要约收购、二级市场交易或行政划转等方式实现，每种方式均涉及较为复杂的交易程序，本书仅讨论标的公司为有限责任公司情形下的相关投资并购程序。

（一）收购方需履行的相关程序

1. 普通有限责任公司需履行的程序

收购方收购目标公司股权，属于公司对外投资事宜。《公司法》并没有直接对公司对外投资决策事宜作出强制性规定，而是将该决策权限授权至公司章程，由股东根据相互之间的协商在公司章程中约定投资决策权限并予执行。故收购方在投资并购交易中主要履行下列程序：（1）内部决策程序：需取得公司章程规定的对外投资事项决策机构的决议或决定。在确定具体的决策机构时，结合投资额度、投资事项性质等，通常由董事会或股东会根据各自权限作出决议。（2）经营者集中申报：投资并购活动应根据《反垄断法》《国务院关于经营者集中申报标准的规定》等法律法规，评估进行经营者集中申报的必要性。确定需进行申报的，则对于以股权收购方式实施的经营者集中申报，应由取得控制权的经营者进行申报，即收购方进行申报，其他经营者予以配合，且在反垄断主管部门作出审查决定之前不得开展投资并购交易。

除上述公司董事会、股东会层面需作出决策的程序外，部分企业还会设置投资项目立项审批、投资决策委员会决策等前置程序。收购方在投资并购过程的前期阶段应注意根据内部股权投资管理制度的要求，履行前述程序。

2. 国有企业需履行的相关程序

若收购方为国有企业，还需要履行以下程序：（1）根据《企业国有资产法》等规定，需符合国家产业政策以及进行可行性研究；（2）以非货币资产对外投资时需进行资产评估；（3）根据国有企业内部投资管理规定以及“三重一大”程序，履行国有企业特有的内部审批程序。

3. 上市公司需履行的相关程序

若收购方为上市公司，则需要关注：（1）重大资产重组审批和信息披露：根据上市公司管理的相关规定，先行判断投资并购行为是否构成重大资产重组情形。若构成，则应由专业中介机构出具意见，开展资产评估工作（如需），经董事会决议及股东会审议，进行信息披露，取得证券交易所的审核意见，由中国证监会作出予以注册或者不予注册的决定。（2）关联交易审议和信息披露：需根据各证券交易所的股票上市规则、上市公司内部关联交易管理规定等，在交易金额达到相关法律法规要求的股东会审议和信息披露标准时，依法履行股东会审议和信息披露程序。

4. 外国投资者并购境内企业需履行的相关程序

若收购方为外国投资者，则还需根据《外商投资法》《外商投资项目核准和备案管理办法》《鼓励外商投资产业目录》的要求，确认所投资企业是否符合鼓励外商投资产业目录，投资项目是否需办理外商投资项目的核准或备案，是否需履行安全审查程序，并依法履行外商投资信息报告义务。

（二）转让方需履行的相关程序

1. 一般程序

鉴于有限责任公司的人合性特质，股东对外转让其所持目标公司股权，除其自身对目标公司的投资情形会发生变更外，还会对其他股东的利益产生影响，故《公司法》第 84 条赋予其他股东同等条件下的优先购买权，以维持股东之间的稳定和信任关系。同时，《公司法》允许公司章程就前述程序作出排除或变更约定，兼顾公司自治需求。

2. 国有企业需履行的相关程序

若转让方为国有企业，则构成国有产权转让情形：（1）关于审批手续，除履行《公司法》和转让方公司章程规定的资产处置相关的内部决议程序外，还需根据国有资产处置的相关规定，取得国资监管机构的批准，或根据国家出资企业就其子企业产权转让所做的审批管理权限取得相应机构的批准。（2）关于资产评估，国有资产处置还需履行清产核资以及评估备案或核准手续。（3）关于交易方式，需根据并购交易具体情形，确认是否属于可协议转让的情形，若不属于，则还需依法履行国有产权进场交易的程序，公开征集受让方。

3. 上市公司需要履行的程序

转让方为上市公司的，其同样需在确认是否构成重大资产重组、关联交易的基础上履行相应程序，并注意信息披露义务的履行。

4. 外国投资者转让股权需履行的相关程序

外国投资者采取股权转让方式退出其在中国境内投资的，可能涉及的程序包括：（1）拟退出的外国投资者及目标公司需通过企业登记系统报送外商投资信息的变更报告；（2）拟受让股权的内资投资人可能需要履行的程序包括进行经营者集中申报（如需）、向境外支付转让价款相关的税务备案、申报和缴纳企业所得税；（3）目标公司可能需履行的程序包括资产评估、向海关主管部门申请对外贸易备案注销（如需）、进行外汇变更登记手续（如需）等。当然，各地商务、海关等主管部门可能存在不同的地方性规定，交易过程中需提前与主管机构沟通确认。

七、支付交易对价并办理交割手续

双方完成交易文件的签署后，即进入交易文件的履行阶段。此阶段转让方的关注重点在于交易价款的按期足额支付，而收购方则将关注重点放在交割方面。

1. 交易价款的支付

关于交易价款的支付，除预付款外，收购方通常将根据交易前置条件的达成及节点事件的发生，设置共管账户，采取分期付款方式或按比例分期释放共管账户款项的方式，并预留部分交易价款作为转让方履行交割义务或承担兜底责任的保证金。

2. 交割手续

（1）需向政府主管部门申请办理的变更登记或备案手续，包括但不限于：股权收购方式下的公司股东变更及法定代表人、高级管理人员变更的公司登记或备案手续，部分地区关于矿业企业实际控制权变更所需的主管部门核准手续；资产收购方式下的勘查许可证或采矿许可证主体变更登记手续，以及矿业企业可能涉及的项目核准备案变更手续，土地及厂房、大型机械设备等资产的权属变更登记手续，安全生产许可证、排污许可证等生产建设许可手续的变更登记手续；以及两种形式下均可能涉及的国有资产处置审批、评估、进场交易等手续。

（2）需在交易双方之间进行移交的交割手续，包括但不限于：股权收购方式下的资产转移、经营管理权移交等手续，如目标公司全部的证照、印鉴，财务账簿、账套、纳税申报表、支票簿、现有发票、银行账户等财务资料，社会保险账户及劳动合同等劳动用工文件，出资证明书、实缴出资凭证等股权证明文件，目标公司以往出具过的内部决议文件，目标公司资产清单及土地、房产、机器设备等资产原始取得文件、权属证书等。其中，矿业企业可能涉及的需移交资产还应包括矿山项目核准备案文件、采矿用地审批文件、矿权原始取得文件及历史沿革文件、矿山储量核实文件、矿山建设工程许可文件、矿山开采许可及信息报送文件、矿产品生产项目的核准备案、用地审批、环境保护、水土保持、土地复垦、安全生产等义务相关的履行文件以及矿产品销售合同文件。在资产收购方式下，收购方需主要关注前述与矿山项目相关的矿山项目审批文件、用地审批文件、生产建设许可文件及相关义务履行文件等。

八、投后整合阶段

投资并购交易文件的签署甚至交割手续的完成，并不代表投资并购工作的完成，而对目标公司治理结构、财务管理、人力资源、企业文化等方面的有效整合，才是投资并购最终产生预期效果、实现既定目标的标志。

从法律事务角度而言，收购方在投后整合阶段应关注的事项包括但不限于：（1）目标公司重要管理制度的修订；（2）目标公司治理结构的重组；（3）目标公司劳动用工的处置；（4）目标公司历史遗留诉讼、仲裁案件的跟进；（5）目标公司处于履行阶段的重大合同的处理。

同样，投资并购各方的权利义务也并不会因投资并购文件的签署及交割手续的完成而告终止，而是可能因分阶段的义务履行、分阶段的业绩目标设置以及担保机制的设置等，而伴随目标项目开发建设的整个生命周期，故收购方应全程密切关注交易对方合同义务的履行情况。在交易对方出现任何违约情形时，应在法律规定及合同约定的时限内，根据合同约定及时采取催告、主张权利等措施，包括但不限于：要求交易对方承担违约责任、要求实现担保权利、要求相关方履行回购义务、启动诉讼仲裁追偿程序等，最大限度实现投资并购目标，以维护自身权益。

第六节　矿业投资并购交易合同

矿业投资并购中，交易合同是确定交易内容、约定交易各方权利义务的核心法律文件。无论是前期法律尽调中发现的已有或者潜在的法律风险，还是在尽调中虽然没有涉及，但根据矿产资源行业特点和以往经验有必要加以明确的问题，都需要通过交易合同具体条款进行规定，因此交易合同具体条款的设计起草是矿业投资并购中最为重要的工作，必须高度重视。投资方在设计交易合同时，须在投资并购交易合同常规内容的基础上，重点围绕矿业权合法性、矿业权与环境敏感区冲突、矿业权权利瑕疵、矿产资源储量、矿业权价款（出让收益）承担、矿山生产规模、矿山项目审批等矿业项目特有的法律风险，有针对性地设计交易合同内容，达到防范和化解交易风险的效果。

一、针对矿业权合法性风险的合同设计

矿业权是拟并购项目的核心资产，获得合法有效的矿业权是投资方开展并购活动的核心目标，因此矿业权合法性风险是矿业并购中的重大风险。通常，矿业权合法性风险体现在三个层面：一是矿业权取得方面。如果标的矿业权系通过一级市场出让方式取得，涉及矿业权出让审批权限、出让程序、有偿处置等方面的合法性风险；如果标的矿业权是通过二级市场转让方式取得，涉及矿业权转让条件、合同效力、转让审批等方面的合法性风险。二是矿业权存续方面。针对探矿权，需要关注探矿权人是否履行了最低勘查投入，是否缴纳了探矿权使用费，是否存在“圈而不探”“以探代采”等违法行为；针对采矿权，需要关注采矿权人是否缴纳了采矿权使用费、资源税等税费，是否履行了矿山生态修复义务，是否存在越界开采、破坏性采矿等违法行为。

三是矿业权延续及保留方面。探矿权期限届满需要继续开展勘查工作的，需申请办理探矿权延续；探矿权人探明矿产储量后未开展探转采工作，需申请办理探矿权保留；采矿权期限届满需要继续采矿的，需申请办理采矿权延续。标的矿业权能否顺利办理延续、保留手续，是投资并购中需要关注的法律风险。

矿业投资并购中，针对标的矿业权面临的合法性风险，投资方应根据实际情况从以下方面做好合同条款的起草工作：

第一，做好调查研究工作。结合尽职调查结果及过往项目经验，充分了解标的矿业权合法性情况。在此基础上结合有关法律法规及当地矿产资源管理政策，对矿业权合法性风险作出切合实际的判断。

第二，由转让方对矿业权合法性作出承诺。在合同“鉴于条款”中，可以写明“鉴于转让方已合法取得采矿权”等内容。在“陈述与保证”条款中，要求转让方保证“不存在越界采矿、破坏性采矿等违法行为”“已履行采矿权人的法定义务”等事项。

第三，将矿业权合法性风险的消除作为合同履行条件。例如，标的采矿权即将到期，需要办理延续手续的，可以考虑将“转让方办理完采矿权延续登记”作为交易合同履行的先决条件。同时，也可以从实际出发采取分期支付价款方式，将“转让方办理完毕采矿权延续登记”作为投资方支付部分转让价款的节点条件。

第四，有针对性地设置责任承担条款。例如，尽职调查中发现标的公司过往存在越界开采情形的，可在合同中约定“如目标公司过往越界开采行为未来受到有关部门的处罚，相应处罚金额应由转让方承担”。针对标的采矿权到期后可能面临的无法办理延续风险，可在合同中约定“如果标的采矿权到期不能延续，投资方有权解除合同”等内容。

二、针对矿业权与生态环境敏感区冲突风险的合同设计

《矿产资源法》第20条规定，非经国务院授权的有关主管部门同意，不

得在国家划定的自然保护区等地区开采矿产资源。自2015年原环境保护部等十部委联合印发《关于进一步加强涉及自然保护区开发建设活动监督管理的通知》以来，从中央到地方均出台了文件，严禁新矿业权进入自然保护区，保护区内已设立的矿业权也要全部退出。自2017年中共中央办公厅、国务院办公厅印发《关于划定并严守生态保护红线的若干意见》以来，生态保护红线划定及监督管理工作加快推进，目前我国的生态保护红线划定工作已全部完成。根据生态保护红线管理有关规定，除战略性矿产外，绝大多数矿业权和生态保护红线重叠的，矿业权须退出生态保护红线。过往实务中，由于矿业权和生态环境敏感区存在冲突而被迫退出，导致矿业权人蒙受巨大投资损失的案例屡见不鲜。

矿业投资并购中，为有效防控矿业权与生态环境敏感区存在冲突的风险，投资方应根据实际情况从以下方面做好合同条款的起草工作：

第一，了解标的矿业权所在地自然保护区等各类保护区、生态保护红线的划定情况，核实标的矿业权是否和生态环境敏感区存在重叠。

第二，矿业权已被划入生态环境敏感区，但有关部门同意对生态环境敏感区范围进行调整的，可在生态保护红线调整完成后签订交易合同。

第三，矿业权和生态环境敏感区存在部分重叠，后续需要缩减矿业权矿区面积的，双方可在交易时按照扣除重叠区域后的矿区范围估算资源储量，开展矿业权评估。同时，双方可在合同中设定估值调整条款，如果未来实际缩减的面积和本次交易扣除的面积并不一致，双方按照实际缩减的面积对交易价款进行调整。

第四，交易标的属于铬、铜、镍、锂等战略性矿产的，由于现行政策规定该等矿产可以进行探矿活动，但能否办理采矿权存在一定的不确定性，为防范并购交易风险，对该类探矿权实施并购时，可以分两种情况分别考虑：一是对于需要开展风险勘查的探矿权，可以考虑采取合作勘查开发的方式实施并购；二是对于已探明资源储量的探矿权，可以将标的探矿权完成探转采作为交易合同的先决条件，或者根据实际情况将完成探转采作为投资方支付部分转让价款的节点条件。

三、针对矿业权权利瑕疵风险的合同设计

转让方对标的矿业权拥有完整的所有权和处分权，是矿业投资并购交易顺利开展的前提和保障。实务中，由于法律政策限制、矿山经营需要、企业涉诉等原因，标的矿业权存在权利瑕疵的情况比较常见。例如，采矿权人通过协议出让方式取得采矿权的，会面临一定年限不得对外转让采矿权的限制；采矿权人处于诉讼执行案件中的，采矿权可能已被法院查封；采矿权人向金融机构借款的，通常需要将采矿权进行抵押；采矿权人对矿山合作开发经营的，可能会将采矿权承包给第三人；探矿权属于合作勘查模式的，目标公司可能不直接持有探矿权，而是通过合同约定方式享有勘查投资权益。上述种种权利瑕疵情形，如果在交易过程中未能予以考虑和解决，将使投资方面临巨大的交易风险。

矿业投资并购中，为有效防控矿业权权利瑕疵风险，投资方应根据实际情况从以下方面做好合同条款的起草工作：

第一，根据实际情况确定并购模式。例如，投资方拟通过矿业权转让方式实施并购的，当发现标的矿业权面临转让限制时，可以考虑将并购方式由矿业权转让调整为股权转让。

第二，将矿业权权利瑕疵的消除作为合同履行条件。例如，标的采矿权处于法院查封状态的，可以考虑将标的采矿权解除查封作为合同的先决条件；也可以根据实际情况，考虑采取分期支付价款方式，将标的采矿权解除查封作为投资方支付部分转让价款的节点条件。

第三，设定整改限期和违约责任。在矿业权权利瑕疵不对合同履行造成实质性障碍的情况下，可以在交易合同中约定：转让方承诺在一定期限内完成瑕疵事项的整改；逾期未完成整改的，转让方须向投资方承担违约责任。同时，合同中可以约定将一部分合同尾款设定为整改保证金，如果转让方逾期未完成整改，投资方有权将该部分尾款作为保证金予以没收。

四、针对矿产资源储量风险的合同设计

资源储量是判断矿业权价值的核心指标，是决定矿山开发利用前景的重要因素。矿业投资并购交易中，矿产资源储量风险主要源于两个方面：一方面，由于矿产资源大都埋藏在地下深部，矿产资源赋存具有隐蔽性和潜藏性，矿产勘查带有很强的探索性、风险性；另一方面，转让方和勘查单位可能存在实施虚假勘探工程、编制虚假报告等行为，导致矿产资源储量失真。实务中，有的交易合同中未对储量事宜进行约定，导致发生储量风险后投资方无法依据合同向转让方主张赔偿责任；有的交易合同中混淆了评审备案储量、保有储量、可采储量等不同概念，导致交易双方在合同履行中针对交易储量产生较大争议；有的交易合同中，投资方对有关地质报告中储量的真实性进行了书面确认，导致后续因储量虚假导致的诉讼中法院以投资方知晓和认可交易储量为由，对投资方的权利请求不予支持。因此，资源储量风险是矿业投资并购交易中的重要风险，是交易合同起草中需要高度重视的内容。

矿业投资并购中，为有效防控矿产资源储量风险，投资方应根据实际情况从以下方面做好合同条款的起草工作：

第一，开展必要的储量核实工作。在调取和审查书面材料、核查有关探矿工程及化验结果的基础上，根据实际需要实施工程验证与生产核验，必要时重新编制储量核实报告，为起草交易合同提供参考依据。

第二，在合同中固定矿业权储量信息。在合同“鉴于条款”中，对标的矿业权的基本情况、勘探成果进行简要说明，以达到介绍交易背景的效果。在“交易标的”条款中，对储量报告、储量数据、评审备案情况等信息进行具体描述。通过锁定标的矿业权资源储量有关事实，为交易双方未来可能发生争议时解释合同目的、厘清基本事实、判断责任承担奠定基础。

第三，在合同中约定储量风险分担内容。考虑到矿产资源储量的不确定性风险，为平衡交易双方利益、共同分担储量风险，可以在交易合同中设置

价格调整机制，当实际储量和交易储量差异达到一定比例时，赋予合同当事人主张调整合同价款的权利，并约定价款调整的具体计算方式。

第四，针对储量造假设定违约责任。在“陈述与保证”条款中，要求转让方对标的矿业权资源储量报告的真实性、合法性作出承诺。在“违约责任”条款中，明确约定如转让方存在实施虚假勘探工程、编制虚假报告等行为，导致储量报告失实的，投资方有权要求转让方承担损失赔偿责任。

五、针对矿业权价款（出让收益）承担风险的合同设计

矿业权价款（出让收益）对目标公司负债金额的认定、并购交易价格的确定具有重要影响。矿业权价款，是指国家将其出资勘查形成的矿业权出让给矿业权人，按规定向矿业权人收取的价款。2017 年以来国家实行矿产资源权益金制度改革，将只对国家出资探明矿产地收取、反映国家投资收益的探矿权采矿权价款，调整为适用于所有国家出让矿业权、体现国家所有者权益的矿业权出让收益，并对部分矿种采取出让收益率的征收方式。政策的变化对矿业并购中确定是否需要缴纳价款、如何确定价款金额、如何确定承担主体都产生了重要影响。

过往实务中，有的并购交易中双方对矿业权出让收益征收政策理解不一，对于承担主体难以达成一致，影响了并购交易的达成；有的并购交易双方对未来矿业权出让收益的承担主体未做约定，导致并购后双方针对出让收益承担问题发生争议；有的并购交易中投资方由于不熟悉矿业权出让收益征收政策，在合同中作出了矿业权出让收益等费用由己方承担的承诺，导致后期承担了交易价款之外的巨额支出。

矿业投资并购中，为有效防范矿业权价款（出让收益）承担风险，投资方应根据实际情况从以下方面做好合同条款的起草工作：

第一，充分了解标的矿业权过往有偿处置情况，结合矿业权出让收益征收政策对标的矿业权是否需要缴纳出让收益作出分析判断。

第二，对于需要缴纳矿业权出让收益的矿业权，已签订缴款协议或取得

分期缴款批复的，应将矿业权出让收益作为矿业权人的负债进行处理。其中，采用股权并购模式的，评估确定目标公司股权价值时，应将出让收益计入目标公司的负债；采用矿业权并购模式的，确定交易价款时，应在矿业权价格基础上扣减矿业权出让收益。

第三，标的矿业权尚未进行有偿处置的，若交易矿种属于以出让收益率方式缴纳矿业权出让收益的矿种，则交易双方不涉及矿业权出让收益金额承担如何约定问题。如交易矿种属于以出让收益金额方式缴纳矿业权出让收益的矿种，则交易双方应将出让收益作为矿业权人的负债进行处理。双方可以根据矿业权出让收益管理规定预估未来需要缴纳的出让收益金额，在交易计价时予以扣减。

六、针对矿山生产规模风险的合同设计

矿山生产规模，是指行政机关批准确定的矿业企业在生产时期单位时间内允许采出的最大矿石量。在矿业投资并购中，生产规模是矿业权价值评估的重要参数，在很大程度上影响到矿业权价值及交易价款金额的确定。如果并购交易所依据的生产规模未能实现，将给投资方带来巨大损失。实务中，有的交易合同中未对生产规模进行描述和限定，后期出现矿业权评估依据的生产规模无法实现的情况时，投资方无法依据合同向转让方主张违约责任；有的交易合同中虽然记载了生产规模信息，但并未约定转让方负有保证该生产规模最终实现的义务。交易合同中对矿山生产规模约定不清，往往不利于投资方在发生争议时维护自身权益。

矿业投资并购中，为有效防范矿山生产规模风险，投资方应根据实际情况从以下方面做好合同条款的起草工作：

第一，在尽职调查过程中，充分核实矿产资源规划、矿山项目审批、开发利用方案、矿山初步设计等材料，必要时走访有关行政主管部门，对矿山生产规模事项作出分析判断，作为起草交易合同的参考。

第二，在合同中固定矿业权生产规模信息。在合同“鉴于条款”中，介

绍标的矿业权、阐述交易目的时应提及矿山生产规模信息。在“交易标的”条款中，应对生产规模信息进行描述。通过固定标的矿业权生产规模信息，为交易双方未来可能发生争议时理解合同背景、解释合同目的、认定违约责任奠定基础。

第三，由转让方对矿山生产规模作出承诺。标的矿山生产规模已获得行政审批的，由转让方对已批准生产规模的合法有效性作出承诺。标的矿山尚未获得生产规模批准的，由转让方承诺本次交易评估所依据的矿山生产规模能够取得行政机关的批准。

第四，在合同中设定价格调整机制或违约条款。一方面，双方可在合同中约定当矿山实际生产规模和合同约定的生产规模不一致时，合同一方有权主张对交易价款进行调整，并写明调整合同价款的具体方式和程序。另一方面，双方可以在合同中直接设置违约金条款，约定矿山实际生产规模未达到合同约定的标准时，转让方应向投资方支付违约金，并写明违约金的具体计算方式。

七、针对矿山项目审批风险的合同设计

矿山项目开发具有政策性强、涉及管理部门多、审批管理环节复杂、运作周期长等特点。特别是在建矿山项目，涉及前期手续办理、开工建设、竣工验收等多个阶段，审批事项尤为复杂。实务中，有的矿山项目因无法取得立项审批，取得矿业权多年后仍无法开展矿山建设；有的矿山项目因难以取得建设用地指标，多年无法办理矿山用地手续；有的矿山项目因配套尾矿库未获审批，矿山开采无法正常进行。矿山项目审批手续能否办理，关系到矿山项目能否存续，因此项目审批风险是矿业投资并购中需关注的重要风险。

矿业投资并购中，为有效防范矿山项目审批风险，投资方应根据实际情况从以下方面做好合同条款的起草工作：

第一，在尽职调查过程中，全面了解标的项目审批手续办理情况，充分掌握项目所处阶段和审批节点事项；必要时，走访有关行政主管部门了解当

地矿山项目审批政策，作为设计合同条款的参考。

第二，将关键审批事项的完成作为交易前提。例如，对于实施核准管理的矿山项目，如果并购交易时尚未取得项目核准，为了防范并购风险，一种方式是双方先签订框架协议，约定转让方办理完毕项目核准等审批手续后，双方再签订正式交易合同。另一种方式是双方直接签订交易合同，将“转让方取得项目核准批复”作为合同履行的先决条件。

第三，分次交易逐步实现并购目的。例如，投资方的目标是取得目标公司100%股权，但是考虑到矿山项目处于前期手续办理阶段，项目能否顺利推进具有不确定性。为降低投资并购风险，投资方可以考虑将并购活动分成两次完成，第一次先收购目标公司一定比例股权，双方股东共同完成项目审批工作。待项目审批完成后，投资方再收购目标公司剩余股权。

以上内容，是针对矿业投资并购中七个方面常见风险，有针对性地进行的合同设计分析。实践中不同矿业投资并购交易面临的风险和问题不尽一致，投资方须结合具体情况设计起草交易合同，防范和化解交易风险，保证交易目的的实现。

PART 02

第二部分

砂石行业投资法律风险分析

引　言

砂石作为重要的矿产资源，是各类基础设施建设用量最大、不可替代、不可或缺的材料，对经济社会发展具有重要支撑和保障作用。近年来，由于环保政策等多种原因，砂石骨料供需矛盾突出，砂石矿业权市场竞争十分激烈。砂石矿产的投资开发，取得采矿权是前提，后续还涉及环保、土地、安全、储量和产业政策等多方面的限制以及资源整合、废石尾矿处理等法律问题。了解砂石矿业权基本法律政策，规避企业投资法律风险，已经成为市场主体参与砂石行业投资面临的迫切问题。

本部分首先从砂石矿业权一、二级市场投资出发，重点分析了砂石采矿权竞买中的法律风险与防范、砂石采矿权项目投资并购模式及并购过程中的重点法律问题，剖析了砂石矿业权取得的法律风险，并提出实务建议。随后，针对砂石矿产资源整合以及废石尾矿再利用两大砂石企业十分关注的重要问题进行重点解析。最后，基于对2017～2021年砂石领域涉及非法占用农用地罪及非法采矿罪的刑事案件进行案例检索，重点对砂石开采违法用地及非法开采砂石的刑事责任风险进行大数据分析。

第一节　砂石竞买法律风险防范

砂石作为重要的矿产资源，是各类基础设施建设用量最大、不可替代、不可或缺的材料，对经济社会发展具有重要支撑和保障作用。近几年由于环保政策等多种原因，砂石骨料供需矛盾突出，砂石矿业权一级市场竞争十分激烈。砂石矿产的投资开发，取得采矿权是基本前提，后续还涉及环保、土地、安全、储量和产业政策等多方面的限制。所以，了解砂石采矿权出让基本法律政策，充分开展砂石采矿权招拍挂竞买的法律尽职调查，规避企业投资的法律风险，已经成为市场主体参与砂石采矿权竞买面临的迫切问题。

一、砂石矿业权出让管理政策要点

（一）砂石矿业权出让权限

矿业权出让权限事关矿业权出让组织和实施主体的确定，事关矿业权设立登记、变更登记、延续登记等审批管理事项，是矿业权出让管理的重要内容。

根据《矿产资源法》《矿产资源勘查区块登记管理办法》《矿产资源开采登记管理办法》等，我国探矿权实行中央和省级政府矿产资源主管部门两级出让管理，采矿权实行中央、省级、市级、县级矿产资源主管部门四级出让管理。实践中，砂石矿产以市、县两级主管部门审批登记为主，少数为省级主管部门审批登记，由于历史原因还有个别外资企业投资的砂石矿产为部级审批登记。

2019 年《自然资源部关于推进矿产资源管理改革若干事项的意见（试行）》（自然资规〔2019〕7 号，以下简称 7 号文件，已失效）规定，实行同一矿种探矿权采矿权出让登记同级管理，自然资源部负责石油等 14 种重要战略性矿产的矿业权出让、登记；战略性矿产中大宗矿产通过矿产资源规划管控，由省级自然资源主管部门负责矿业权出让、登记；其他矿种（包括砂石在内）由省级及以下自然资源主管部门负责。

为落实7号文件的规定，已有20余个省级自然资源主管部门出台了本省矿产资源管理改革的规范性文件。绝大多数省区市规定砂石矿业权出让登记由县级自然资源主管部门负责，也有少数省区市规定不尽相同，如广西、内蒙古两自治区规定砂石矿业权出让登记由市级自然资源主管部门负责，湖北省规定砂石矿业权出让登记由市级及以下自然资源主管部门负责。

了解砂石矿业权出让权限审批层级，有利于竞买主体对砂石矿业权投资进行基本评价分析，有利于和政府相关部门开展前期的沟通协调，有利于有针对性地快速开展法律尽调工作。

（二）砂石矿业权出让方式

砂石是最早实行竞争性出让的矿产，长期以来以招拍挂出让为原则、协议出让为例外。1986年颁布实施及1996年修改的《矿产资源法》均规定，矿业权以行政审批方式进行出让。原国土资源部下发的《探矿权采矿权招标拍卖挂牌管理办法（试行）》（国土资发〔2003〕197号）规定，主管部门规定无须勘查即可直接开采的矿产，应当以招标拍卖挂牌的方式授予。《关于进一步规范矿业权出让管理的通知》（国土资发〔2006〕12号）进一步明确规定，石灰岩（建筑石料用），砂岩（砖瓦用），天然石英砂（建筑、砖瓦用），黏土（砖瓦用），页岩（砖瓦用），不再设探矿权，以招标拍卖挂牌方式直接出让采矿权。

作为招标拍卖挂牌方式出让的例外情形，《关于进一步规范矿业权出让管理的通知》规定，“已设采矿权需要整合或利用原有生产系统扩大勘查开采范围的毗邻区域”等四种情形下，经批准允许以协议方式出让矿业权。2012年《国土资源部关于严格控制和规范矿业权协议出让管理有关问题的通知》（国土资发〔2012〕80号，已失效）进一步明确，“已设采矿权需要整合或利用原有生产系统扩大勘查开采范围的毗邻区域”等五种情形可以采用协议方式出让探矿权、采矿权。

7号文件规定，全面推进矿业权竞争性出让，除协议出让外，对其他矿业权以招标、拍卖、挂牌方式公开竞争出让。允许矿业权协议方式出让的两种特殊情形中，明确不包含普通建筑用砂石土类矿产。

所以，砂石采矿权竞买主体必须认识到，即使本次取得合法的砂石采矿权，后续也不能通过协议的方式来实现矿区范围的平面扩界或者纵向开采标高的改变，矿区范围的改变必须通过新设矿业权以招拍挂的方式取得。

（三）砂石采矿权“净矿”出让政策

2019年自然资源部印发《关于实施海砂采矿权和海域使用权“两权合一”招拍挂出让的通知》（自然资规〔2019〕5号，已失效），自然资源部第一次明确提出“净矿”出让的概念。7号文件对“净矿”出让的含义做了进一步的明确，规定：“开展砂石土等直接出让采矿权的‘净矿’出让，积极推进其他矿种的‘净矿’出让，加强矿业权出让前期准备工作，优化矿业权出让流程，提高服务效率，依据地质工作成果和市场主体需求，建立矿业权出让项目库，会同相关部门，依法依规避让生态保护红线等禁止限制勘查开采区，合理确定出让范围，并做好与用地用海用林用草等审批事项的衔接，以便矿业权出让后，矿业权人正常开展勘查开采工作。”

一些省级自然资源主管部门根据实际情况，对本地区砂石采矿权“净矿”出让管理作出了具体规定。例如，《江苏省自然资源厅关于推进矿产资源管理改革若干事项的通知》（苏自然资规发〔2020〕4号，已失效）规定：“矿业权所在地要进一步构建‘政府负责、部门协同、公众参与、社会监督’的‘净矿’出让工作机制。优化矿业权出让流程，在政府主导下，会同相关部门，依法依规避让生态保护红线等禁止限制勘查开采区，合理确定出让范围，并做好用地用林等审批事项的衔接，以便矿业权出让后，矿业权人正常开展勘查开采工作。开展砂石土类等直接出让采矿权的‘净矿’出让，积极推进其他矿种的‘净矿’出让。”《广西壮族自治区自然资源厅关于推进矿产资源管理改革有关事项的通知》（桂自然资规〔2020〕1号，已失效）规定：

“开展砂石土等直接出让采矿权的‘净矿’出让，积极推进其他矿种的‘净矿’出让。2021 年前开展出让试点，2022 年起砂石土类矿产一律实行‘净采矿权’出让。”

总结自然资源主管部门的文件规定，砂石“净矿”出让主要包括以下几方面内容：一是前置审查砂石矿业权设置与相关规划的关系，确保规划上“干净”的砂石矿业权才能组织出让；二是着眼于解决“矿地”矛盾，做好砂石开采与用地事项的衔接；三是关注砂石开采作业相关的法定要件的审批，统筹考虑简化办理流程；四是依法依规处置砂石矿存在的原矿业权人已经形成的固定资产等历史遗留问题。

“净矿”出让是矿业权出让的重要改革内容，特别是对于砂石采矿权来讲，通过“净矿”出让能够解决砂石采矿作业长期面临的规划冲突、土地取得、环境约束和相关权利人纠纷等矛盾和问题，竞买人应当予以充分关注。

二、砂石采矿权竞买时应重点关注的法律风险分析

（一）拟出让采矿权所在区域的砂石产业政策

产业政策是影响砂石矿产资源开发的重要因素。砂石矿产资源开发涉及发改、工业、交通运输、生态环境、安全、市场监管等诸多政府部门的行政审批、监督及管理，国家及地方行政机关的有关政策对砂石产业发展具有重要影响。

2020 年 3 月，国家发展和改革委员会等十五部委联合下发《关于印发〈关于促进砂石行业健康有序发展的指导意见〉的通知》（发改价格〔2020〕473 号），着眼于稳定砂石市场供应、促进行业健康有序发展，从砂石开发布局、项目建设、产品运输、河砂及海砂利用、尾矿及固废资源利用等方面提出了指导意见。为规范砂石产业发展，一些地方政府及部门也结合地方实际出台了政策文件，涉及砂石矿产资源整合、行业准入、项目建设、生态环保、产品标准等事关砂石企业生产经营诸多方面。

企业在参与竞买前，应对拟出让采矿权所在区域的砂石产业政策进行充分调研。在矿业权方面，应了解当地砂石开发布局、矿产资源整合政策、采

矿权投放计划等；在项目建设方面，应了解当地砂石行业准入标准、安全环保要求、绿色矿山建设要求等；在生产经营方面，应了解当地砂石生产标准、质量要求、能耗指标、产品运输等。

（二）矿业权设置是否符合相关规划

砂石矿业权设置受国土空间规划（土地利用规划）、矿产资源总体规划以及砂石专项规划的强力制约。

一是国土空间规划。2019 年中央要求将主体功能区规划、土地利用规划、城乡规划等空间规划融合为统一的国土空间规划，实现“多规合一”。国土空间规划划定的生态保护红线、永久基本农田、生态屏障等区域，对划定砂石的禁采区、可采区具有重大影响。实践中，由于有的地方自然资源主管部门在设置矿业权时未充分考虑国土空间规划要求，导致企业竞得砂石采矿权后无法办理采矿权登记，或者获得矿权后无法正常开采。

二是矿产资源规划。矿产资源规划是自然资源主管部门依法审批和监督管理地质勘查、矿产资源开发利用和保护活动的重要依据。根据《矿产资源规划编制实施办法》（自然资源部令第 5 号）等规定，自然资源主管部门进行矿业权审批登记时，对不符合矿产资源规划要求的，不得审批发证，不得办理用地手续。如果自然资源主管部门出让的砂石采矿权不符合矿产资源规划，特别是违反“矿业权设置区划”内容的，企业未来办理采矿权延续、采矿用地等手续将面临风险和障碍。

企业在参与竞买砂石采矿权之前，有必要了解国土空间规划和矿产资源总体规划、砂石资源专项规划的编制审批及实施情况，以及各类、各级规划之间的衔接问题。

（三）砂石矿产资源储量减少的风险

资源储量是判断矿产资源开发利用价值的核心要素。自然资源主管部门组织出让砂石采矿权时，需要委托专业机构编制矿产资源储量报告，并进行储量评审备案。经过评审备案的矿产资源储量报告，也是进行矿业权出让收益评估的主要依据。

但是，由于砂石矿产资源特殊性及储量管理的不统一，实践中出让机关提供的储量报告中的资源储量和实际储量存在较大出入的情形并不罕见。对于资源储量风险的承担问题，一些地方的砂石采矿权出让文件中，存在诸如“竞买人应充分考虑资源储量风险并自担风险”之类的对竞买人不利的风险承担条款。这种不考虑出让矿权实际情况，“一刀切”地免除出让机关责任、加重竞买人合同风险的做法，不利于依法保护砂石竞买企业的合法权益，不利于砂石行业的良性健康发展。

我们也注意到一些地方的政策文件对于如何解决出让砂石矿产储量不实问题作出规定，例如，《宁夏回族自治区自然资源厅关于印发〈关于贯彻落实自然资源部推进矿产资源管理改革意见的若干政策〉的通知》（宁自然资规发〔2020〕4号，已失效）规定，砂石土矿投入生产初期，经第三方地质勘查单位核实，确实存在实际资源储量与出让资源储量差距较大或矿种不一致的，报同级人民政府同意后，出让登记机关可为原采矿权人就近补划同矿种资源。

企业在参与竞买砂石采矿权之前，应充分研究出让公告、矿产资源储量报告等文件，针对有关储量方面的疑问及时向出让机关进行询问，必要时应进行储量核实。

（四）采矿用地问题

矿山用地属于建设用地，企业竞得采矿权后进行矿山开采前，还要依法办理建设用地手续。根据新修改的《土地管理法》的规定，砂石采矿用地不属于土地征收的范围，以往政府办理征收转用手续后再出让给矿山企业的方式，已变成土地所有权人向企业出让、出租集体经营性建设用地的方式解决采矿用地问题。实践中，企业需要关注以下方面的问题：第一，拟出让的开采区块是否符合土地利用总体规划（国土空间规划）要求，企业未来办理采矿用地手续是否会受到规划制约。第二，根据矿业权出让和开发计划，地方政府能否为采矿用地办理预留相应的新增建设用地指标。第三，出让机关是否按照“净矿”出让政策要求，事先协调了拟出让矿业权与土地使用权、林（草）地使用权之间的关系，矿业权人取得矿业权后能否办理采矿用地手续。

（五）矿山历史遗留问题导致新矿业权人无法进场作业的问题

矿产资源开发属于长周期、高投入行业，砂石企业在矿山投资建设和经营方面通常需要投入巨额资金，建设厂房，购置矿山生产设备，投资建设矿山道路、电力、供水、环保设施等基础设施，形成巨额固定资产。原采矿权到期后，按照 7 号文件的规定，新出让的采矿权需要通过招拍挂方式确定采矿权人，在重新组织出让砂石采矿权的同时，必须稳妥处理原采矿权人已形成的固定资产投资补偿问题。

如果仅在招拍挂出让公告中提示了相关风险，没有具体务实的解决措施，那么新老矿权人激烈的矛盾冲突不可避免，新采矿权人无法顺利进场作业，原采矿权人的投资损失无法得到补偿，旷日持久的僵持局面给双方均造成巨大损失，也会影响地方产业经济的发展，导致多方都输的局面。

企业在参与竞买砂石采矿权前，应通过多种途径充分了解拟出让采矿权矿区及周边的历史情况，对于存在原采矿权人投资形成固定资产等历史遗留问题的，应在竞买前形成解决方案后方可参与竞买。

（六）出让机关为竞买人设定额外义务的问题

根据《国务院关于印发矿产资源权益金制度改革方案的通知》（国发〔2017〕29 号）以及《财政部、国土资源部关于印发〈矿业权出让收益征收管理暂行办法〉的通知》（财综〔2017〕35 号，已失效，以下简称 35 号文件）等规定，在矿业权出让环节，出让机关有权收取的费用仅为矿业权出让收益。

但是，少数自然资源主管部门在出让砂石采矿权过程中，在法定条件之外为竞买人设定了额外义务。例如，重庆市某区一宗砂石采矿权出让公告文件规定：采矿权竞得人须根据出让资源量，按照 30 元/吨的标准支付基础设施及公益设施建设资金 152 145 万元，用于独立工矿区转型升级 PPP 项目实施方案中的建设项目。四川省某县一宗砂石采矿权出让公告文件规定：竞得人必须在县域内建设规模不低于 200 万平方米的装配式建筑材料（或其他同等建设规模新基建项目）生产线，并在规定的时间内投运，亩均税收不低于25万元/（亩·年），否则，出让方有权收回该采矿权。

出让机关为竞买人设定的额外义务，有的造成竞买人投资成本支出增大，有的导致办理采矿权登记的不确定性增加，有的给矿山未来生产经营增加了风险。企业应充分重视上述额外义务中蕴含的投资风险，参与竞买前应充分了解自然资源主管部门在出让文件中为竞买人设定的有关义务，进行充分的投资可行性研究后作出竞买决策。

（七）采矿权登记前置条件问题

企业竞得砂石采矿权后，还需要按照《矿产资源法》等法律法规的规定，编制法定前置要件，才能申请办理采矿权登记。

综观各地矿产资源管理政策，对采矿权登记的前置审查要求不尽一致。有的省份已将矿业权审批登记制改革为矿业权出让合同约定登记制，矿业权人与自然资源主管部门签订矿业权出让合同，按规定缴纳矿业权出让收益（价款）后，即可登记颁发采矿许可证。也有的地方自然资源主管部门认为企业竞得矿业权后，仅获得了申请矿业权的资格，仍需履行审批程序后才能确定是否能够取得矿业权。有的地方甚至在法定条件之外将完成当地绿色矿山建设等要求作为办理砂石采矿权的前置条件。

企业在参与竞买砂石采矿权前，应充分了解当地矿产资源管理政策，知悉当地采矿权办理流程及具体前置要件，为竞得采矿权后顺利办理开采登记手续做好准备。

（八）砂石矿产开发项目审批手续问题

一个砂石矿产开发项目，自取得采矿权开始至项目审批建设完成正式投产，需要办理诸多行政审批手续。立项方面，砂石生产建设项目通常属于实行备案管理的项目，需要按照企业投资项目备案管理程序履行项目备案手续。安全方面，砂石项目需要履行建设项目安全预评价、安全设施设计审查等手续。此外，企业还需根据项目情况依法办理用地、环保、社会稳定风险评估、地质灾害危险性评估、取水许可、节能审查、水土保持等审批审查手续。

企业在参与竞买砂石采矿权前应了解相关行政审批手续的办理程序、办理时限、办理风险，为竞得采矿权后顺利办理项目建设手续做好准备。

三、企业竞买前应做好法律风险的识别和防范工作

为充分了解拟出让砂石采矿权的真实情况，对拟出让矿权是否符合企业的投资目的作出专业性判断，企业竞买前应开展专业尽职调查，做好投资法律风险的识别和防范。建议重点开展以下方面工作：

一是充分做好专业尽职调查。为防范砂石采矿权竞买中的法律风险，企业应组织地质、采矿、法律等方面的专业人员开展专业尽职调查。尽职调查应立足砂石矿产开发利用的全流程，重点关注当地矿产资源管理政策、砂石产业政策、有关规划、资源储量、采矿用地、出让文件要求、采矿权登记、项目审批等方面，形成书面尽职调查报告，为企业进行投资决策提供基础保障。

二是统筹考虑各项行政审批事宜。矿产资源开发项目具有政策性强、管理部门多、审批管理环节复杂、运作周期长等特点。企业竞买采矿权只是项目开发的第一步，后续还需要办理一系列行政审批事项。企业在参与竞买砂石采矿权前，应统筹考虑各项行政审批事宜，在项目尽职调查的基础上，对行政审批手续的办理程序、办理时间期限、办理风险等进行评估和论证，作为项目决策的重要依据。

三是准确识别项目中的法律风险并有针对性地采取防范措施。企业应根据拟出让采矿权的有关实际情况，在尽职调查的基础上进行充分的分析论证，准确识别项目中的法律风险，并提出防范法律风险的思路和措施。例如，针对建设用地取得的风险，应事先和土地所有权人沟通协商土地出让、租赁事宜，并确保地方政府能够为采矿用地办理预留相应的新增建设用地指标。如果拟出让采矿权存在原采矿权人投资形成的固定资产，应首先争取由出让机关采取固定资产一并评估处置的方式予以解决；在出让机关未予解决的情况

下，企业应和原采矿权人事先沟通并达成相关协议，在确保历史遗留问题妥善解决的情况下方可参与竞买。

综上，企业竞买砂石采矿权过程中，应充分认识到砂石矿产开发的专业性、复杂性，通过专业尽职调查、分析论证等方式，准确识别项目中的法律风险并有针对性地采取防范措施，在全面考虑投资风险基础上科学决策。

第二节　砂石投资并购模式

砂石行业投资途径可以根据砂石采矿权所处的阶段区分为一级市场和二级市场，投资人除了通过招拍挂方式参与砂石矿业权一级市场外，对已有砂石项目在二级市场的收并购也是投资砂石矿的主要方式。砂石项目投资并购主要模式和其他领域并无不同，主要是资产收购（受让砂石项目包括采矿权在内的资产）和股权收购两种主要模式，但必须考虑到砂石矿产资源开发的特殊性。笔者根据矿产资源管理相关法律政策和实践经验，结合砂石矿产的具体特点，对上述两种并购模式的相关法律问题进行讨论和分析。

一、砂石项目资产并购模式分析

一般来讲，矿业权分为探矿权和采矿权。根据《关于进一步规范矿业权出让管理的通知》（国土资发〔2006〕12 号）的规定，石灰岩（建筑石料用），砂岩（砖瓦用），天然石英砂（建筑、砖瓦用），黏土（砖瓦用），页岩（砖瓦用），不再设探矿权，以招标、拍卖、挂牌方式直接出让采矿权。所以，砂石项目资产并购的主要目标是砂石采矿权以及砂石开采加工的配套设施设备、厂房等。

根据我国现行法律法规，采矿权属于用益物权，可以依法进行转让。但鉴于我国长期实行探矿权、采矿权申请审批的取得方式，根据矿产资源管理的法律政策规定，采矿权转让有严格的条件限制和审批要求。关于采矿权的转让条件，国家层面相关法律政策的主要规定如表 2 所示。

表 2　关于采矿权转让条件的规定

施行日期	法律法规名称	相关内容
2009 年 8 月 27 日	《矿产资源法》（2009 年修正）	**第六条**　除按下列规定可以转让外，探矿权、采矿权不得转让： （一）探矿权人有权在划定的勘查作业区内进行规定的勘查作业，有权优先取得勘查作业区内矿产资源的采矿权。探矿权人在完成规定的最低勘查投入后，经依法批准，可以将探矿权转让他人。 （二）已取得采矿权的矿山企业，因企业合并、分立，与他人合资、合作经营，或者因企业资产出售以及有其他变更企业资产产权的情形而需要变更采矿权主体的，经依法批准可以将采矿权转让他人采矿。 前款规定的具体办法和实施步骤由国务院规定。 禁止将探矿权、采矿权倒卖牟利
2014 年 7 月 29 日	《探矿权采矿权转让管理办法》（国务院令第 242 号，2014 年修订）	**第三条**　除按照下列规定可以转让外，探矿权、采矿权不得转让： …… （二）已经取得采矿权的矿山企业，因企业合并、分立，与他人合资、合作经营，或者因企业资产出售以及有其他变更企业资产产权的情形，需要变更采矿权主体的，经依法批准，可以将采矿权转让他人采矿。 **第六条**　转让采矿权，应当具备下列条件： （一）矿山企业投入采矿生产满 1 年； （二）采矿权属无争议； （三）按照国家有关规定已经缴纳采矿权使用费、采矿权价款、矿产资源补偿费和资源税； （四）国务院地质矿产主管部门规定的其他条件。 国有矿山企业在申请转让采矿权前，应当征得矿山企业主管部门的同意。 **第七条**　探矿权或者采矿权转让的受让人，应当符合《矿产资源勘查区块登记管理办法》或者《矿产资源开采登记管理办法》规定的有关探矿权申请人或者采矿权申请人的条件。 **第十条**　申请转让探矿权、采矿权的，审批管理机关应当自收到转让申请之日起 40 日内，作出准予转让或

续表

施行日期	法律法规名称	相关内容
		者不准转让的决定，并通知转让人和受让人。 准予转让的，转让人和受让人应当自收到批准转让通知之日起60日内，到原发证机关办理变更登记手续；受让人按照国家规定缴纳有关费用后，领取勘查许可证或者采矿许可证，成为探矿权人或者采矿权人。 批准转让的，转让合同自批准之日起生效。 不准转让的，审批管理机关应当说明理由
2017年12月29日	《国土资源部关于完善矿产资源开采审批登记管理有关事项的通知》（国土资规〔2017〕16号，已失效）	（十七）有下列情形之一的采矿权不得办理转让变更登记： 1. 采矿权部分转让变更的； 2. 同一矿业权人存在重叠的矿业权单独转让变更的； 3. 采矿权处于抵押备案状态且未经抵押权人同意的； 4. 未按要求缴纳出让收益（价款）等费用，未完成矿山地质环境恢复治理义务的； 5. 采矿权被国土资源主管部门立案查处，或法院、公安、监察等机关通知不得转让变更的。 除母公司与全资子公司之间的采矿权转让变更外，以协议出让方式取得的采矿权未满10年不得转让变更，确需转让变更的，按协议出让采矿权要件要求及程序办理

根据上述规定，我国目前对采矿权转让仍规定了较为严格的条件，并且矿业权转让合同须经地质矿产主管部门审批后才生效。虽然《最高人民法院关于审理矿业权纠纷案件适用法律若干问题的解释》规定了矿业权转让合同自依法成立之日起具有法律约束力①，与《探矿权采矿权转让管理办法》（2014年修订）中规定的“转让合同自批准之日起生效”相比有一定进步，

① 《最高人民法院关于审理矿业权纠纷案件适用法律若干问题的解释》第6条规定：矿业权转让合同自依法成立之日起具有法律约束力。矿业权转让申请未经自然资源主管部门批准，受让人请求转让人办理矿业权变更登记手续的，人民法院不予支持。当事人仅以矿业权转让申请未经自然资源主管部门批准为由请求确认转让合同无效的，人民法院不予支持。

但是审批仍然是投资人取得采矿权并办理采矿许可证的必要条件。

对于投资人来讲，采用采矿权转让方式的优势在于：一是可以仅就包括采矿权在内的目标资产进行法律尽调，并购前期尽调工作较为简单；二是交易模式单一，就是并购资产的评估作价和转让；三是最大的优点是可以规避原采矿权项目公司以往经营中发生的债权债务导致的不可控风险，投资风险相对较小。但是，资产并购中也有弊端：一是目标采矿权必须符合转让条件并且经过矿政管理部门审批；二是同样在尽调中需要对采矿权本身的历史沿革、矿权取得的合法合规性、资源储量、生态环保、销售模式和采矿用地等问题进行详细的法律尽职调查；三是由于矿产资源开发属于政府强监管行业，需与当地政府进行充分的沟通，了解对于矿权人变更的态度；四是由于砂石企业的生产经营不单独依赖于矿权本身，还需要加工厂房、设备、土地和道路等设备设施的支撑，该等资产一般都由原矿权人进行投资建设或者从当地村民手中流转取得，转让采矿权时也需要一并考虑。

综上，由于采矿权转让在实践中需要政府部门审批，审批有条件限制并且存在不确定性，且除了采矿权问题，还需要解决一系列资产并购存在的问题，一般直接采用资产并购模式投资砂石开采项目的相对较少。

二、砂石项目公司股权收购模式分析

由于转让采矿权的条件较为严格且需要政府主管部门的审批，收购砂石项目公司的股权成为二级市场砂石矿项目投资的主要方式。股权转让是区别于矿业权转让的交易模式，两种模式的交易主体、交易标的、适用法律和法律效果均存在明显的区别。

第一，采矿权转让是采矿权人和投资人之间发生的交易，而股权转让是采矿权主体的股东和投资人进行的交易；第二，采矿权转让的标的是采矿权本身，而股权转让的标的是项目公司的股权；第三，采矿权转让适用的是《矿产资源法》和《探矿权采矿权转让管理办法》等矿产资源管理法律法规，而规制股权转让行为的法律依据是《公司法》和《市场主体登记管理条例》

等；第四，最重要的是，只有采矿权转让才引起采矿权变更的法律后果，而公司股权转让只发生股东变更的法律效果。

两种交易模式的法律依据和行政监管内容存在较大差异，不能够混淆或者采取相同的规制方式。但是，由于我国矿产资源的稀缺性和重要性，政府部门从行政管理角度，为了防止通过股权转让的方式规避矿业权转让的条件，尤其是对于实际控制人发生变化的情况，实践中还存在个别地方矿产资源主管部门将矿业公司的股权转让视为矿业权转让进行管理，如表3所示部分地方政策规定。

表3　部分地方政策规定

地方	文件名称	相关内容
新疆维吾尔自治区	《新疆维吾尔自治区探矿权采矿权管理办法》（新政办发〔2007〕229号）	**第三十六条**　变更采矿权应当符合下列条件： …… （四）变更采矿权人名称的，投资主体未发生变化；投资主体发生变化的，按照转让采矿权的规定办理……
山东省	《山东省国土资源厅关于转发〈国土资源部关于进一步完善采矿权登记管理有关问题的通知〉的通知》（鲁国土资字〔2011〕508号）	采矿权人以出售、作价出资，引进他人资金、技术、管理等合作经营，企业重组改制等原因，只要采矿权人的股东、股比发生变化，均属采矿权转让行为，必须办理采矿权转让手续
湖北省	《湖北省国土资源厅关于进一步规范探矿权采矿权管理的暂行规定》（鄂土资规〔2009〕1号，已失效）	凡两个不同的企业（事业）法人之间发生探矿权、采矿权全部或部分转移的，矿业企业投资主体（控股人）发生变化的，应依法申请探矿权、采矿权转让，并逐级报经原审批登记机关批准

根据上述规定，对于采矿企业的股东变更，部分地方采取在《采矿许可证》上加注股东和/或法定代表人信息的管理模式，还有地方直接将股权转

让视为采矿权转让进行规制。我们认为，我国法律法规对转让砂石项目公司股权未做强制性规定，矿业公司股权一般只需按照《公司法》《市场主体登记管理条例》等规定进行公司变更登记即可，无须特殊的批准程序，未经批准也不影响转让合同效力。但是，鉴于部分地方有将股权转让参照采矿权转让的管理倾向，且在矿山的后续经营过程中还有较多的手续需要到矿产资源主管部门办理，因此，对于投资人来讲，尤其是有明确文件规定的各个省区市，还是应当在交易前充分了解当地的政策以及主管部门的态度，进行相应的窗口咨询指导，避免对项目投资落地产生障碍和风险。

相较于直接转让采矿权，砂石项目公司股权转让的可操作性更强，在各方对交易的条件达成一致后，投资人办理工商变更登记并完成交割后，即可通过对项目公司控股而直接参与矿山开采的经营，实践中采用此种方案的案例也较多。但此种交易模式对投资人来讲，需要完整地承接砂石项目公司的全部债权债务和潜在风险，所以，对砂石项目公司和采矿权的法律尽职调查、财务尽职调查和资产评估工作提出了更高的要求。法律尽调中除了采矿权及其配套的设备设施、厂房外，还要重点对公司的设立和历史沿革、股权结构和股权质押情况、公司的融资担保情况、签署的全部合同、全部的固定资产、劳动用工情况、税费缴纳、涉及的诉讼、仲裁和行政处罚等情况进行全面尽职调查，并根据尽调结果在交易合同中作出相应的安排，避免在交割完成后发生风险和造成损失。

三、小结

综合上述分析，对于投资并购砂石项目，无论是采矿权转让和项目公司股权转让均有其优势和劣势，具体的模式还需要根据投资人的需求和项目的具体情况进行选择。以笔者最近承办的一起砂石矿并购项目为例，某地方的国资公司敏锐地捕捉到了砂石行业投资价值，拟通过股权交易的模式投资某砂石采矿权公司。但在笔者团队进行充分法律尽职调查后，发现项目公司因砂石企业整合停产而经营情况不佳，存在多笔成本较高的融资负债、核心资产也已经存在抵押质押、合同欠款和潜在诉讼较多，且存在小股东的利益较难平衡等多个法律风险，在综合研判后我们建议国资公司转而采用资产并购的模式，直接受让该公司采矿权及相关资产，从而降低或者避免尽调中发现的法律风险。

总之，无论何种投资并购模式，对已有项目公司和矿业权的全面审查和评估都是重中之重，也是决定投资人能够顺利收购的基础。另外，除了矿产资源行业监管的特殊性，砂石矿产资源开发还涉及发改、工业、交通、环保、安全、公安、市场监管等诸多政府部门的行政审批和监管。我们建议，在砂石项目投资并购中应当聘请矿产资源领域的专业律师进行法律尽职调查，帮助投资人发现和梳理其中的核心法律风险点，为交易方案的选择和项目顺利推进提供专业意见。

第三节　砂石投资并购重点问题

企业投资并购砂石采矿权项目时，除了要选择投资并购模式外，还要重点关注和解决投资并购中的主要法律风险点。笔者根据砂石矿产开发相关法律政策及实践经验，从环境敏感区域限制、项目审批、采矿权合法性、资源储量可靠性、出让收益缴纳、采矿用地、环保合规、绿色矿山建设等方面，对砂石采矿权项目并购中重点法律风险进行梳理解析，以期为砂石采矿权项目投资人提供参考。

一、环境敏感区域对砂石开发的禁入或限制问题

矿产资源开采必然对环境带来扰动，特别是砂石开采大多采用露天方式，对环境影响较为明显。矿产资源开发和生态保护在政策上如何统筹平衡，决定了矿产资源开发受到禁止或限制的程度和范围。近年来，随着生态文明建设的推进，从中央到地方都从保护生态环境安全、强化部分环境敏感区域管控的角度，明确规定禁止或者限制砂石开采进入环境敏感区域。

一是自然保护区内矿业权退出。虽然《自然保护区条例》中明确规定自然保护区内禁止开矿、采石、挖沙等活动，但2015年之前政府部门在自然保护区内设置包括砂石采矿权在内的各类矿业权较为常见。2015年原环境保护部等十部委联合印发的《关于进一步加强涉及自然保护区开发建设活动监督管理的通知》（环发〔2015〕57号）规定，对自然保护区内已设置的商业探矿权、采矿权和取水权，要限期退出。2017年原国土资源部印发《自然保护区内矿业权清理工作方案》，以国家级自然保护区为重点，对各类保护区禁止矿产资源勘查开采范围的矿业权进行清理核查，同时严禁新矿权进入自然保护区。各省（区、市）也纷纷出台文件，严禁新矿权进入自然保护区，已

设立的矿权也要全部退出。同时，各地对于自然保护区、地质公园、风景名胜区、森林公园、水源地保护区等各类保护区涉及矿产资源开发的限制也日趋严格。例如，2019 年河北省自然资源厅印发的《加强矿产资源开发管控十条措施》规定，禁止在生态保护红线内、自然保护区、风景名胜区、饮用水水源保护区、地质遗迹保护区、文物保护单位的保护范围内和铁路高速公路国道两侧各 1000 米范围内新批固体矿产资源开发项目。

二是生态保护红线管控。2017 年中共中央办公厅、国务院办公厅印发《关于划定并严守生态保护红线的若干意见》，提出到 2020 年年底前完成生态保护红线划定，基本建立生态保护红线制度。要求生态保护红线原则上按禁止开发区域的要求进行管理，严禁不符合主体功能定位的各类开发活动，严禁任意改变用途。2019 年中共中央办公厅、国务院办公厅印发的《关于在国土空间规划中统筹划定落实三条控制线的指导意见》规定，生态保护红线内，自然保护地核心保护区原则上禁止人为活动，其他区域严格禁止开发性、生产性建设活动。可见，生态保护红线范围是禁止砂石开发的，除非因国家重大基础设施、重大民生保障项目建设等需要调整生态保护红线范围。

三是国务院规定的重点区域限制。为打赢蓝天保卫战，《国务院关于印发打赢蓝天保卫战三年行动计划的通知》（国发〔2018〕22 号）中规定，重点区域原则上禁止新建露天矿山建设项目。划定的重点区域包括京津冀及周边地区、长三角地区和汾渭平原，涉及十余个省区市的多个城市。我们理解，在该重点区域范围内，一方面禁止新建砂石开采项目，另一方面存量的砂石项目开采也受到诸多限制，甚至被责令停产停业，到期不予办理采矿权延续登记等。

二、砂石矿产开发项目审批手续合法性问题

砂石矿产开发项目自取得采矿权开始至项目立项、矿山建设、生产运营，需要办理诸多行政审批手续。

项目立项方面。砂石矿产开发项目属于实行备案管理的项目，需要按照企业投资项目备案管理程序履行项目备案手续。已备案项目信息发生较大变更的，建设单位应当及时告知备案机关。

砂石矿山建设阶段，需要办理用地审批、环境影响评价、社会稳定风险评估、地质灾害危险性评估、取水许可、节能审查、水土保持、矿山安全等方面的审批手续。以矿山安全为例，根据《建设项目安全设施“三同时”监督管理办法》等规定，项目在进行可行性研究时，应当进行安全预评价，由承担项目安全评价的安全中介机构按照规定的标准和程序进行预评价，提出预评价报告。建设单位在项目初步设计时，应当委托有相应资质的设计单位对项目安全设施同时进行设计，编制安全设施设计；安全设施设计完成后，应当提交安全生产监督管理部门进行审查。项目竣工投入生产前，建设单位应当组织对安全设施进行竣工验收，并形成书面报告备查；安全设施竣工验收合格后，方可投入生产和使用。

砂石矿山生产运营阶段，还要办理排污许可、爆破物品审批、运输管理、安全生产许可、绿色矿山建设等审批、评估手续。

投资人并购砂石采矿权项目时，应了解相关行政审批手续办理要求，核实清楚拟并购项目各项审批手续的办理情况，对可能存在的项目手续合规风险进行识别、评估和防范。

三、砂石采矿权的合法性问题

采矿权是砂石采矿权项目的核心资产，采矿权合法性问题是决定项目是否具有投资价值及投资风险大小的重要因素。对此应从以下三方面具体考量：

一是砂石采矿权取得的合法性。在取得方式上，如果拟并购项目的砂石采矿权系通过采矿权一级市场出让方式取得，应调查核实采矿权出让文件、成交确认书及采矿权出让合同、采矿权价款（出让收益）缴纳凭证等资料；如果砂石采矿权系通过采矿权二级市场转让方式取得，还应调查核实采矿权转让合同、转让价款支付凭证、转让审批文件等资料。在采矿权登记方面，应调查核实矿产资源储量报告及评审备案文件、划定矿区范围批复、矿产资源开发利用方案、环评报告及批复等采矿权办理要件材料。

二是砂石采矿权存续中的合法性。第一，要关注采矿权人履行出让合同约定义务的情况。自然资源主管部门发布的出让公告及采矿权出让合同中，通常会在采矿权价款金额及缴纳期限、矿山开采要求等方面对采矿权人设定一定的义务。采矿权人如果未履行相应合同义务，有可能面临解除出让合同、采矿权灭失等不利后果。第二，要关注采矿权人是否存在违反法定义务的行为。《矿产资源法》等法律法规对采矿权人开采矿产资源设定了诸多义务，包括开采范围不得超出采矿许可证规定的范围，依法缴纳采矿权使用费、资源税等税费，开展矿山地质环境保护与治理恢复等。采矿权人违反上述法定义务的，有可能面临罚款、没收违法所得甚至吊销采矿许可证等处罚。

三是采矿权到期后能否办理延续登记。根据《矿产资源开采登记管理办法》等规定，采矿许可证有效期满，需要继续采矿的，采矿权人有权到登记管理机关办理延续登记手续。针对砂石矿产资源管理，仅有少数省区市对采矿权到期延续问题进行了明确规定，如2021年修改的《福建省国土资源厅关于贯彻落实推进矿产资源全面节约和高效利用的实施意见》中规定，已设砂石采矿权许可证到期，其矿区范围内有偿取得的砂石资源尚未采完的，符合条件的可予以延续登记。从砂石采矿权管理实践来看，各地自然资源主管部门对采矿权到期延续问题的做法不尽相同。有的砂石采矿权出让文件和出让合同中规定，采矿权许可证到期时矿区范围内砂石资源尚未采完的，可予以延续登记；有的出让文件和出让合同则规定，出让年限届满后出让合同终止、矿山关闭，不再给予延续；有的出让文件和出让合同仅规定了出让资源储量，未对到期延续事宜进行规定。

投资人并购砂石采矿权项目时，应调查核实拟并购项目采矿权取得、存续、转让有关资料，结合矿产资源管理法律法规，对采矿权合法性风险作出识别判断。

四、砂石矿产资源储量的可靠性问题

资源储量是判断采矿权开发利用价值、决定并购交易成败的核心因素之一。由于矿产资源储量具有不确定性，资源储量风险是并购交易中的重要风险。为核实砂石矿产资源储量的真实可靠性，应重点关注以下两方面问题：

一是政府采矿权出让环节砂石资源储量的真实可靠性（详见本部分第一节内容）。

二是采矿权人自行投资勘查获得储量的真实可靠性。采矿权人为了增加资源储量，延长矿山服务年限，往往会委托地勘单位在矿区范围内自行投入资金进行生产性勘查。根据《矿产资源储量评审认定办法》（国土资发〔1999〕205 号，已失效）等规定，经过勘探取得新增矿产资源储量的，应对矿产资源储量报告进行评审备案。7 号文件规定，缩减矿产资源储量政府直接评审备案范围，固体矿产在采矿期间资源量发生重大变化的（变化量超过 30% 或达到中型规模以上的），应当对矿产资源储量报告进行评审备案。实践中，采矿权人委托地勘单位通过生产性勘查获得资源储量后，有的进行了储量评审备案，有的则由于企业未申请或不具备法定条件等原因未进行评审备案。

投资人并购砂石采矿权项目时，应对采矿权过往地质资料真实性、地质成果可靠性进行分析评价，必要时重新估算矿山的保有资源储量。

五、采矿权价款（出让收益）缴纳问题

近些年，我国矿产资源税费改革逐步深化，2006 年开始全面推进矿产资源有偿取得制度，严格限制探矿权价款、采矿权价款转增国家资本金、折股方式缴纳，以及缓交、减免价款，对无偿占有国家出资探明矿产地的探矿权和无偿取得的采矿权进行有偿处置；2017 年矿产资源权益金制度落地，矿业权出让收益取代探矿权价款采矿权价款，矿业权出让收益具体征收政策

的出台，政策的变化及其理解适用对砂石采矿权出让收益的缴纳提出了很多新的问题。

一是原来已申请在先取得的探矿权或者采矿权，因当时不符合国家出资探明矿产地的情形，在以往的矿业权变更登记过程中，政府主管部门出具过“不需要缴纳探矿权价款（采矿权价款）”的意见，但在35号文件实施之后，按照35号文件再办理采矿权变更、延续等登记时，必须缴纳采矿权价款，由此给采矿权人造成巨大的负担。

二是现实中砂石采矿权出让经常存在采矿权开采范围内经评审备案的资源量大于采矿权出让的资源量问题。对于这些未出让的剩余资源量采矿权人是否可以开采，应当依据出让合同或者法律政策规定来判断。但必须明确的是，即使采矿权人可以通过采矿权延续等方式继续开采剩余资源量，也必须缴纳相应的矿业权出让收益。

三是取得采矿权后新增资源量的价款（出让收益）缴纳问题。根据矿业权价款征收管理的有关规定，对矿业权人在采矿许可证范围内自行投入资金勘查取得的找矿成果，不收取矿业权价款。35号文件规定，采矿权增列矿种、增加资源储量的，增列、增加的部分比照协议出让方式征收采矿权出让收益。因此，针对采矿权人在矿山生产期间自行投资勘查获得的新增资源储量，面临缴纳采矿权出让收益的问题。

采矿权价款（出让收益）问题对拟并购项目负债金额和交易价格的确定具有重要影响。投资人并购砂石采矿权项目时，应充分了解矿业权有偿处置政策，对拟并购项目采矿权是否已缴纳采矿权价款、未来是否需要继续缴纳矿业权出让收益作出准确判断。

六、砂石矿山项目用地问题

砂石矿山大部分属于露天开采项目，生产区、生活区和石料堆放区需要占用大量土地。投资人并购砂石采矿权项目时，应重点关注以下用地方面的问题：

一是项目用地的合法合规情况。第一，建设用地手续方面，需要核实农转用审批、土地出让合同及价款支付、土地使用权证办理等有关资料。第二，临时用地方面，需要核实临时用地审批、临时用地费用支付、到期延续、土地复垦情况等。第三，项目涉及林地的，还需核实是否取得林业部门核发的使用林地审核同意书；项目涉及草地的，还需核实是否取得草原行政主管部门核发的使用草地审核同意书。第四，核实砂石企业是否存在因涉嫌违法用地被追究行政责任、刑事责任的情形。

二是后续完善用地手续的可行性。特别要注意到《土地管理法》修改后建设用地取得方式的变化，即以往政府办理征收转用手续后再出让给矿山企业的方式，已变成土地所有权人向企业出让、出租集体经营性建设用地的方式。对于后续需要继续办理建设用地手续的，需要关注：第一，用地区块是否符合土地利用总体规划（国土空间规划）要求，企业未来办理采矿用地手续是否会受到规划制约；第二，根据矿业权出让和开发计划，地方政府能否为采矿用地办理预留相应的新增建设用地指标；第三，后续办理用地手续需要支付的费用金额。

七、砂石矿山环保合规问题

生态环保是砂石资源开发的重要约束条件。环保合规问题贯穿砂石采矿项目审批、建设和生产的全生命周期。近年来，随着环保政策日趋严格和矿山环境整治力度的加大，环保合规问题成为影响砂石矿山生存发展的重要风险因素。针对砂石采矿权项目的环保合规问题，应重点关注以下方面：

环境影响评价。第一，地方政府及有关部门组织编制砂石开发专项规划时，应组织进行规划环评，编制环境影响报告书。审批机关在审批专项规划草案时，应当将环境影响报告书结论以及审查意见作为决策的重要依据。第二，砂石矿山项目建设前，应进行项目环评。审批机关作出的环境影响评价批复是砂石企业办理采矿权登记以及项目开工建设的前置条件。第三，项目在通过环境保护设施竣工验收且稳定运行一定时期后，产生不符合经审批的环境影响报告书情形的，应当开展环境影响后评价。

项目环保“三同时”。建设项目需要配套建设的环境保护设施，必须与主体工程同时设计、同时施工、同时投产使用。建设项目的初步设计，应当按照环境保护设计规范的要求，编制环境保护篇章，落实防治环境污染和生态破坏的措施以及环境保护设施投资概算。建设单位在委托施工任务时，应同时委托环境保护设施的施工任务，并保证其建设进度和资金落实。根据《建设项目竣工环境保护验收暂行办法》等规定，砂石矿产开发项目属于主要对生态造成影响的建设项目，应按照《建设项目竣工环境保护验收技术规范 生态影响类》编制验收调查报告。建设项目配套建设的环境保护设施经验收合格后，其主体工程方可投入生产或者使用。

排污许可。根据生态环境部公布的《固定污染源排污许可分类管理名录》，砂石生产按照通用工序进行重点及简化管理的，只需对其涉及的锅炉、工业炉窑、表面处理、水处理等通用工序申请取得排污许可证，不需要对其他生产设施和相应的排放口等申请。对于未被纳入重点排污单位名录的砂石企业，如果其水处理设备日处理能力在500吨以上2万吨以下，只需对其水处理设备进行登记管理即可，不需要申请取得排污许可证。

此外，砂石企业在固废污染防治、大气污染防治、水污染防治、噪声污染防治等方面需要严格遵守环保领域法律法规政策的要求。

投资人并购砂石采矿权项目时，应该调查核实拟并购项目环保审批手续办理和环保措施的落实情况，对可能存在的项目环保合规风险进行识别、评估和防范。

八、砂石矿山绿色矿山建设问题

近年来，在生态文明建设大力推进、绿色发展要求不断提高的时代背景下，绿色矿山建设已成为砂石矿产资源行政管理的重要内容，成为影响砂石采矿项目存续和发展的重要因素。为此应重点关注以下两方面：

一是了解当地砂石绿色矿山建设政策要求。2017年原国土资源部等六部委联合发布了《关于加快建设绿色矿山的实施意见》（国土资规〔2017〕4号，已失效），从工作目标、评价标准、政策支持、监督管理等方面对绿色矿山建设提出了要求。2018 年自然资源部发布《砂石行业绿色矿山建设规范》（DZ/T 0316—2018），标志着砂石行业绿色矿山建设有了明确的规范依据。目前已有十余个省区市针对绿色矿山建设出台了具体的管理规定，对创建绿色矿山建设的申报、评审、公布、监督等程序进行了明确，特别是将绿色矿山建设融入了矿产资源行政管理之中。

二是了解绿色矿山建设对砂石开采项目的影响。第一，绿色矿山建设意味着企业在矿山建设方面需要投入更多的资金，如果拟并购项目属于尚未完成绿色矿山建设的砂石矿山，投资人须充分考虑后续绿色矿山建设成本。第二，很多地方已将绿色矿山建设纳入采矿权出让合同管理，出让合同中规定了采矿权人要按照绿色矿山标准进行规划、设计、建设和运营管理，绿色矿山建设成为砂石企业必须履行的合同义务。有的省区市政策文件规定未达到绿色矿山标准的矿山企业，一律停产开展创建工作，采矿许可证到期后不予延续。

投资人并购砂石采矿权项目时，应该充分了解当地绿色矿山建设政策要求，充分考虑绿色矿山建设的投资成本。

由于砂石矿产资源开发中的法律问题具有较强的专业性、复杂性，笔者建议投资人并购砂石采矿权项目时，应聘请专业的矿业律师开展尽职调查，系统梳理和识别并购项目中的核心法律风险点，在全面开展风险评估、论证和防范的基础上理性作出投资决策。

第四节　砂石整合重点问题

矿产资源整合是优化矿山开发布局，实现资源规模化、集约化开发，解决大矿小开、一矿多开、交叉重叠等问题的重要手段。就砂石行业而言，“多、小、散、乱”是砂石开采长期形成的现状。为了推进生态文明建设，落实节约资源和保护环境的基本国策，实现砂石矿山规模化、集约化开发和资源综合利用，做强做大地方砂石产业经济，各地方也在纷纷推进砂石矿产资源整合。在推进砂石矿产资源整合时，如何合理确定整合后采矿权出让方式，如何保障原采矿权人合法权益，如何在合法合规的前提下实现整合目的，是相关各方十分关注的重点，当然也是地方政府及矿产资源管理部门应予考虑和解决的问题。

一、砂石矿产资源整合中的采矿权出让方式问题

矿产资源整合意味着矿产资源管理部门要按照矿产资源自然赋存状况、地质条件和矿产资源规划等，重新划分矿区范围、核定开采规模、确定开采主体。整合过程中，往往伴随原采矿权灭失、矿区范围合并、资产并购、企业重组等环节，矿产资源管理部门须注销原采矿许可证，并向新的开采主体颁发采矿许可证。

（一）7号文件实施之前砂石矿产资源整合以协议出让方式推进

采矿权整合出让，是矿业权出让管理中的一种特殊情形。正因如此，《探矿权采矿权招标拍卖挂牌管理办法（试行）》（国土资发〔2003〕197号）、《关于进一步规范矿业权出让管理的通知》（国土资发〔2006〕12号，以下简称12号文件）等文件规定建筑用砂石采矿权原则上实行招标拍卖挂牌出让的同时，允许采矿权整合中实行协议出让。

12号文件规定，“已设采矿权需要整合或利用原有生产系统扩大勘查开采范围的毗邻区域”等四种情形下，经批准允许以协议方式出让矿业权。《国土资源部关于严格控制和规范矿业权协议出让管理有关问题的通知》（国土资发〔2012〕80号，已失效）和《关于严格控制和规范矿业权协议出让管理有关问题的通知》（国土资规〔2015〕3号，已失效）中重申了“已设采矿权需要整合或利用原有生产系统扩大勘查开采范围的毗邻区域”等情形可以采用协议方式出让矿业权。所以，协议出让成为矿产资源整合中采矿权出让实施的重要路径。

为规范矿产资源整合中协议出让采矿权的程序，2006年原国土资源部印发的《关于矿产资源整合中采矿登记程序有关问题的通知》（国土资厅发〔2006〕100号，已失效）对有关事项进行了规范，内容包括：登记管理机关依据批复的矿产资源整合方案，划定矿区范围。成立新的采矿主体的，应在划定矿区范围前到工商登记管理部门进行企业名称预登记。矿山企业凭登记管理机关划定矿区范围的批复，依法进行储量核实，采矿权价款评估、处置，矿产资源开发利用方案、环境影响报告书的编制和送审等相关工作。采矿登记管理机关应对原采矿权人注销采矿登记后，对新采矿权人重新颁发采矿许可证等。

（二）7号文件实施后砂石矿产资源整合也必须以竞争性方式出让采矿权

随着矿产资源管理改革的深入推进，矿业权竞争性出让全面实施，协议出让受到严格限制。7号文件规定，全面推进矿业权竞争性出让，除协议出让外，对其他矿业权以招标、拍卖、挂牌方式公开竞争出让。矿产资源整合不再属于允许协议出让的范围，并且明确允许矿业权协议方式出让的两种特殊情形中不包含普通建筑用砂石土类矿产。

按照上述政策规定，砂石矿产资源整合时，不再允许以协议出让方式设立新采矿权。这就意味着，地方政府无法根据矿产资源整合实际需要确定整合主体，而必须通过市场公开方式选定整合主体。在砂石矿整合实践中，矿产资源管理部门虽然按照政策要求采取招拍挂方式出让采矿权，但“假竞争、真协议”的现象并不鲜见。为了能够实现原矿业权人通过招拍挂方式取得整合后的采矿权，有的在竞争性出让文件中设置各种不合理、不必要甚至违法的门槛和条件，有的故意在风险提示部分要求新竞得人需要和原矿业权人协商资产补偿事宜，阻吓意向竞买人参与；另外，新投资人真的竞得采矿权后，由于矿产资源管理部门出让过程中没有稳妥处理原矿业权人固定资产补偿问题等，又常常导致新老矿业权人激烈矛盾冲突，严重影响砂石资源整合开发的效果。

笔者认为，“一刀切”地禁止矿产资源整合中以协议方式出让采矿权并不符合实事求是的原则。理由有四：一是必须认识到矿产资源整合不同于一般的新设采矿权，矿产资源整合的目的是解决一矿多开、大矿小开，实现矿产资源规模化、集约化开发，做强做大地方资源产业；一般新设采矿权仅是向社会投放新的矿业权，满足经济社会发展对矿产资源勘查开发的需求。二是矿产资源整合中涉及原矿业权人的权益保护，特别是采矿权没有到期、存在剩余储量、矿山建设已形成固定资产等诸多问题；一般新设采矿权不会存在上述负担。三是现实中以招拍挂方式出让砂石资源整合后的采矿权后，因上述原因导致新采矿权人和原采矿权人冲突不断，无法实现砂石资源整合开发的目的；即使矿产资源管理部门出让过程中打算稳妥处理上述问题，往往也存在相当大的难度，并且往往与地方政府之前和原采矿权人签订的招商引资协议相违背，有违诚信政府建设的要求。四是招拍挂方式出让和协议出让本无优劣之分，主要取决于具体适用情形，况且以招拍挂之名，行协议出让之实，反而大幅增加了砂石采矿权出让成本。

当然，我们理解 7 号文件之所以“一刀切”地禁止矿产资源整合中以协议方式出让新的矿业权，其目的是防止地方在政策执行中“打擦边球”，利用整合可以协议出让的制度空间，无限放大协议出让适用范围，消减市场配置矿产资源的决定性作用。行政管理中“一管就死”“一放就乱”的治乱循环并不是矿产资源管理中特有的，而是和我们整体的体制机制内在矛盾存在密切关联。我们认为，无论如何不能“因噎废食”，应当根据实事求是原则，从实际出发确定矿产资源整合中的采矿权方式出让，解决目前矿产资源整合中存在的现实问题。

同时，我们也注意到，在落实7号文件过程中，有的省份根据地方实际情况进行了政策探索。例如，《山东省自然资源厅关于推进矿产资源管理改革若干事项的通知》（鲁自然资规〔2020〕2号，已失效）规定，除7号文件规定的协议出让情形外，同一采矿权人实施整合、利用不宜单独设立矿业权的夹缝资源，整合方案经专家论证和所在地县级人民政府同意后，可以协议方式出让。《内蒙古自治区全面推进煤炭矿业权竞争性出让实施办法》（内政办发〔2020〕46号）规定，边角煤炭资源实行公开出让，由资源所在地盟行政公署、市人民政府组织实施，出让后与已设置的煤矿主体整合开采。

二、砂石采矿权整合出让中的几个重点法律问题

（一）原采矿权矿区范围内剩余资源储量问题

采矿权人拥有在采矿许可证规定的范围内开采矿产资源和获得所开采的矿产品的权利。矿产资源管理部门实施矿产资源整合时，如果原采矿权还处于有效期内，或者矿区范围内还有尚未开采完毕的矿产资源储量，原采矿权人对该部分矿产资源开采获利的权益应得到保障。为此，矿产资源管理部门在实施矿产资源整合时可采取以下方式保障原采矿权人的权益：

一是矿产资源管理部门组织专业机构对原矿区范围内剩余资源储量进行核实，在此基础上委托评估机构对采矿权现状价值进行评估，矿产资源管理部门按照评估价值对原采矿权人进行补偿。

二是按照第一种方式评估后矿产资源管理部门不给予补偿，而是将评估价值明确纳入拟出让采矿权的底价，要求新采矿权人对原采矿权人剩余矿权价值给予补偿或者签订合作开发协议。通过合作开发方式对原采矿权人进行补偿，一方面降低新采矿权人进入成本，另一方面保障原采矿权人的合法

权益。

三是矿产资源管理部门组织专业机构对原矿区范围内剩余资源储量进行核实后，将该部分资源储量直接纳入拟出让采矿权的储量范围，进行矿业权出让收益评估。新采矿权出让成交后，将该部分资源储量对应的矿业权出让收益金额支付给原采矿权人。但需要注意的是，通常矿业权出让收益金额低于开采获利的金额，该种补偿方式对原采矿权人并非最为有利。

（二）原采矿权人投资形成固定资产的权益保护问题

矿产资源开发属于长周期、高投入行业，砂石企业在矿山投资建设和经营方面通常需要投入巨额资金，建设厂房，购置矿山生产设备，投资建设矿山道路、电力、供水、环保设施等基础设施，办理用地、用林、用草等手续，形成巨额固定资产。在砂石矿产资源整合中，矿产资源管理部门以招拍挂方式出让新采矿权时，如果未实际解决原采矿权人的固定资产问题，一旦新采矿权被其他市场主体竞得，那么新老矿权人激烈的矛盾冲突不可避免，新采矿权人无法顺利进场作业，原采矿权人的投资损失无法得到补偿，旷日持久的僵持给双方均造成巨大损失，同时也会影响地方产业经济的发展，导致多方都输的局面。

笔者认为，对于上述问题的解决，7 号文件中的“净矿”规定能够作为政策依据。7 号文件中明确规定：“开展砂石土等直接出让采矿权的‘净矿’出让，积极推进其他矿种的‘净矿’出让，加强矿业权出让前期准备工作，优化矿业权出让流程，提高服务效率，依据地质工作成果和市场主体需求，建立矿业权出让项目库，会同相关部门，依法依规避让生态保护红线等禁止限制勘查开采区，合理确定出让范围，并做好与用地用海用林用草等审批事项的衔接，以便矿业权出让后，矿业权人正常开展勘查开采工作。”矿产资源管理部门通过招拍挂方式重新出让采矿权时，对原采矿权人形成的固定资产一并进行处置，属于“净矿”出让的应有之义。各地矿产资源管理部门开展砂石采矿权出让准备工作时，将原采矿权主体的固定资产评估后纳入出让范围一并处置，是近年来矿业权招拍挂出让中常见的做法。

（三）原采矿权人投资形成的配套加工厂是否应纳入评估补偿范围

砂石企业投资矿山开采的同时，往往还投资建设了配套加工厂，对矿产品进行深加工。配套加工厂是否应和矿山固定资产一并纳入评估补偿范围，应综合以下因素确定：

第一，考量砂石企业投资建设配套加工厂，是否基于政府招商引资协议等合同的约定。实践中，有的地方政府在和砂石企业签订的招商引资协议中明确约定企业应投资建设配套加工厂，在当地做大做强砂石产业。基于信赖利益保护原则，矿产资源管理部门在组织新的采矿权出让时，应充分保障原采矿权人的合法权益。

第二，考量砂石企业投资建设配套加工厂，是否基于当地矿产资源管理政策要求。一些地方政府制定的矿产资源开发规划及产业政策等文件中，要求新建矿山必须配套深加工企业，发展矿产精深加工，增加产品技术含量和附加值。有的地方政府甚至直接出台文件，要求砂石原矿不得直接外运。对于因执行政府政策而投资建设加工厂的企业，矿产资源管理部门在组织新的采矿权出让时，应充分保障原采矿权人的合法权益。

第三，考量配套加工厂和砂石开采是否具有紧密的匹配性。如果原采矿权人投资形成的配套加工资产和矿山开采具有紧密的匹配性，是产业链上下游专业协作的需要，且配套加工资产是专属于该矿山的配套设施，则配套加工资产应纳入资产评估范围。

第四，考量配套加工厂的设施设备是否可以搬迁易地使用，对于可以搬迁易地使用的设施设备，可以在给予搬迁费用情况下不纳入资产评估范围；对于不能搬迁易地使用的设施设备，如果符合前面任一情形，应当统一纳入资产评估范围。

（四）矿产资源管理部门出让新采矿权时如何设置竞买条件

砂石矿产资源整合过程中，出于促进产业长远发展考虑，地方政府通常希望由有实力、有经验的企业作为整合主体获得新采矿权。但是，按照矿业权竞争性出让要求，政府无法直接指定整合主体，而需要采取竞争性方式出让采矿权。为了实现整合目的，有的矿产资源管理部门在资格条件方面对竞买人设定了一定的门槛。例如，广西某市一则采矿权出让公告中载明：竞买人需有建设项目入选自治区“双百双新”产业项目，且应按照资源优质优用和就近深加工的原则，在本市依法取得土地，已建成厂房从事花岗岩深加工，增加附加值。贵州某州一则采矿权出让公告中载明：竞得人在签订采矿权出让合同后2年内，必须在州内注册企业并建成生产线对矿产资源进行精深加工，禁止原矿运到州外加工。

笔者认为，矿产资源管理部门在设置竞买人资格条件时，应充分考虑合法合规问题。《国务院关于在市场体系建设中建立公平竞争审查制度的意见》（国发〔2016〕34号）规定，行政机关和法律、法规授权的具有管理公共事务职能的组织制定市场准入、产业发展、招商引资、招标投标、政府采购、经营行为规范、资质标准等涉及市场主体经济活动的规章、规范性文件和其他政策措施，应当进行公平竞争审查。审查标准包括：不得设置不合理和歧视性的准入和退出条件，不得排斥或者限制外地经营者参加本地招标投标活动，不得排斥、限制或者强制外地经营者在本地投资或者设立分支机构等。同时规定，“属于下列情形的政策措施，如果具有排除和限制竞争的效果，在符合规定的情况下可以实施：（1）维护国家经济安全、文化安全或者涉及国防建设的；（2）为实现扶贫开发、救灾救助等社会保障目的的；（3）为实现节约能源资源、保护生态环境等社会公共利益的；（4）法律、行政法规规定的其他情形。政策制定机关应当说明相关政策措施对实现政策目的不可或缺，且不会严重排除和限制市场竞争，并明确实施期限”。矿产资源管理部门在出让砂石采矿权时，如果设定的竞买人资格条件具有排除和限制竞争的效果，必须符合上述法定情形。

三、推进砂石矿产资源整合的几点建议

为妥善解决砂石矿产资源整合中存在的问题，促进矿产资源整合目的地实现，矿产资源管理部门推进砂石矿产资源整合时，应注意做好以下方面

工作：

一是把“净矿”出让作为保障原采矿权人资产权益的重要抓手。矿产资源管理部门应将原采矿权人固定资产的评估工作纳入新设采矿权出让准备工作中，与矿产资源储量核实、编制开发利用方案、采矿权出让收益评估等工作一并开展。为保证资产评估工作的公平公正，应由矿产资源管理部门聘请评估机构开展资产评估工作。矿产资源管理部门应组织评估机构对原采矿权人的资产进行清点、核实并登记造册，以及进行必要的监督审查。矿产资源管理部门应在出让文件中对原采矿权人的资产评估结果予以公示，并要求竞得人承诺竞得采矿权后即按照评估结果收购原采矿权主体的固定资产。

二是积极支持新老采矿权人开展合作经营。原采矿权人投资形成的固定资产往往价值较大，对于新采矿权竞得人而言，除了需要支付采矿权出让收益外，还要另外一次性支付资产收购价款，给新采矿权竞得人带来巨大的资金压力。同时，即使原采矿权人获得了资金补偿，但其在该矿区多年生产经营所积累的经验和形成的优势无法继续发挥作用，也是一种实际损失。为此，矿产资源管理部门应从推动矿产资源整合、支持产业发展的高度做好统筹协调工作，支持新采矿权竞得人和原采矿权人通过合资、重组、合作等方式开发共同矿产资源，实现双方互利共赢，做大做强当地砂石产业。

三是积极探索符合实际的资源整合政策路径。“一刀切”地禁止矿产资源整合中以协议方式出让采矿权，不符合实事求是的原则，往往不但不能顺利实现矿产资源整合的目的，还会带来砂石采矿权出让成本增加、新老矿业权人矛盾冲突、地方砂石产业经济发展受影响等一系列问题。我们建议，矿产资源管理部门应当进一步完善矿业权出让制度，在保障国家矿产资源所有权权益和明确适用条件的前提下，允许矿产资源整合中以协议方式出让矿业权。

第五节 废石尾矿再利用法律分析

近几年，随着机制砂技术的日益成熟，以及砂石骨料市场供需矛盾的紧张，已建或者关闭矿山的废石和尾矿资源的再利用成为行业内讨论的热点问题。2019 年 11 月 4 日，国家发展改革委、自然资源部等十部门联合发布的《关于推进机制砂石行业高质量发展的若干意见》（工信部联原〔2019〕239 号）中也明确规定，鼓励利用废石、尾矿等生产机制砂石，节约天然资源。实践中，对原有采矿权的废石尾矿用于机制砂的权利主体、审批程序和权益分配，对于新立固体类采矿权中砂石资源如何进行处理，以及尾矿库中尾矿资源如何利用等，均存在不同的理解和认识。

一、废石和尾矿是固体矿山开发的必然产物

无论是金属矿山还是非金属矿山，固体矿山的建设、开采和选矿行为必然带来废石和尾矿。在矿山建设阶段，井工矿在巷道施工建设过程中一般涉及破岩和排岩，排出的岩石实际上就是废石；露天矿在矿山建设施工中必然要剥离矿层上方大量的岩石，这些剥离下来的岩石实际上就是所谓的废石。在选矿阶段，伴随大块矿石的破碎和筛分，同样也能产生一定比例废石，比如煤矿开采中的煤矸石。当然，选矿阶段最重要的是产生了尾矿，按照矿山生产管理法律政策要求，金属、非金属矿山选矿排放尾矿的必须建设尾矿库，用于排放尾矿或者其他工业废渣，尾矿库是矿山企业正常生产的必要设施。

在废石和尾矿不具备综合利用条件的情况下，对废石和尾矿的处理一直是矿产开采和选矿流程中重要的环节。废石要按照规定堆放在符合矿山设计要求的排土（排岩）场内。尾矿库的建设、运行、回采、闭库及其安全监管有一整套的严格法律政策和技术标准。无论尾矿库还是排土（排岩）场都是

矿山企业重要的成本负担，也带来安全、环保、占地等多方面的风险。所以，从减少安全环保隐患、减少矿山开发占地面积和提高资源综合利用效率的角度讲，对废石尾矿的再次开发利用都是值得肯定和鼓励的。

二、废石尾矿的资源化再利用属于资源综合利用的范畴

我国政策历来鼓励对采矿所产生的包括废石、尾矿在内的资源综合利用。1985 年《国务院批转国家经委〈关于开展资源综合利用若干问题的暂行规定〉的通知》（国发〔1985〕117 号，已失效）中就明确规定，国家政策鼓励和引导资源综合利用。1996 年下发的《国务院批转国家经贸委等部门关于进一步开展资源综合利用意见的通知》（国发〔1996〕第 36 号）中规定，资源综合利用主要包括：在矿产资源开采过程中对共生、伴生矿进行综合开发与合理利用；对生产过程中产生的废渣、废水（液）、废气、余热、余压等进行回收和合理利用；对社会生产和消费过程中产生的各种废旧物资进行回收和再生利用。并且，对资源综合利用制定了一系列的奖惩政策。

2003 年修订的《国家发展和改革委员会、财政部、国家税务总局关于印发〈资源综合利用目录（2003 年修订）〉的通知》（发改环资〔2004〕73 号）规定，在矿产资源开采加工过程中综合利用共生、伴生资源生产的产品是资源综合利用的重要表现，其中具体规定“利用采矿和选矿废渣（包括废石、尾矿、碎屑、粉末、粉尘、污泥）生产的金属、非金属产品和建材产品”。

2008 年颁布的《循环经济促进法》（2018 年修订）规定，国家鼓励发展循环经济，循环经济的主要表现就是在生产、流通和消费等过程中进行的减量化、再利用、资源化活动。第 22 条第 2 款规定：“矿山企业在开采主要矿种的同时，应当对具有工业价值的共生和伴生矿实行综合开采、合理利用；对必须同时采出而暂时不能利用的矿产以及含有有用组分的尾矿，应当采取保护措施，防止资源损失和生态破坏。”第 30 条规定：“企业应当按照国家规定，对生产过程中产生的粉煤灰、煤矸石、尾矿、废石、废料、废气等工

业废物进行综合利用。”

2010年国家发改委等六部委发布的《中国资源综合利用技术政策大纲》规定，为进一步推动资源综合利用，提高资源利用效率，发展循环经济，建设资源节约型、环境友好型社会，在煤矿开采和工业领域明确鼓励和推广矸石充填采煤技术和煤矸石生产建筑材料技术，在有色金属行业推广尾砂充填、废石充填、全尾砂膏体充填等充填法采矿技术和工业冶炼废渣的综合利用技术，在建材行业推广石材加工碎石和采矿废石生产人造石材技术；并且明确规定使用这些技术的项目在增值税和企业所得税上予以税收优惠。

2020年国家发改委等十五部委联合印发的《关于印发〈关于促进砂石行业健康有序发展的指导意见〉的通知》（发改价格〔2020〕473号）“积极推进砂源替代利用”中规定，“支持废石尾矿综合利用。在符合安全、生态环保要求的前提下，鼓励和支持综合利用废石、矿渣和尾矿等砂石资源，实现‘变废为宝’”。

2022年《工业和信息化部、国家发展和改革委员会、科学技术部、财政部、自然资源部、生态环境部、商务部、国家税务总局关于印发加快推动工业资源综合利用实施方案的通知》（工信部联节〔2022〕9号）中规定，“推动工业固废按元素价值综合开发利用，加快推进尾矿（共伴生矿）、粉煤灰、煤矸石、冶炼渣、工业副产石膏、赤泥、化工废渣等工业固废在有价组分提取、建材生产、市政设施建设、井下充填、生态修复、土壤治理等领域的规模化利用”。“在京津冀及周边地区，建设一批全固废胶凝材料示范项目和大型尾矿、废石生产砂石骨料基地。在黄河流域，着力促进煤矸石、粉煤灰等固废通过多式联运跨区域协同利用。在长江经济带，利用水运优势，拓宽磷石膏、锰渣综合利用产品销售半径。”

三、废石和尾矿作为砂石资源再利用具体情形的法律分析

目前，在砂石资源供需紧张、价格高企的背景下，随着机制砂技术的成

熟，从资源综合利用和扩大砂源替代的角度讲，废石和尾矿用于机制砂原料十分必要且可行，但在实践操作中存在诸多疑问，比如，矿业权人是否有权利用矿山已经产生的废石尾矿进行机制砂生产？这部分废石和尾矿是否要缴纳采矿权出让收益？这部分废石和尾矿资源是否需要重新招拍挂？笔者认为，要回答上述问题，应当区分已设采矿权还是新设采矿权、采矿权是否在有效期内以及废石资源还是尾矿资源等具体情形，不能一概而论。

（一）已设采矿权且采矿权在有效期内的废石资源利用

笔者认为，对于已设采矿权且采矿权在有效期内的，采矿权人回收利用其采矿废石，无须办理任何审批，无须另行办理砂石采矿登记，无须缴纳废石部分的矿业权出让收益，可以直接利用采矿废石用于生产机制砂。主要基于以下理由：

第一，根据权利义务相一致的原则。在不具备利用条件的情况下，废石的处理属于矿山企业的义务，矿山企业必须按照矿山设计要求建设专门排土（排岩）场用来堆放废石，无论是排土场用地的取得还是排土场建设和使用监管，矿业企业都需要付出较大成本。根据权利义务相一致的原则，在这些废石具有资源化再利用价值时，矿山企业当然有权对这些废石进行再利用。

第二，基于行政行为的确定力。以往矿产资源主管部门出让固体矿山采矿权时，在矿产资源储量报告评审备案、开发利用方案编制审查等环节，均未将采矿废石作为矿产资源对待。矿产资源主管部门和矿业权人签订的采矿权出让合同中，未将采矿废石作为资源进行出让，而是将废石处理作为矿业权人的义务。因此，在采矿权出让合同履行期间，矿产资源主管部门应保持行政行为的确定力和稳定性，不应擅自变更采矿权出让合同约定，要求矿业权人增列矿种并且缴纳砂石资源矿业权出让收益。

第三，废石利用属于政策鼓励的资源综合利用范畴。对生产过程中产生的粉煤灰、煤矸石、尾矿、废石、废料、废气等工业废物进行综合利用，其意义和价值是多方面的，有利于减少矿业开发过程中固体废物的产出，有利于减少矿业开采占地面积，有利于降低对环境的影响，有利于减少安全隐患，有利于实现资源节约集约利用，所以，我国资源综合利用政策一直鼓励对采矿废石的再利用。

第四，有直接政策依据。2011 年《国土资源部关于进一步完善采矿权登记管理有关问题的通知》（国土资发〔2011〕14 号，已失效）中规定，“（三十五）采矿权人可以在采矿许可证有效期内依法回收利用其尾矿资源和采矿废石，无需另行办理采矿登记；形成尾矿资源和采矿废石的采矿权已经灭失的，登记管理机关应在保障安全和保护环境的前提下，按新立采矿权的程序出让尾矿资源采矿权”。2020 年 4 月自然资源部公布的《关于完善矿业权管理有关事项的通知（征求意见稿）》中规定，“（七）鼓励采矿废石利用。已设采矿权人在批准的矿区范围、采矿许可证有效期内可依法回收利用采矿废石，但擅自改变开采方式，将采出的废石、土方擅自出售牟利的，按违法采矿处理”。虽然 2011 年文件已经废止，2020 年文件仅是征求意见稿，并未实际发布施行，但这两份文件内容体现了国务院矿产资源主管部门对已设采矿权在开采许可证有效期内回收利用废石的管理政策价值取向是一致的。

部分省（区、市）在砂石资源供应矛盾突出的情况下，也出台政策明确支持采矿权人在采矿许可证有效期内有权利用废石。2020 年《广东省自然资源厅关于加强我省建筑石料资源保障工作的通知》（粤自然资规字〔2020〕8 号）规定：鼓励资源综合利用。现有固体类矿山在确保资源综合回收利用的前提下，可在批准的矿区范围和采矿许可证有效期内，利用其尾矿资源以及根据开发利用方案规定的开采方式、开采顺序不可避免产生的废石弃土生产建筑碎石和机制砂，无须补征矿业权出让收益，无须另行办理采矿登记。2020 年《广西壮族自治区自然资源厅关于推进矿产资源管理改革有关事项的通知》（桂自然资规〔2020〕1 号，已失效）和《广西壮族自治区人民政府关于进一步加强矿产资源开发保护促进我区高质量发展的意见》（桂政发〔2020〕30 号）中规定：规范尾矿废石利用管理。已设采矿权人在批准的矿区范围、采矿许可证有效期内依法回收利用其尾矿资源和采矿废石，无须另行办理采矿登记。

需要提示的是，经笔者检索发现，河南、四川、青海等省份虽然规定采矿权人在采矿许可证许可有效期内依法回收利用其尾矿资源和废石废碴的，不再另行办理采矿登记，但需要按照评估价值或者市场基准价（基准率）缴纳矿业权出让收益。

（二）采矿权已经灭失的矿山废石资源利用

笔者认为，对于采矿权已经灭失的矿山，在原来开采和选矿过程中已经形成的废石，原采矿权人已经无权进行资源化再利用。如果拟对这些废石资源再利用，需要矿产资源主管部门按照新立采矿权的程序，通过招拍挂的方式重新出让砂石采矿权。

矿产资源管理的主要特征是“以证载权”，原采矿权已经灭失的，原采矿权人已经丧失开采矿产资源和获得所开采的矿产品的权利，当然也包括废石资源化再利用的权利。原矿业权灭失后，已经形成的废石作为砂石资源，其所有权属于国家。对这部分砂石资源开发利用的，需要按照新立采矿权相关规定进行。

2011 年《国土资源部关于进一步完善采矿权登记管理有关问题的通知》规定，形成采矿废石的采矿权已经灭失的，登记管理机关应在保障安全和保护环境的前提下，按新立采矿权的程序出让尾矿资源采矿权。2020 年《福建省自然资源厅关于贯彻落实推进矿产资源管理改革若干事项的意见》（闽自然资发〔2020〕81 号）规定，形成采矿废石的采矿权已经灭失的，在保障安全和保护环境的前提下，经县级人民政府纳入公共资源交易平台进行公开有偿处置后可利用其采矿废石。广西壮族自治区相关政策规定，形成尾矿资源和采矿废石的采矿权已经灭失的，在保障安全和保护环境的前提下，采矿废石由县级以上人民政府纳入公共资源交易平台销售。

（三）新立采矿权中关于砂石资源利用的处理

笔者认为，在固体类矿山新立采矿权时，矿产资源主管部门应当考虑将以往认定是采矿废石、现在可以认定属于砂石资源部分的矿产资源一并出让，在核实储量和确定开发利用方案基础上一并征收砂石资源采矿权出让收益。

一是资源综合利用符合矿产资源管理法律政策要求。例如，在出让露天金属矿山时，明知金属矿体上层岩石剥离会产生大量废石，如果这些废石可以作为砂石资源利用，那么，在采矿权出让时一并出让，在金属主矿种之外明确写明砂石矿作为副矿种，从维护矿产资源国家所有者权益和保护市场主体公平利益角度都是合理的。

二是有政策依据。《国土资源部关于完善矿产资源开采审批登记管理有关事项的通知》（国土资规〔2017〕16号，已失效）中规定，“（五）探矿权人申请采矿权且申请的矿区范围内涉及多个矿种的，应当按经评审备案的矿产资源储量报告的主矿种和共伴生矿种划定矿区范围，并对共伴生资源进行综合利用；对共伴生资源综合利用有限制性规定的，按有关规定办理”。35号文件中规定，“六、已缴清价款的采矿权，如矿区范围内新增资源储量和新增开采矿种，应比照协议出让方式征收新增资源储量、新增开采矿种”。根据上述规定，矿产资源主管部门当然有权利在采矿权出让时一并解决砂石资源和其他矿种的开采权益及征收矿业权出让收益。

三是从相反角度讲，如果在固体类矿山新立采矿权时，在砂石资源具备开发利用价值的情况下，明知其中包括部分砂石资源储量而不做一并出让处理的，现实中或者导致国家所有者权益受损，或者导致该部分砂石资源不能利用的后果，显然从行政合理性角度是错误的。

（四）尾矿库闭库前对尾矿资源的再利用

对尾矿资源的再利用，即通常所说的尾矿回采有明确的管理规定。《尾矿库安全监督管理规定》（国家安全生产监督管理总局令第78号）第2条规定，“尾矿库的建设、运行、回采、闭库及其安全管理与监督工作，适用本规定”。《国家安全监管总局　国家发展改革委　工业和信息化部　国土资源

部　环境保护部关于进一步加强尾矿库监督管理工作的指导意见》（安监总管一〔2012〕32号）规定，“积极开展尾矿综合利用，加快尾矿综合利用示范基地建设，重点扶持和培育一批尾矿综合利用骨干企业，实现尾矿变废为宝，有效缓解尾矿堆存所带来的环境污染和安全隐患”。根据上述政策文件的规定可以认定：

第一，生产经营单位作为尾矿库建设、运行、监管的责任主体，有权对尾矿资源进行回采。

第二，生产经营单位对尾矿资源的回采仅限于尾矿库闭库之前，一旦尾矿库闭库后，生产经营单位亦无权回收尾矿资源。

第三，生产经营单位的尾矿回采再利用工程应当进行回采勘察、安全预评价和回采设计，回采设计应当包括安全设施设计，并编制安全专篇。回采安全设施设计应当报安全生产监督管理部门审查批准。在尾矿回采过程中最重要的是不能因为尾矿回采作业影响尾矿坝的安全。

第四，生产经营单位将尾矿回采作为砂石资源利用，有利于缓解尾矿堆存所带来的环境污染和安全隐患，符合国家鼓励开展尾矿综合利用、实现尾矿变废为宝的政策规定，无须再次缴纳矿业权出让收益。

（五）尾矿库闭库后对尾矿资源的再利用

尾矿库闭库后，虽然生产经营单位仍是尾矿库安全管理的责任单位，但鉴于尾矿回采属于尾矿库闭库之前的程序，从尾矿库安全监管角度讲，尾矿库闭库后生产经营单位已经丧失对尾矿资源回采的权利。如果尾矿库闭库后需要再次对尾矿资源进行回采，那么矿产资源主管部门应当协调安全、环保等管理部门，在保证尾矿库安全和符合环评的前提下，通过新立采矿权的方式确定新的采矿权人对尾矿资源进行开采。2011年《国土资源部关于进一步完善采矿权登记管理有关问题的通知》（已失效）中规定，形成尾矿资源的采矿权已经灭失的，登记管理机关应在保障安全和保护环境的前提下，按新立采矿权的程序出让尾矿资源采矿权。《国家安全监管总局　国家发展改革委　工业和信息化部　国土资源部　环境保护部关于进一步加强尾矿库监督管理工作的指导意见》中也规定，闭库后进行尾矿回采综合利用的，应依法履行相关程序和审批手续。广西壮族自治区相关政策均规定，形成尾矿资源的采矿权已经灭失的，在保障安全和保护环境的前提下，尾矿资源由矿产资源主管部门按新立采矿权的程序出让采矿权。福建省相关政策规定，形成尾矿资源的采矿权已经灭失的，在保障安全和保护环境的前提下，经县级人民政府纳入公共资源交易平台进行公开有偿处置后可利用其尾矿资源。

需要强调指出的是，在对尾矿资源回采的权利主体及时间界定上，上述文件将尾矿和废石同等对待，以是否在采矿许可证有效期范围内判断采矿权人是否具有尾矿回采的权利是不准确的。因为尾矿回采的主体是尾矿库建设和管理的生产经营单位，生产经营单位和采矿权人是否是同一主体具有不确定性。退一步来讲，即使尾矿库的生产经营主体就是采矿权人，也不能保证尾矿库的闭库时间和采矿权灭失的时间是同步的，在尾矿库管理有明确规定的前提下，将采矿权灭失时间作为生产经营单位是否有权进行尾矿回采作业是不合适的。

综上，鉴于现实中废石尾矿资源利用问题的复杂性，企业将废石尾矿作为砂石资源再利用的，需要结合实际情况从法律政策角度进行分析论证，确保合法合规利用废石尾矿资源。同时笔者建议，自然资源部应当从有利于维护砂石资源国家所有者权益，有利于实现资源综合利用，有利于矿产资源开发的安全环保监管，有利于扩大机制砂原料来源的角度，按照新老矿山、采矿许可证有效期以及区别废石和尾矿资源等多个标准，对废石和尾矿资源再利用的相关政策作出具体明确的规定，指导各地矿产资源主管部门对砂石资源的利用和监管。

第六节　砂石开采违法用地刑事风险

矿产资源开发必须占用土地，砂石开采亦不能例外。由于多方面的原因，我国矿产资源开发领域长期存在采矿和占地的矛盾，这一矛盾在砂石开采领域尤为突出。一是砂石矿数量较多，占地存在点多面广的特点；二是砂石一般采用露天开采方式，其作业范围就是占地范围。以往由于砂石矿山分布零散、规模普遍较小，地方各级政府对于其用地的监管较为宽松，部分地方政府甚至默许矿业权人违法使用土地。但近年来，在生态文明建设的总体要求下，各级政府不断加强对耕地、林地、草地的保护和监管，持续加大执法力度，以“零容忍”态度坚决打击违法占地行为，涉嫌犯罪的坚决移送司法机关，使近年来砂石开采涉及违法用地的刑事案件数量大幅攀升。

笔者以“北大法宝”为检索工具，对砂石开采连续5年（2017～2021年）涉及非法占用农用地的刑事案件进行了检索，共整理出有效案件393件。本书拟从砂石开采非法占用农用地犯罪的趋势、特征、类型、地域分布、裁判结果、刑罚适用等方面对这些案例进行大数据分析，以供砂石行业从业人员参考。

一、砂石项目非法占用农用地刑事犯罪的趋势

在笔者整理出的393件案件中，按年份划分的案件数量及当年案件在393个案件中的百分比如图1所示。

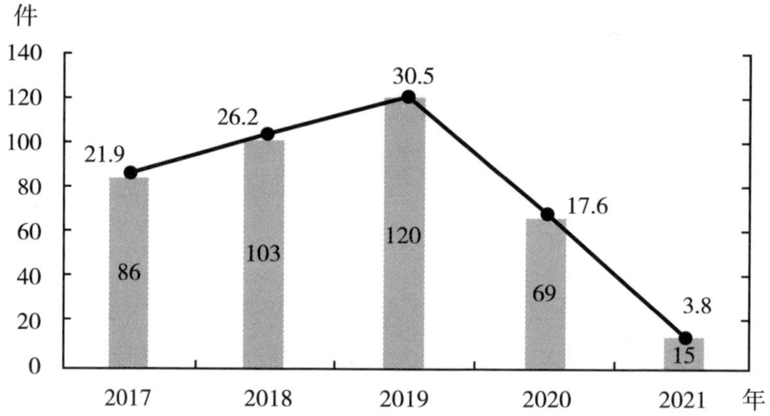

图1　砂石项目非法占用农用地刑事犯罪的趋势

从图1的数据中可以看出，2020～2021年，由于受新冠疫情、环保关停、露天矿山整合等因素的影响，案件的数量相对较少，共计只有84件。而从2017～2019年的数据来看，砂石行业非法占用农用地的刑事案件在此期间呈现明显的上升趋势。其中，2018年案件数量103件，同比增长率为19.8%；2019年案件数量120件，同比增长率为16.5%。

这一趋势与我国生态保护政策的变化密切相关。自党的十八大确立包括生态文明建设在内的"五位一体"总体布局以来，生态文明理念日益深入人心。党的十九大进一步明确要实行最严格的生态保护法律制度，坚决制止和惩处破坏自然生态的行为。为深入贯彻和落实党中央、国务院关于生态文明建设的总体要求，自然资源部、国家林业和草原局作为土地和林草监管部门，近年来不断出台相关政策，以"严起来"的总基调，不断提升监管力度，以"零容忍"的执法态度，严厉打击各类违法犯罪行为。而随着监管执法尺度的不断趋紧，以往很多未予查处或者立案查处后悬而未决的违法用地行为被纳入查处范围，加之近年来违法用地行政执法与刑事司法衔接机制不断完善，行政机关对于涉嫌犯罪案件的移送率也大幅增加。根据最高人民检察院发布的数据，2017～2020年，全国检察机关共起诉非法占用农用地案件16 170件，涉及被告人共20 535人。

二、砂石项目非法占用农用地刑事犯罪的特征

（一）犯罪主体以自然人居多

在393件案件中，犯罪主体为自然人的有244件，总占比62.1%；犯罪主体为单位的有149件，总占比37.9%（见图2）。在149件单位犯罪案件中，采用单罚制即仅处罚单位的案件仅有2件，其余均是采用的双罚制。

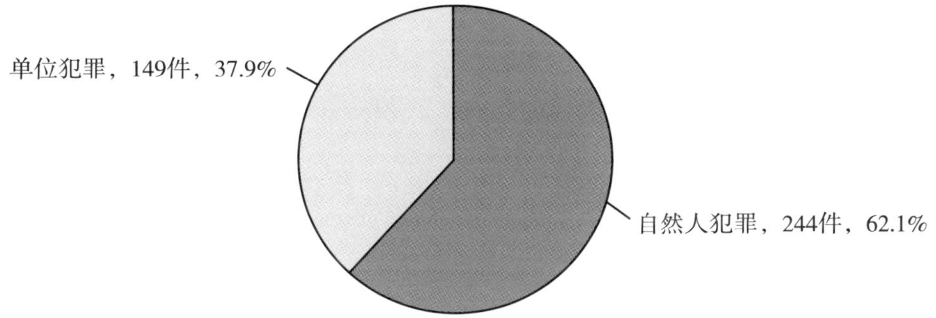

图2　犯罪主体比例

笔者认为犯罪主体多为自然人的原因主要有两点：

一是我国砂石矿的矿业权人多为个人独资企业。根据《个人独资企业法》第2条之规定，个人独资企业不具有独立法人资格。根据《最高人民法院关于审理单位犯罪案件具体应用法律有关问题的解释》（法释〔1999〕14号）的相关规定，不具有法人资格的个人独资企业不属于刑法意义上的“公司、企业、事业单位”，不属于单位负刑事责任的范围。孙军工撰写的《〈关于审理单位犯罪案件具体应用法律有关问题的解释〉的理解和适用》一文中，也明确“对于不具有法人资格的私营独资企业和私营合伙企业实施的犯罪行为，应当依照刑法有关自然人犯罪的规定定罪处罚”。

二是砂石矿山由自然人承包经营的情形较为常见。最高人民法院于2001年印发的《全国法院审理金融犯罪案件工作座谈会纪要》中规定，根据《刑法》和《最高人民法院关于审理单位犯罪案件具体应用法律有关问题的解

释》的规定，以单位名义实施犯罪，违法所得归单位所有的，是单位犯罪。而砂石矿山的承包经营，多是由承包人进行投资经营且自负盈亏，矿山企业仅收取固定的承包费。此种情形下即使承包人以矿山企业的名义实施占地行为，但由于承包方并不是为单位本身谋取非法利益，主要收益也归属于承包者个人所有，司法实践中一般将其认定为自然人犯罪。

（二）案件分布的区域特征明显

笔者整理出的393件案件共涉及25个省、自治区和直辖市，其中，云南省、广西壮族自治区、湖南省、湖北省、江西省、贵州省、广东省的案件数量较多，均在20（不含本数）件以上；河南省、四川省、安徽省、福建省、重庆市的案件数量次之，在10（含本数）至20（含本数）件之间（见图3）。

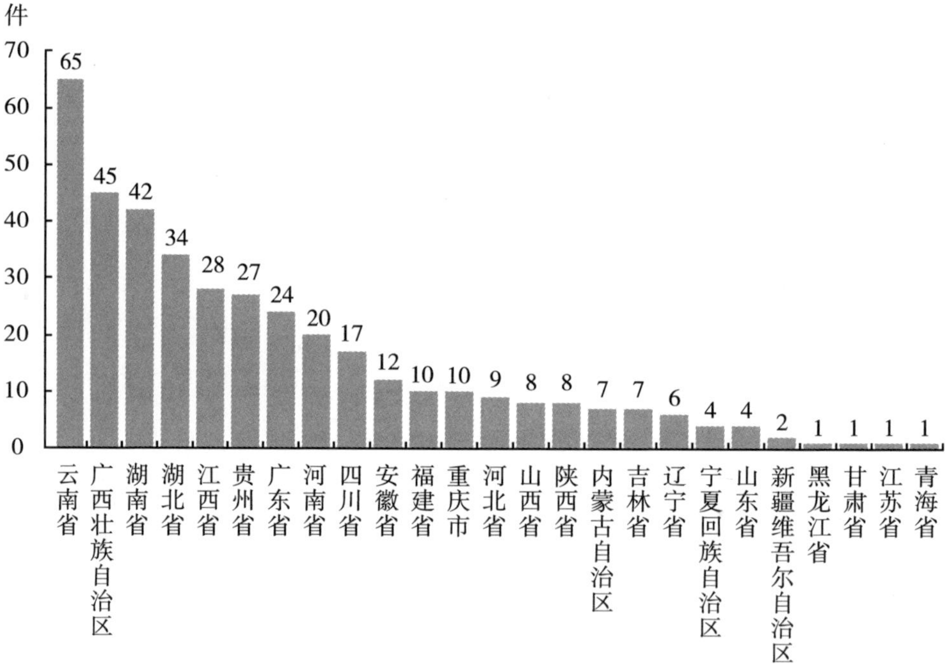

图3　案件分布情况

从案件的地域分布来看，案件数量的多少与我国砂石矿的地域分布密切相关。根据中国砂石协会发布的《2021年中国砂石行业运行报告》，截至

2020年年底，全国各省区市砂石矿山分布的大致情况是：贵州、云南砂石矿山数量最多，分别为1632个、1049个；新疆、四川、湖南、广西、江西砂石矿山数量均在500至800个之间；内蒙古、甘肃、黑龙江、广东、山西、重庆、湖北砂石矿山数量在300至500个之间；浙江、吉林、陕西、福建、河北、河南、安徽、辽宁、青海、山东、宁夏、海南、西藏、江苏砂石矿山数量在200个以下。

（三）违法占用的土地类型多为林地

在393件案件中，从占用的土地类型来看，以占用林地的案件居多，共计有367件，总占比93.4%；同时占用耕地和林地的案件有22件，总占比5.6%；占用耕地的案件有4件，总占比1.0%（见图4）。

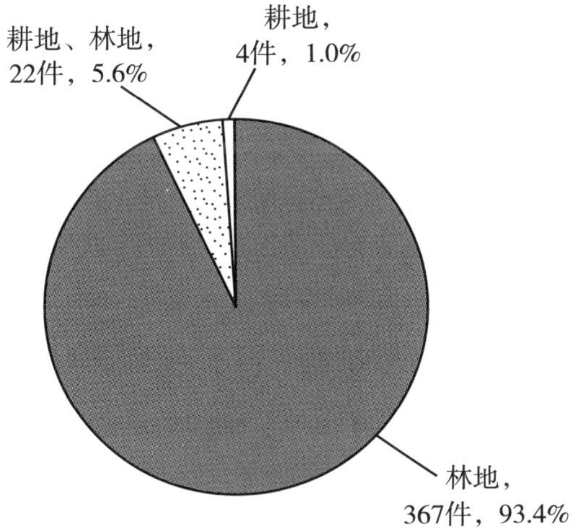

图4　违法占用土地的类型

这一特征主要是由砂石矿的矿种和矿山的地理位置所决定的。根据中国砂石协会发布的《2021年中国砂石行业运行报告》，我国砂石矿权的矿种主要包括建筑石料用灰岩、建筑用砂、建筑用花岗岩、建筑用砂岩、建筑用石料（凝灰岩）、建筑用玄武岩、建筑用安山岩、建筑用白云岩、建筑用闪长岩、建筑用辉绿岩、建筑用大理岩、建筑石料用灰岩12种矿种。鉴于这些矿体大多赋存在山地丘陵地形中，本身就是以山体形式存在，在地类划分上一般多为林地。

（四）占用的土地面积一般较小

从占地面积来看，砂石项目违法占地的面积一般较小。在393件案件中，占地面积在50亩以下的有253件，总占比64.4%；在51至100亩之间的有80件，总占比20.4%；在101至150亩之间的有33件，总占比8.4%；在150亩以上的共计只有27件，总占比6.9%（见图5）。

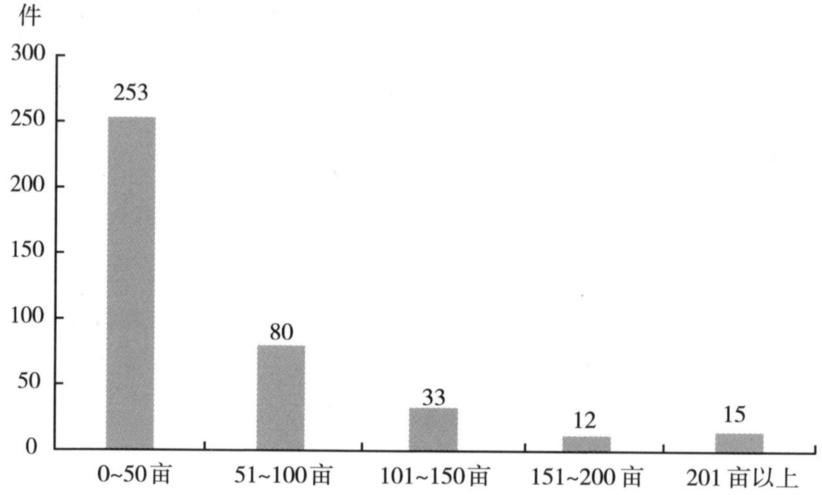

图5　占用土地面积

砂石行业的非法占用农用地案件之所以占地面积普遍不大，主要还是由于我国砂石行业长期形成的“小而散”的特点。根据中国砂石协会发布的《2021年中国砂石行业运行报告》，2020年全国有62.5%的砂石矿权的矿区面积在0.1平方公里（150亩）以下，有35.5%的砂石矿权的矿区面积在0.1至1平方公里（150至1500亩）之间。由此可见，虽然砂石矿一般采用露天开采的模式，对地表的扰动较大，但由于我国以往的砂石矿规模都较小，其占地面积也相应较小。

三、砂石行业非法占用农用地刑事犯罪的裁判结果分析

在笔者选取的393件案件中，最终被判决无罪的案件仅有1件，其余392件案件均是有罪判决。鉴于此，笔者在本部分仅对这392件案件的裁判结果进行分析。

（一）被告人被判处有期徒刑的案件居多

在392件有罪案件中，单位犯罪且仅处罚单位的案件有2件，剩余390件案件均涉及对自然人（被告人）的刑事处罚。在这390件案件中，被告人被判处有期徒刑的案件有291件，总占比74.6%；被判处拘役的案件有27件，总占比6.9%；单处罚金的案件有62件，总占比15.9%；免予刑事处罚的案件有10件，总占比2.6%（见图6）。

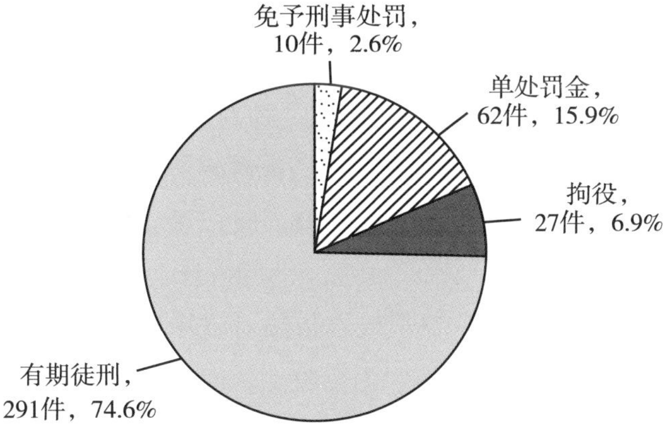

图6　对自然人（被告人）的刑事处罚

在我国全面加强生态文明建设、不断加大生态环境保护力度的背景下，非法占用农用地属于破坏农用地资源、损害生态系统的典型犯罪，上述统计结果表明，人民法院对于非法占用农用地犯罪处以的刑罚种类上选择较为严厉的有期徒刑。

（二）有期徒刑的刑期一般在3年以下且多适用缓刑

在被判处有期徒刑的291件案件中，量刑结果在3年以上的案件仅有8

件，总占比为2.7%。量刑结果在3年以下的案件有283件，总占比97.3%，其中，量刑结果在1年以下的案件有175件，总占比60.1%；量刑结果在1年至3年之间的案件有108件，总占比37.1%（见图7）。

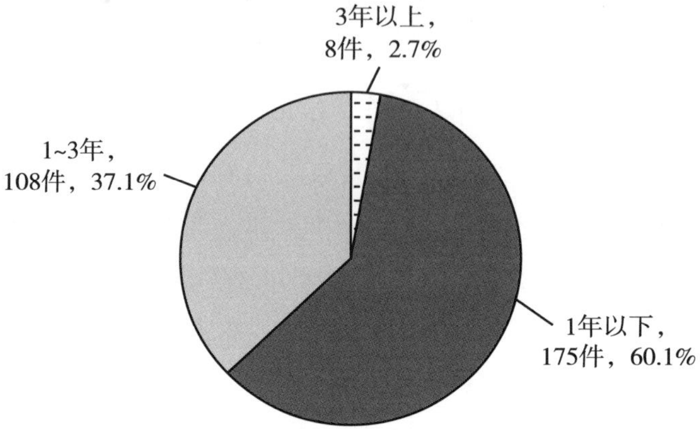

图7　适用缓刑情况

根据《刑法》第72条第1款之规定，被判处拘役、3年以下有期徒刑的犯罪分子才有适用缓刑的可能。经统计，量刑结果在3年以下的283件案件中，适用缓刑的案件有250件，总占比88.3%；未适用缓刑的案件有33件，总占比11.7%。

从上述统计结果来看，人民法院在依法对破坏土地资源类犯罪进行处罚的同时，在量刑上也体现了"轻刑化"特点，即刑期一般较短且缓刑适用率高。笔者通过对比这些案件发现，除了自首、坦白、认罪认罚等法定量刑情节外，植被恢复情况或土地修复情况往往会被法官作为重要的酌定量刑情节予以考虑，在这291件判处被告人有期徒刑的案件中，存在部分恢复（修复）或者全部恢复（修复）情形的有78件，除存在数罪并罚情形的9件案件外，剩余69件案件的量刑均在2年以下。

（三）罚金刑适用以并处罚金为主但罚金数额一般较小

根据《刑法》第342条之规定，非法占用农用地罪的法定刑为5年以下有期徒刑或者拘役，并处或者单处罚金。在392件有罪案件中，除了免予刑事处罚的10件案件外，其余382件案件中，对被告人单处罚金的案件有62件，总占比16.2%，剩余83.8%的案件均是并处罚金。

至于罚金金额方面，对单位判处罚金的149件案件中，金额在1万元以下的案件有7件，总占比4.7%；1万~10万元的案件有86件，总占比57.7%；11万~20万元的案件有29件，总占比19.5%；21万~100万元的案件有20件，总占比13.4%；101万元以上的案件有7件，总占比4.7%。对自然人单处或并处罚金的381件案件中，金额在1万元以下的案件有95件，总占比24.9%；1万~10万元的案件有228件，总占比59.8%；11万~20万元的案件有33件，总占比8.7%；21万~100万元的案件有22件，总占比5.8%；101万元以上的案件有3件，总占比0.8%（见图8）。

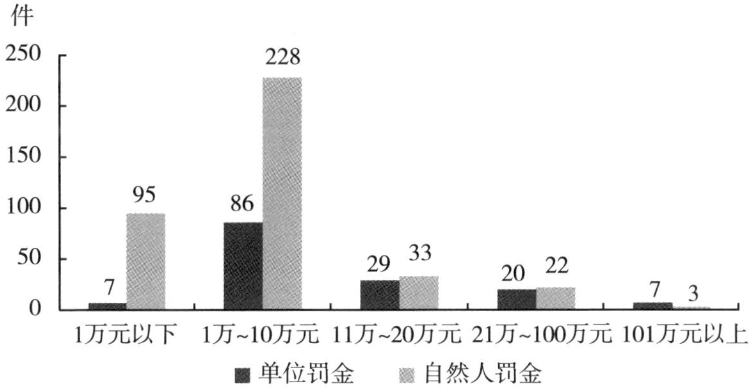

图8　罚金

从上述统计来看，无论对于单位犯罪中直接负责的主管人员或其他直接责任人员还是自然人犯罪中的个人而言，人民法院在判决时多并处罚金，但无论是单处还是并处罚金，罚金的数额一般较小，多在20万元以下。

根据《刑法》第52条和第342条之规定，非法占用农用地罪适用的是无限额罚金制，其罚金数额最终是由法官根据犯罪情节在法定的1000元最低限额之上确定，属于法官自由裁量的范畴。笔者通过对比382件案件中罚金金额和犯罪情节，发现由于法官对于犯罪情节有不同的考量和判断，对罚金数额的考量因素并不统一，即使犯罪情节基本相同，个案的罚金数额也会有较大差异。总体来看，占地面积、植被恢复情况以及自首、认罪认罚等法定量刑情节一般会是法官自由裁量罚金数额的考量因素。

（四）认罪认罚从宽制度的适用率不断提升

完善刑事诉讼中的认罪认罚从宽制度，是党的十八届四中全会作出的一项重大改革部署。2016 年原中央全面深化改革领导小组审议通过了关于认罪认罚从宽制度的改革试点方案。全国人大常委会授权在北京等 18 个城市开展试点。2018 年新修订的《刑事诉讼法》基于试点成果，明确规定犯罪嫌疑人、被告人自愿如实供述自己的罪行，承认指控的犯罪事实，愿意接受处罚的，可以依法从宽处理。此后，“两高三部”为了保证该项制度的正确实施，在 2019 ~2021 年出台了一系列制度文件。对认罪认罚从宽制度的适用原则、适用范围、适用条件以及司法机关在适用过程中的职责等内容做了明确规定。

在笔者整理选取的 393 件案件中，适用认罪认罚从宽制度的案件有 174 件，其中 2018 年有 6 件，占同年案件总量的 5.8%；2019 年有 93 件，占同年案件总量的 77.5%；2020 年有 60 件，占同年案件总量的 87%；2021 年有 15 件，占同年案件总量的 100%（见图 9）。

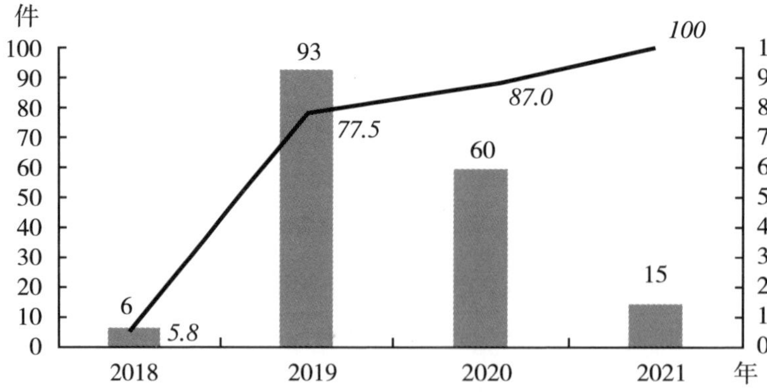

图 9　认罪认罚从宽制度适用率

从上述统计结果来看，砂石行业非法占用农用地案件中对于认罪认罚从宽制度的适用趋势，与认罪认罚从宽制度的发展和完善进程是一致的。自2018 年 10 月新修订的《刑事诉讼法》正式确立这一制度以后，适用该制度的案件数量和在同年度案件总量中的占比都呈现明显的上升趋势，2021 年的15 件案件中，更是全部适用了认罪认罚从宽制度。

四、结语

通过上述分析可以看出，由于传统砂石行业自身“多、小、散、乱”的特点，砂石领域的违法占地情形较为常见，随着我国生态环保政策的不断升级，砂石行业因非法占用农用地而被追究刑事责任的案件数量在大量增加。虽然这 393 件案件在整体的量刑上存在轻刑化、缓刑化特点，但因违法用地构成犯罪而被追究刑事责任的风险远远超出砂石矿业权人的认知和承受范围，砂石矿业权人对采矿用地方面的刑事风险应当予以重视。

此外，需要注意的是，2020 年 3 月，国家发展和改革委员会等十五部委联合下发的《关于印发〈关于促进砂石行业健康有序发展的指导意见〉的通知》（发改价格〔2020〕473 号）中明确提出，要在引导中小砂石企业合规生产的同时，通过市场化办法实现砂石矿山资源集约化、规模化开采。目前贵州、云南、湖南、江西等砂石山分布大省也纷纷出台了相应政策文件，大力推进砂石矿产资源的整合。笔者认为，随着砂石行业的资源整合，新设砂石采矿权的矿区面积将大幅增加，考虑到各地农用地保护的要求及新增建设用地指标的紧缺情况，砂石行业的用地形势将更加严峻，如何依法合规用地仍将是摆在砂石矿业权人面前的一大难题。

第七节　非法开采砂石刑事风险

近几年，由于砂石骨料供需关系紧张，砂石价格高涨。一方面，在利益的驱动下，非法开采砂石现象明显增多；另一方面，司法机关加大打击破坏生态环境犯罪力度，矿产资源监管行政执法和刑事司法紧密衔接，砂石开采导致的非法采矿罪案件数量高企。

在此背景下，笔者以“威科先行”为检索工具，对砂石行业连续五年（2017～2021年）内构成非法采矿罪的刑事案件进行检索，共整理出有效案例920件。① 本书拟从非法开采砂石刑事犯罪的犯罪主体、地域分布、量刑结果等多个维度进行梳理，通过对统计的数据采用对比分析、分组分析等研究方法，剖析非法开采砂石刑事犯罪案例的基本特征、裁判结果和刑罚适用情况，以期为砂石行业相关从业人员提供参考。

一、非法开采砂石构成非法采矿罪的立案追诉标准

《刑法》第343条对非法采矿罪进行了规定：违反《矿产资源法》的规定，未取得采矿许可证擅自采矿，擅自进入国家规划矿区、对国民经济具有重要价值的矿区和他人矿区范围采矿，或者擅自开采国家规定实行保护性开采的特定矿种，情节严重的，处3年以下有期徒刑、拘役或者管制，并处或者单处罚金；情节特别严重的，处3年以上7年以下有期徒刑，并处罚金。

① 砂石资源开发分为河道采砂和河道外采砂，二者主管部门有所区别，河道采砂主要由国务院水行政主管部门监管，河道外采砂则由自然资源主管部门监管。本书仅对河道外非法采砂涉及刑事犯罪的案例进行整理分析。

结合最高人民法院、最高人民检察院《关于办理非法采矿、破坏性采矿刑事案件适用法律若干问题的解释》（法释〔2016〕25号，以下简称25号文件）及《最高人民检察院、公安部关于公安机关管辖的刑事案件立案追诉标准的规定（一）的补充规定》（公通字〔2017〕12号），非法开采砂石构成非法采矿罪的立案标准、情节标准见表4。

表4　非法开采砂石构成非法采矿罪的立案标准、情节标准

行为方式或情节	情节严重	情节特别严重
开采的矿产品价值或者造成矿产资源破坏的价值	在10万元至30万元以上	在50万元至150万元以上
在国家规划矿区、对国民经济具有重要价值的矿区采矿，开采国家规定实行保护性开采的特定矿种，或者在禁采区、禁采期内采矿，开采的矿产品价值或者造成矿产资源破坏的价值	在5万元至15万元以上	在25万元至75万元以上
二年内曾因非法采矿受过两次以上行政处罚	又实施非法采矿行为	
造成生态环境损害	严重损害	特别严重损害
其他情形	其他情节严重的情形	其他情节特别严重的情形

二、非法开采砂石刑事犯罪案件连续五年数量趋势及地域分布

（一）2019～2020年案件数量较多

在笔者整理出的920件案件中，2017～2021年的案件数量及变化趋势见图10。

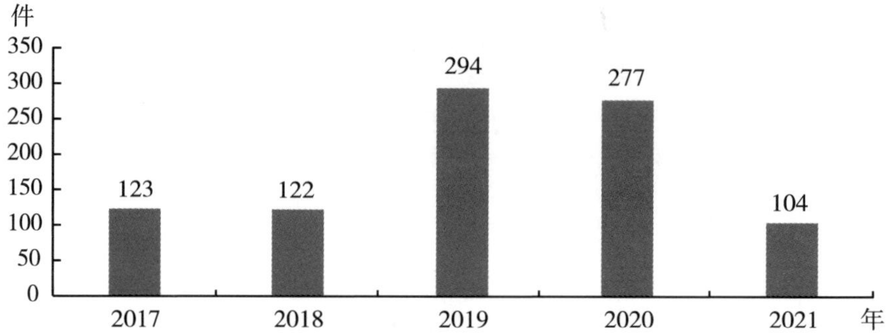

图 10　2017～2021 年案件数量及变化趋势

由图 10 可以看出，2019 年和 2020 年非法开采砂石的刑事案件数量在高位运行，分析其中原因：一方面，2018 年后基础设施建设行业对于砂石作为原材料的需求大增，根据国家统计局 2018 年 12 月公布的《2018 年 1－11 月份全国房地产开发投资和销售情况》的数据，2018 年 1～11 月，全国房地产开发投资 110 083 亿元，同比增长 9.7%。伴随国家基建“补短板”力度的加大，2018 年基础设施建设处于高位，砂石骨料需求在 200 亿吨左右，这也导致砂石价格一度暴涨，在巨大利益的驱动下，非法开采砂石现象明显增多。另一方面，国务院于 2018 年 6 月出台《关于全面加强生态环境保护坚决打好污染防治攻坚战的意见》，强调加大生态环境违法犯罪行为的制裁和惩处力度，严厉打击非法采矿行为成为必然趋势。正是上述供需、监管原因的结合，导致 2019 年及 2020 年非法开采砂石犯罪数量激增。

2021 年案件数量回落的原因，一方面，是公检法机关经过持续从严打击破坏生态环境资源犯罪，遏制非法采砂犯罪的预期成效初步显现；另一方面，不排除新冠疫情、环保关停等因素导致案件数量锐减。

（二）鲁皖冀湘的案件数量比例较高

从 920 件案件的分布地域来看，案件共涉及 28 个省、自治区和直辖市，其中，山东省的案件数量最多，为 190 件，总占比高达 20.7%；接下来是安徽省、河北省、湖南省，分别为 115 件、80 件和 63 件（见图 11）。上述四省涉及的非法开采砂石案件数量约占总数的一半，案件分布的区域特征明显。

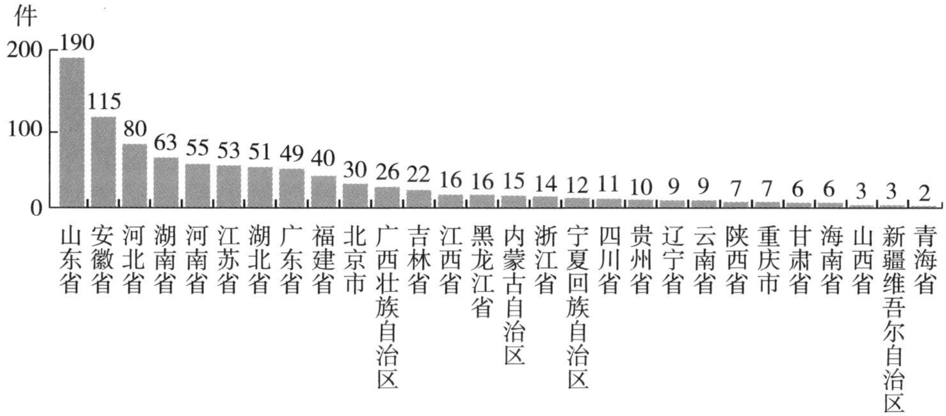

图 11　案件分布地域

三、非法开采砂石刑事犯罪案件的特点

在 920 件案件中，除有 3 件不构成犯罪外，统计的 917 件构成非法采矿罪的案件存在以下特点：

（一）犯罪主体以自然人居多，单位犯罪不足一成

在 917 件案件中，犯罪主体为自然人的有 851 件，总占比为 92.8%。犯罪主体涉及单位的有 66 件，总占比为 7.2%；而在 66 件单位犯罪中，绝大部分案件采用双罚制，既追究单位刑事责任也追究自然人刑事责任；采用单罚制，即只处罚单位的仅有 1 件。非法开采砂石的刑事犯罪主体大部分是从未取得采矿许可证、盗采砂石的自然人，因盗采砂石具有成本低、设备简单、作业时间短、流动性强等特点，这些自然人利用砂石较为常见、便于盗采的特性，在未办理任何手续的情况下，开采砂石，对外销售。另外，即使成立了公司，部分法院在认定犯罪行为是否构成单位犯罪时，根据《最高人民法院关于审理单位犯罪案件具体应用法律有关问题的解释》的相关规定，认为公司在成立之后，以非法开采矿产资源的犯罪行为作为公司主要活动内容的，不应以单位犯罪论处，仅对直接负责的主管人员和其他责任人员等自然人定罪处罚。

（二）非法开采的砂石矿种主要是建筑石料用石灰岩、建筑用砂、建筑用砂岩

在统计的917件非法开采砂石刑事犯罪案件中，开采的矿种数量排名前三的分别是建筑用砂、建筑石料用石灰岩、建筑用砂岩，这三类砂石矿种案件数量总占比达到了81.06%，这与砂石矿山矿种的客观分布情况密切相关。根据全国砂石矿山矿种分布数据，砂石矿种数量排名前四的矿种为建筑石料用石灰岩、建筑用砂、建筑用花岗岩、建筑用砂岩，作为非法采砂主要矿种的建筑用砂、建筑石料用石灰岩、建筑用砂岩数量较多，较为普遍（见图12）。

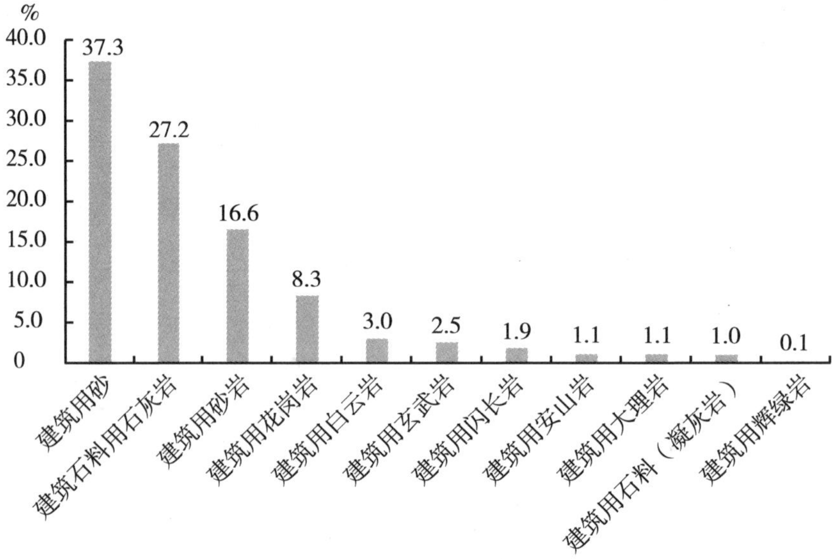

图12　砂石矿种分布

（三）犯罪类型多为无采矿许可证开采和超越矿区范围开采

最高人民法院、最高人民检察院《关于办理非法采矿、破坏性采矿刑事案件适用法律若干问题的解释》第2条对"未取得采矿许可证"的情形进行了明确，具体包括：（1）无许可证的；（2）许可证被注销、吊销、撤销的；（3）超越许可证规定的矿区范围或者开采范围的；（4）超出许可证规定的矿

种的（共生、伴生矿种除外）；（5）其他未取得许可证的情形。经笔者梳理，法院认定非法开采砂石刑事犯罪中“未取得采矿许可证”的情形主要包含“无采矿许可证”和“超越矿区范围采矿”等情形。

在构成非法采矿罪的917件案件中，有762件案件是被告人在无采矿许可证的情形下进行非法开采，总占比83.1%；超越许可证规定的矿区范围或者开采范围进行开采的案件共有124件，总占比13.5%；因采矿许可证到期未延续而被认定为非法采矿罪的案件有25件，总占比2.7%；被告人未按采矿许可证规定的矿种开采被认定为非法采矿罪的案件有4件，总占比0.4%；因“超量开采”被认定为非法采矿罪的案件共有2件，总占比0.2%（见图13）。值得注意的是，“超量开采”和“采矿许可证到期未延续”不属于最高人民法院、最高人民检察院《关于办理非法采矿、破坏性采矿刑事案件适用法律若干问题的解释》明确规定的四种情形，司法理论和实践对于这两种情形是否构成非法采矿罪存在争议。笔者认为，对于最高人民法院、最高人民检察院《关于办理非法采矿、破坏性采矿刑事案件适用法律若干问题的解释》规定的第五项兜底条款，法院在审理时应当遵循罪刑法定原则，切忌做类推解释，随意扩大“未取得采矿许可证”的类型，造成适用法律错误。

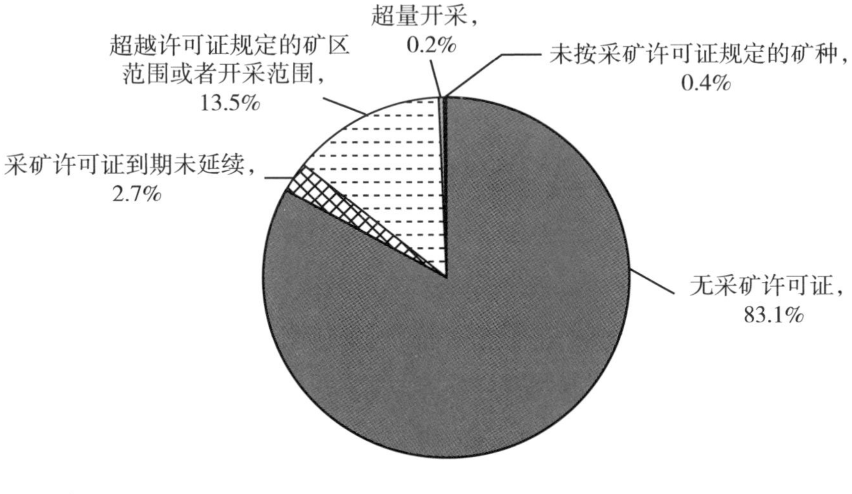

图13　犯罪类型

（四）非法开采砂石没收犯罪违法所得数额普遍不高

在统计的917件案件中，有360件案件法院并未对被告人犯罪违法所得予以没收，总占比39.3%（见图14）。对于非法开采砂石的违法所得不予没收不符合《刑法》第64条“犯罪分子违法所得的一切财物，应当予以追缴或者责令退赔”的规定，此外，最高人民法院、最高人民检察院《关于办理非法采矿、破坏性采矿刑事案件适用法律若干问题的解释》第12条也规定了对非法采矿、破坏性采矿犯罪的违法所得及其收益应当依法追缴或者责令退赔。而在判决没收违法所得的557件案件中，又有44件案件未明确违法所得的具体数额，仅表述为“追缴被告人某某的违法所得”，这类案件总占比4.8%。

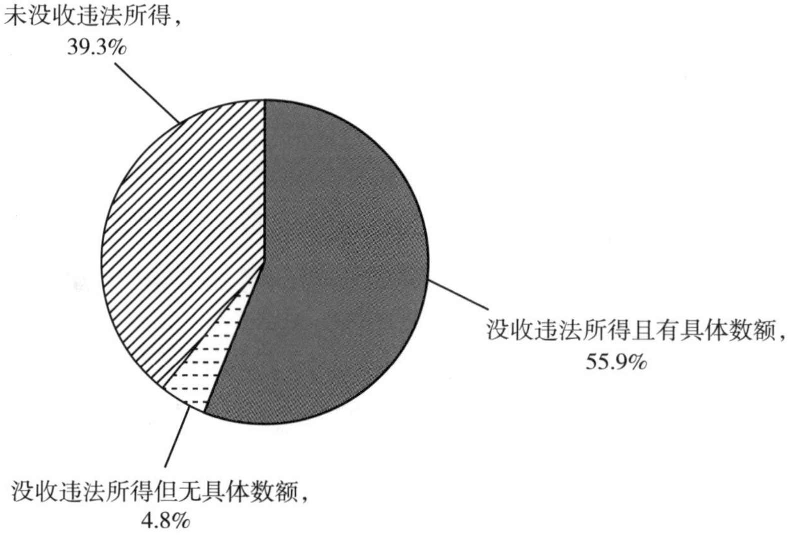

图14　没收违法所得情况

在明确违法所得数额的513件案件中，违法所得数额在50万元以下的有297件，占明确违法所得数额案件的57.9%；违法所得数额在51万~500万元的有170件，占比为33.1%；违法所得数额在501万~1000万元的有25件，占比为4.9%；违法所得数额在1001万元以上的有21件，占比为4.1%（见图15）。

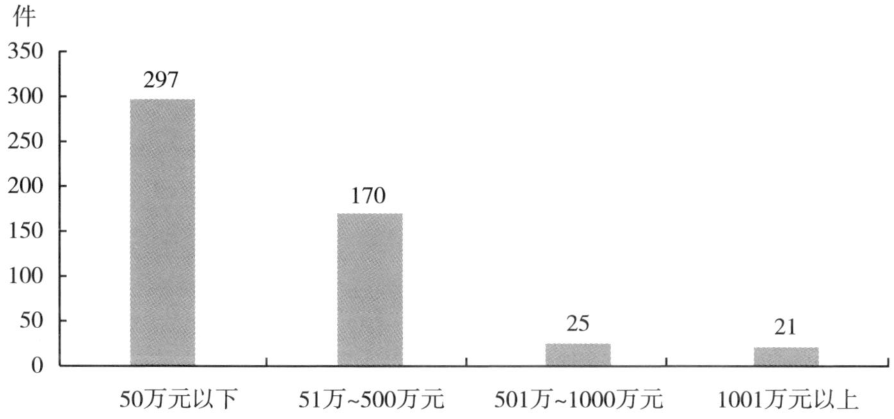

图 15　没收违法所得金额

非法开采砂石违法所得数额普遍不高，这与非法开采砂石犯罪特点，如自然人犯罪、设备简单、作业时间短、砂石销售价格较低等因素密切相关。

（五）行刑衔接机制适用较为广泛

2017 年《环境保护行政执法与刑事司法衔接工作办法》正式实施，该工作办法健全了环境保护行政执法与刑事司法衔接工作机制。2021 年《最高人民检察院关于推进行政执法与刑事司法衔接工作的规定》进一步细化了行刑衔接机制，规范了行刑衔接的具体适用。聚焦非法开采砂石刑事犯罪领域，行刑衔接制度运用较为广泛，行政部门向司法机关移送的案件比例大致呈上升趋势。在笔者统计的 920 件案件中，共有 200 件案件由矿产资源主管部门向检察机关移送案件线索，其中 2017 年有 2 件，占同年案件总量的 1.6%；2018 年有 23 件，占同年案件总量的 18.9%；2019 年有 82 件，占同年案件总量的 27.9%；2020 年有 63 件，占同年案件总量的 22.7%；2021 年有 30 件，占同年案件总量的 28.9%（见图 16）。

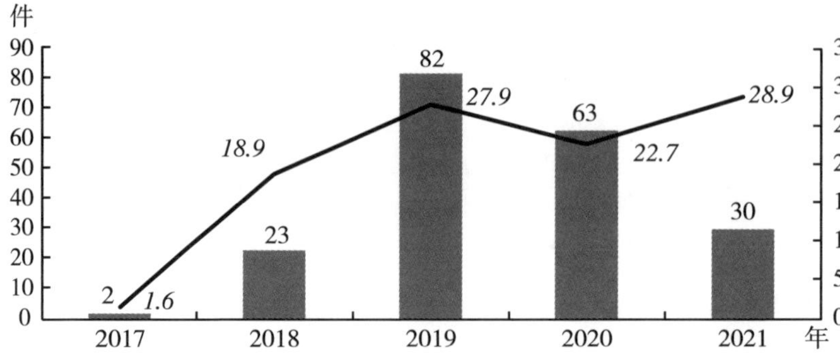

图 16　行刑衔接适用情况

（六）二审裁判结果中维持一审判决的案件居多

在笔者整理的 920 件案件中，审理程序为二审的案件共有 145 件。其中，维持原判的最多，有 121 件，占比 83.4%。二审改判的有 22 件，占比 15.2%，其中二审判决加重刑罚的有 2 件，二审适用缓刑的有 6 件，二审判决减少刑期的有 13 件，二审判决减少违法所得数额认定的有 1 件。二审判决发回重审的有 2 件，总占比为 1.4%（见图 17）。通过上述数据可以看出，针对非法开采砂石刑事犯罪的二审裁判，大部分均维持原判，二审改判的比例较低。

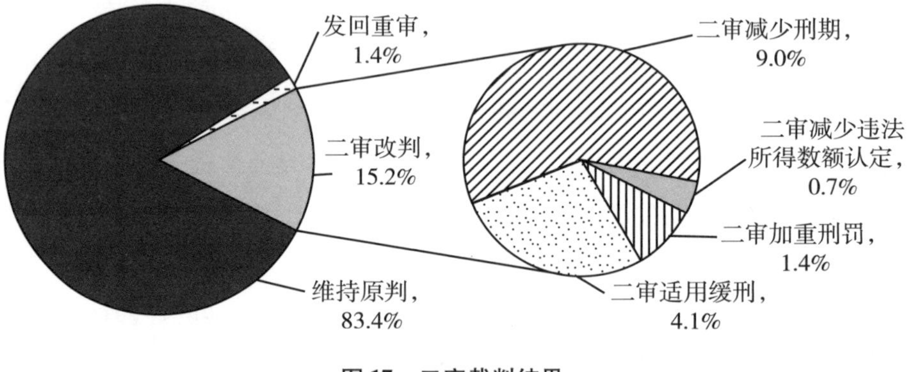

图 17　二审裁判结果

四、非法开采砂石刑事犯罪刑罚适用情况

在统计的 920 件案件中，有 3 件被告人被认定为无罪，3 件被告人被免

予刑事处罚，因而本章仅统计 914 件判处刑罚的案件。

（一）主刑为 3 年以下有期徒刑的占比最高①

在 851 件自然人为犯罪主体的案件中，共有 848 件案件中的被告人被判处刑罚。其中，单处罚金的有 11 件，总占比 1.3%；被告人被判处管制的仅有 1 件，总占比 0.1%；被告人被判处拘役的有 43 件，总占比 5.1%；其余案件中的被告人均被判处有期徒刑。在被判处有期徒刑的案件中，3 年以下有期徒刑的占比最高，共有 654 件，总占比 77.1%；被告人被判处有期徒刑 3 年以上（不包含 3 年）7 年以下的案件共有 139 件，总占比 16.4%（见图 18）。根据《刑法》第 72 条第 1 款之规定，被判处拘役、3 年以下有期徒刑的犯罪分子才有适用缓刑的可能。经统计，共有 437 件案件中的被告人适用了缓刑，占被判处拘役、有期徒刑 3 年以下的 697 件案件的 62.7%。

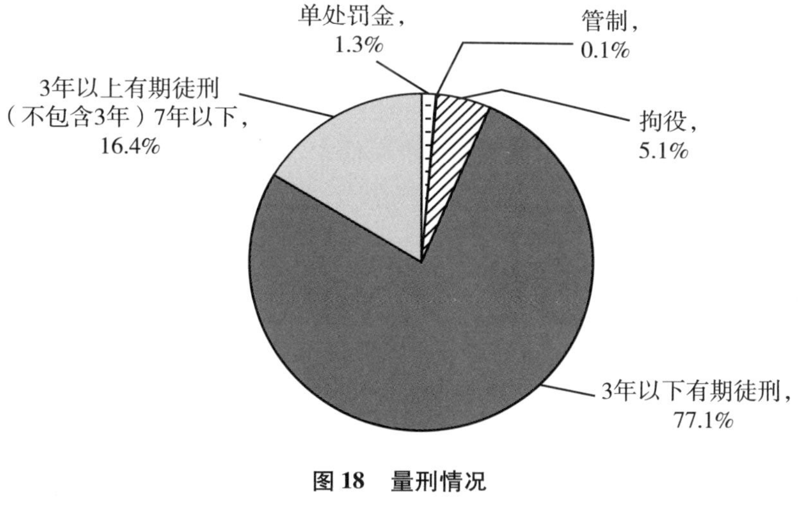

图 18　量刑情况

从上述数据结果来看，法院依法对非法开采砂石犯罪追责的同时，也在量刑上体现了“轻刑化”的特征，大部分犯罪人被判处 3 年以下有期徒刑，且过半数适用了缓刑。

① 为便于统计，案件存在多个被告人被判处有期徒刑的，仅统计最高的刑期。此外，对于犯数罪的被告人，仅统计其因触犯非法采矿罪被判处的刑罚。

（二）全部适用罚金刑但罚金数额总体不高

在914件被告人被判处刑罚的案件中，全部的914件案件均单处或并处罚金，这符合《刑法》第343条对于非法采矿罪规定的法定刑。至于罚金数额方面，对单位判处罚金的66件案件中，金额在10万元以下的案件有21件，总占比31.8%；罚金数额在11万~30万元的案件有19件，总占比28.8%；罚金数额在31万~100万元的案件有14件，总占比21.2%；罚金数额101万元以上的案件有12件，总占比18.2%（见图19）。

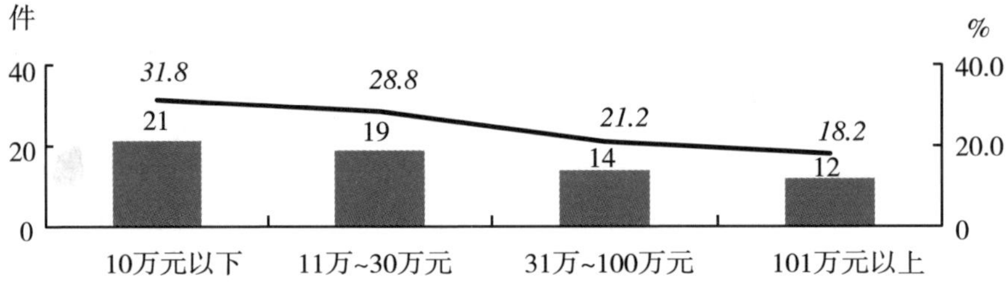

图19 罚金（单位犯罪）

对自然人单处或并处罚金的848件案件中，罚金数额在10万元以下的案件有586件，总占比69.1%；罚金数额在11万~30万元的案件有165件，总占比19.5%；罚金数额在31万~100万元的案件有77件，总占比9.1%；罚金数额在101万元以上的案件有20件，总占比2.4%（见图20）。

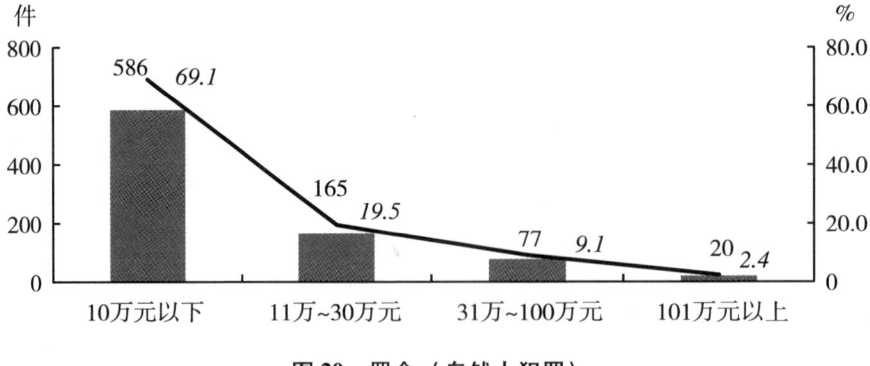

图20 罚金（自然人犯罪）

我国刑法未对如何确定罚金刑数额进行规定，各地法院在确定罚金刑数额时主要依据地方性司法指导意见，这也导致了罚金刑裁量的参照基准难以确定，各地罚金刑裁量的数额差距悬殊。总体而言，对于非法采矿罪这类法条未做数额幅度规定的罪名，在我国的司法实践中，一般以犯罪销售金额、违法所得以及自由刑刑期为参照基准来进行罚金刑的裁量。从上述统计结果来看，无论是针对单位还是自然人判处的罚金刑数额都整体偏低，数额在10万元以下的案件数量占比最高，主要原因是非法开采砂石违法所得数额整体不大。

（三）认罪认罚从宽制度的适用率不断提升

认罪认罚从宽制度是落实党的十八届四中全会改革部署的重大举措，是依法推动宽严相济刑事政策具体化、制度化的重要探索。该制度既包括实体上从宽处理，也包括程序上从简处理，有利于刑事案件繁简分流，节约司法资源，提高司法效率。从2016年起先后在18个地区开展认罪认罚从宽制度改革试点，认罪认罚从宽制度已经取得良好的司法效果。

在笔者统计的920件案件中，适用认罪认罚从宽制度的案件有378件，其中2018年有1件，占同年案件总量的0.8%；2019年有73件，占同年案件总量的24.8%；2020年有209件，占同年案件总量的75.5%；2021年有95件，占同年案件总量的91.3%（见图21）。

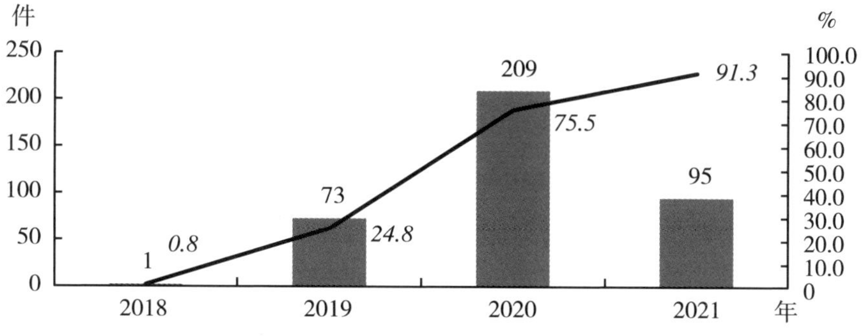

图21　认罪认罚从宽的适用

从上述统计数据来看，随着认罪认罚从宽制度的不断发展和完善，尤其是2018年10月新修订的《刑事诉讼法》正式确立该项制度以后，非法开采砂石刑事案件中对被告人适用认罪认罚从宽制度的案件比例逐年攀升，2021年的适用率甚至高达91.3%。

五、结语

非法开采砂石不仅损害矿产资源国家所有者权益，侵害矿产资源管理秩序，也破坏自然生态环境，扰乱砂石行业市场秩序。根据上述分析，非法开采砂石总体获得的违法所得较低，但一旦被认定为非法采矿罪则需要承担刑事责任。近年来，各地纷纷开展非法采矿（非法采砂）专项整治行动，非法开采砂石被追究刑事责任的风险急剧增加，任何人都不应该再抱有侥幸心理。笔者建议，开采砂石应当通过正当程序取得采矿权，办理采矿许可证，合法进行开采才是正途。具有合法采矿证的矿山企业也要防止不知情情况下的越界开采和暂时无证（如采矿许可证延续过程中空档期）造成的非法采矿风险。

PART 03
第三部分

矿业企业合规管理实务要点

引　言

企业合规管理是满足新形势下监管需要、防控企业经营风险、增强企业核心竞争力、保障企业可持续发展的重要措施。近年来，国务院国资委先后制定了《中央企业合规管理指引（试行）》《中央企业合规管理办法》，并将2022年确定为中央企业“合规管理强化年”；各地也纷纷出台本地区企业合规管理制度；检察机关开展的企业合规改革试点工作又为企业合规管理注入了新的动力。矿业企业的主营业务是矿产资源开发和利用，从矿产资源赋存特殊属性以及开发利用监管等不同角度考量，矿业开发的全流程均属于合规管理的高风险领域。

本部分内容中，笔者针对矿业企业业务领域监管特点，结合矿业企业合规管理的基本要求，着眼于建立体系化和专业化的合规管理机制，从矿业权、矿业用地、安全生产、环境保护、项目建设等方面系统梳理了矿业企业合规管理实务要点，并对矿业企业合规管理工作提出有针对性的实务建议。

第一节　探矿权合规

探矿权，是指在依法取得的勘查许可证规定的范围内，勘查矿产资源的权利。探矿权是矿业企业核心资产，探矿权存续期间既涉及遵守勘查规范、地质资料汇交、勘查矿种变更等勘查行业方面的监管义务，也可能存在探矿权延续、探矿权分立、探矿权保留、探矿权转让等行政许可事项，不同的领域和环节均存在合规风险点。为有效预防和化解探矿权管理中的合规风险，矿业企业应按照合规管理法律政策要求，充分结合企业实际情况，建立体系化和专业化的探矿权合规管理机制，增强矿业企业合规管理的有效性。

一、矿业企业开展探矿权合规管理的必要性

矿产资源受到政府部门强监管，近年来国家对矿产资源开发管理日益重视，矿产资源行业的监管环境日趋严格和规范，探矿权管理作为矿产资源管理重要内容，对探矿权的严格监管主要表现在：一是国家针对探矿权管理出台了严格规定，探矿权取得、探矿权延续、探矿权分立、探矿权保留、探矿权转让等环节受到法律法规的严格约束和限制，违法违规行为的后果严重。二是探矿权管理领域执法日趋严格，探矿权人勘查资金投入、勘查项目管理、勘查活动实施、地质资料汇交等行为受到政府部门的严格监管，探矿期间违法行为被追究行政责任乃至刑事责任的情况屡见不鲜。三是近年来探矿权管理领域改革不断深化，探矿权出让方式、出让权限、探矿权期限、勘查阶段、矿产资源储量等方面出现了重大变革，探矿权管理工作面临新形势、新挑战。

实践中，由于合规意识淡薄、合规机制不完善、合规管理措施不到位等原因，矿业企业探矿过程中的违法违规现象时有发生。有的企业未取得勘查

许可证擅自进行勘查，或者超越勘查许可证规定的范围实施勘查；有的企业未完成最低勘查投入，未在规定期限内开展勘查施工；有的企业未在法律规定的期限内办理探矿权延续、探矿权保留等手续；有的企业探矿过程中擅自进行采矿等。探矿过程中的违法违规行为成为探矿权管理中的重要合规风险点，是企业持续稳定健康发展的重大隐患。

基于当前探矿权领域的严监管形势及企业探矿过程中违法违规的现实情况，开展探矿权合规管理，有效预防和化解探矿权管理中的合规风险，对于切实提升矿业企业合规经营管理水平，实现企业持续稳定健康发展，具有现实的必要性和紧迫性。

二、矿业企业探矿权合规管理实务要点及合规风险

围绕探矿权管理中的探矿权出让、矿产资源勘查、主矿种变更、探矿权延续、探矿权分立、探矿权保留、探矿权转让等重要环节，对合规管理要点及合规风险梳理如下：

（一）关于探矿权出让取得

探矿权出让是指自然资源主管部门以招拍挂、协议等方式依法向探矿权申请人出让探矿权的行为。探矿权出让中受让人的合规义务主要包括以下几个方面：

1. 探矿权申请人应符合相应条件。一是申请人原则上应当为营利法人或者非营利法人中的事业单位法人。二是申请人在90日内未注销该申请区块范围内的探矿权，在6个月内未被吊销过勘查许可证。三是探矿权申请人的资金能力必须与申请的勘查矿种、勘查面积和勘查工作阶段相适应。

2. 探矿权出让机关须具备法定权限。《矿产资源法》、《矿产资源勘查区块登记管理办法》（国务院令653号）规定，我国探矿权实行中央和省级政府自然资源主管部门两级出让。7号文件规定，同一矿种探矿权、采矿权出让登记同级管理，自然资源部负责石油等14种重要战略性矿产的出让管理，

省级自然资源主管部门负责其他战略性矿产的出让管理，战略性矿种以外的矿种矿业权出让权限由省级及以下自然资源主管部门确定。

3. 探矿权出让方式须符合规定。我国矿业权出让方式经历了从无偿行政审批，到以有偿行政审批为主、招拍挂市场竞争方式出让为辅，再到以招拍挂市场竞争方式出让为主、协议出让和行政审批为辅的变化。7 号文件规定，全面推进矿业权竞争性出让，除符合协议出让条件的特殊情形外，矿业权以招标、拍卖、挂牌方式公开竞争出让。

（二）关于矿产资源勘查

矿业企业取得探矿权后，为探明可供开发利用的资源储量，须在勘查区块范围内依照勘查规范要求开展探矿活动。矿产资源勘查应注意以下合规义务：

一是报告开工情况。探矿权人应当自领取勘查许可证之日起 6 个月内开始施工，开工时应当向勘查项目所在地的县级人民政府自然资源主管部门报告，并向登记管理机关报告开工情况。

二是完成最低勘查投入。探矿权人应按照规定完成最低勘查投入，因自然灾害等不可抗力致使勘查工作不能正常进行的，探矿权人应当自恢复正常勘查工作之日起 30 日内向登记管理机关提交申请核减相应的最低勘查投入的报告。

三是规范勘查行为。探矿权人应遵守矿产勘查工作规范，按照探矿工程设计施工，不得擅自进行采矿活动；在查明主要矿种的同时，对共生、伴生矿产资源进行综合勘查、综合评价。

四是汇交地质资料。探矿权人应当在勘查许可证有效期届满的 30 日前，向自然资源主管部门汇交已开展的各类地质工作所形成的地质资料。

（三）勘查主矿种变更

基于矿产资源勘查的不确定性等因素，国家允许探矿权人在符合变更勘查主矿种的情形时向自然资源主管部门申请办理勘查主矿种变更登记，但应遵守以下合规义务：

一是勘查矿种变更须符合出让合同约定。以招标、拍卖、挂牌或者协议方式取得的非油气探矿权，申请变更勘查矿种的，出让时对能否变更勘查矿种有约定的，从其约定。

二是出让合同未约定的，金属类矿产之间可以变更。以申请在先方式取得，以及以招标、拍卖、挂牌或者协议方式取得但出让时对能否变更勘查矿种未有约定的，勘查主矿种为金属类矿产的探矿权可申请勘查矿种变更为其他金属类矿产。

三是铀矿、稀土矿须遵守特定要求。铀矿探矿权人原则上不得申请变更勘查矿种；勘查过程中发现其他矿种的，应当进行综合勘查，并向登记管理机关提交相应的勘查报告。申请勘查主矿种变更为稀土矿的，申请人应当具有国家确定的大型稀土企业集团主体资格。

（四）关于探矿权延续

勘查许可证有效期届满，探矿权人需要继续探矿的，应在规定期限内到登记管理机关办理探矿权延续登记手续。探矿权延续应注意以下合规义务：

一是按照规定期限申请延续。以出让方式设立的探矿权首次登记期限为5年，每次延续时间为5年。探矿权人应当在勘查许可证有效期届满的30日前到自然资源主管部门办理延续登记手续。

二是按照规定提交申请材料。探矿权人申请探矿权延续的，应提交探矿权延续申请登记书，勘查工作计划，勘查合同或者委托勘查的文件，勘查实施方案及评审意见，勘查项目资金来源文件、主体资格文件，勘查许可证，下级自然资源主管部门意见等要件材料。

三是探矿权延续须扣减区块面积。申请延续登记时应扣减首设勘查许可证载明面积的25%（非油气已提交资源量的范围/油气已提交探明地质储量的范围除外，已设采矿权矿区范围垂直投影的上部或深部勘查除外）。因生态保护、规划调整、公益性重点工程建设等原因，已设探矿权的部分勘查范围无法继续勘查的，可凭政府相关部门证明文件抵扣需缩减的面积。

（五）关于探矿权分立

探矿权人实施探矿期间，出现需要分立探矿权情形的，应当在勘查许可证有效期内，向自然资源主管部门申请办理变更登记。申请探矿权分立应遵守以下合规义务：

一是探转采时可以申请探矿权分立。探矿权人因部分勘查区域转采矿权需要，依据经资源储量评审备案的地质报告，可以申请探矿权分立，探矿权人在分立后的探矿权勘查区域继续开展地质勘查。

二是严格限制其他情形的探矿权分立。探矿权人因探矿权分割、转让部分勘查区域等目的申请探矿权分立的，受到政策的严格限制，有的省区市规定因规划调整、资源整合及资源合理开发利用需要等才允许进行探矿权分立。

（六）关于探矿权保留

探矿权人在勘查许可证有效期内探明可供开采的矿体后，经登记管理机关批准，可以停止相应区块的最低勘查投入，并保持该范围内的探矿权继续有效。申请探矿权保留应注意以下合规义务：

一是探矿权保留应具备相应条件。（1）符合勘查程度要求。探矿权人首次申请探矿权保留，应当依据经资源储量评审备案的地质报告。资源储量规模达到大中型的煤和大型非煤探矿权申请保留，应当达到勘探程度。其他探矿权申请保留，应当达到详查及以上程度。（2）按照规定提出申请。探矿权人须在勘查许可证有效期届满的30日前，向登记管理机关提交探矿权保留申请登记书及有关证明材料。（3）不属于延期开采情形。国家为了公共利益或者因技术条件暂时难以利用等情况，需要延期开采的矿产地的探矿权，不得申请探矿权保留。

二是探矿权保留的期限和范围。保留探矿权的期限最长不得超过2年，需要延长保留期的，可以申请延长2次，每次不得超过2年。保留探矿权的范围为可供开采的矿体范围。

（七）关于探矿权转让

探矿权转让须经自然资源主管部门审批，探矿权人在符合规定条件的情况下，经批准可以将探矿权对外转让。探矿权转让应注意以下合规义务：

1. 转让探矿权应具备相应条件。第一，以申请在先、招拍挂方式取得的探矿权，应当持有探矿权满 2 年，或者持有探矿权满 1 年且提交经资源储量评审备案的普查及以上地质报告；以协议方式取得的探矿权，应当持有探矿权满 10 年。第二，探矿权人须完成最低勘查投入。第三，探矿权属无争议。第四，已缴纳探矿权使用费（矿业权占用费）、探矿权出让收益（价款）。

2. 转让探矿权应履行审批程序。探矿权人申请转让探矿权时，应向审批管理机关提交转让申请书及相关材料。审批管理机关应当自收到转让申请之日起 40 日内，作出准予转让或者不准转让的决定，并通知转让人和受让人。转让人和受让人应当自收到批准转让通知之日起 60 日内，到原发证机关办理变更登记手续。

（八）探矿权管理中的主要合规风险

1. 行政责任法律风险。主要包括：一是行政审批风险。探矿权人逾期申请探矿权延续、探矿权保留的，以及探矿权分立、探矿权转让不符合法定条件的，自然资源主管部门将不予批准。二是行政处罚风险。探矿权人存在无证勘查、未完成最低勘查投入、探矿过程中擅自进行采矿等情形的，面临被自然资源主管部门处以罚款、吊销勘查许可证、没收违法所得等行政处罚。三是行政强制执行风险。探矿权人未按规定缴纳探矿权价款、探矿权使用费等费用的，由登记管理机关责令限期缴纳，并从滞纳之日起每日加收 2‰的滞纳金。四是行政协议纠纷风险。探矿权人通过政府出让方式取得探矿权过程中，可能因合同的签订、履行等问题形成探矿权出让合同纠纷。

2. 刑事责任法律风险。探矿权人在探矿过程中擅自进行采矿的行为，本质上属于无证开采。根据《刑法》的规定，非法采矿情节严重的，处 3 年以下有期徒刑、拘役或者管制，并处或者单处罚金；情节特别严重的，处 3 年以上 7 年以下有期徒刑，并处罚金。单位犯罪的，对单位判处罚金，并对其直接负责的主管人员和其他直接责任人员判处刑罚。

3. 民事责任法律风险。主要包括：一是合同纠纷风险。矿业企业对外转让探矿权，以及投资收购他人探矿权过程中，可能因合同签订、履行问题形成探矿权转让合同纠纷。二是侵权责任纠纷。因建设项目压覆探矿权等导致探矿权人和项目建设单位等主体之间形成侵权责任纠纷。

三、关于矿业企业开展探矿权合规管理的几点建议

矿业企业探矿权合规管理是矿业权合规的第一个环节，具有专业性、复杂性和时效性等特点。为有效预防和化解探矿权管理中的合规风险，矿业企业在探矿权合规管理的风险识别、风险评估、风险处置、制度建设和运行机制等流程中，应突出探矿权合规管理的专业性、全流程和时效性特点，提高矿业企业探矿权合规管理的有效性。

（一）重视专业力量，突出探矿权合规的专业性

一是要充分借助“外脑”。探矿权合规涉及法律、矿政管理、地质勘查、资源储量等诸多方面专业知识。为确保探矿权合规管理取得良好效果，矿业企业应聘请专业机构和人员，在梳理合规义务清单、调查合规现状、识别评估合规风险、制定合规管理制度、起草合规指引等方面提供专业服务。

二是要加强合规培训。合规培训内容既要包括企业合规管理的基本制度、整体要求，也要涵盖风险识别处置、合法合规性审查、合规风险应对、合规评价等合规管理实操要点；既要涉及探矿权办理、矿产勘查、储量管理等探矿权领域专业知识；也要结合典型案例、疑难问题等，注重提升有关部门及人员的合规管理实务能力。

（二）立足探矿权管理业务全流程，实现合规管理全覆盖

一是要将合规管理嵌入探矿权管理全流程。在开展合规风险识别、合规义务梳理等工作过程中，应对探矿权管理中涉及取得、延续、保留、转让等各个环节进行系统梳理。在此基础上，结合勘查矿种、勘查程度、所在地域、企业经营方针等具体情况，制定切实可行的专项合规指引。

二是要注重合规长效运行机制建设。合规审查机制方面，应将合规审查作为涉及探矿权管理的规章制度制定、重大事项决策、重要合同签订等行为

的必经程序。工作流程方面，应将合规要求嵌入业务流程，加强企业探矿权管理全过程合规管控。

（三）注重探矿权合规的时效性，确保合规体系有效管用

一是系统梳理探矿权管理领域法律、法规、规章及规范性文件，在此基础上将外部合规要求转化为内部规章制度。及时关注探矿权管理改革的进展，注意相关法律法规修订、政策变化和监管动态，定期对合规管理制度进行修订完善。

二是开展探矿权合规管理评估，定期对合规工作的有效性进行分析，针对重大、多发的合规风险和违规问题，通过健全制度机制、优化业务流程等方式，及时改进探矿权合规工作。

三是关注企业探矿权勘查工作进度、勘查阶段、探明储量等方面的变化，根据企业探矿权管理工作重点，及时调整探矿权合规工作重点。

第二节　探转采合规

探转采，是指探矿权人通过实施矿产资源勘查，探明可供开采的矿产资源后，向自然资源主管部门申请办理探矿权转采矿权手续。探转采过程中既涉及编制开发利用方案、矿山地质环境保护与土地复垦方案、缴纳矿业权出让收益等企业义务，也涉及划定矿区范围批复、开发利用方案审查等主管部门行政行为，不同的事项和环节均存在合规风险点。为有效防控探转采过程中的合规风险，矿业企业应按照合规管理法律政策要求，根据探转采手续办理的实际需要，建立体系化和专业化的合规管理机制，增强矿业企业合规管理的有效性。

一、矿业企业开展探转采合规管理的必要性

勘查和开采是矿产资源开发过程的两个必然阶段，探矿的最终目的是采矿，探转采作为矿业企业实现从探矿阶段到采矿阶段转变的过渡环节，具有专业性、复杂性和强监管性等特点，主要表现在：一是国家对探转采条件作出严格规定，矿业企业申请办理探转采手续的，须满足资源储量、开发条件、矿业权有偿处置、矿区范围划定等诸多方面的法定条件。二是探转采办理程序具有复杂性，需要满足多个审批要件，有的要件之间是先后顺序的串联关系，有的要件之间则是同步办理的并联关系，矿业企业须根据具体情况统筹安排各项要件的办理工作。三是近年来矿产资源管理领域改革不断深化，特别是探矿权、采矿权出让同级管理、矿业权价款调整为出让收益等重要变革，在程序上和实体上都给探转采手续办理带来了重大变化。

实践中，矿业企业由于探转采合规意识淡薄、对探转采合规义务了解不清晰、对探转采办理程序不熟悉等原因，在办理探转采手续过程中发生合规

风险的情况较为常见。有的企业探明矿产资源储量后，历经近十年的手续办理过程才取得采矿许可证，耽搁了矿产资源开发进度；有的企业在探转采期间出现探矿权过期等重大法律瑕疵，给探转采程序带来严重障碍；有的企业因错过政策窗口期等导致无法办理采矿权，给企业经营造成毁灭性打击等。探转采办理程序中的合规风险成为影响矿业企业持续健康经营的重大隐患。

因此，矿业企业开展探转采合规管理，有效防控探转采程序中的合规风险，对于助力企业依法、及时取得采矿权，推动矿山早日进入开采阶段，具有现实的必要性和紧迫性。

二、矿业企业探转采合规管理实务要点

围绕探转采手续办理涉及的矿产资源储量评审备案、划定矿区范围、开发利用方案编制审查、环境影响评价、矿山地质环境保护与土地复垦方案编制审查、缴纳矿业权出让收益等重要环节，对合规管理要点梳理如下：

（一）矿产资源储量评审备案

矿产资源储量评审备案，是指自然资源主管部门依照矿业权人的申请，对矿业权人申报的矿产资源储量进行审查确认，纳入国家矿产资源实物账户，作为国家管理矿产资源重要依据的行政行为。矿产资源储量评审备案过程中应注意以下合规义务：

1. 编制和提交符合规定的储量报告。矿业企业应当编制符合标准规范的矿产资源储量报告，向自然资源主管部门申请评审备案。储量报告中的工业指标、地质勘查及研究程度、开采技术条件、矿石加工选冶技术性能研究和综合勘查综合评价等，须符合国家法律法规政策、技术标准要求。

2. 履行储量评审程序。根据矿业企业申请，自然资源主管部门评审机构组织专家开展评审工作。首次申请评审备案矿产资源储量规模大型，累计查明矿产资源量达到大型规模，以及评审备案过程中存疑的，应组织现场核查。依据评审会议及现场核查情况，形成矿产资源储量评审意见书。

3. 履行储量备案程序。自然资源主管部门根据评审意见书结论，对矿产资源储量报告予以备案。

（二）划定矿区范围

划定矿区范围是指登记管理机关对申请人提出的矿区范围依法审查批准的行政行为。具体应注意以下合规义务：

1. 划定矿区范围的依据。探矿权人在矿产勘查工作结束后，提出采矿权申请前，应根据经评审备案的地质勘查储量报告，向登记管理机关申请划定矿区范围。资源储量规模为大型的非煤矿山、大中型煤矿依据的矿产资源储量勘查程度应当达到勘探程度，其他矿山应当达到详查及以上程度。探矿权人申请的矿区范围内涉及多个矿种的，应当按经评审备案的矿产资源储量报告的主矿种和共伴生矿种划定矿区范围。

2. 申请划定矿区范围须提交的材料。申请划定矿区范围的，应提交划定矿区范围申请书，矿产资源储量报告、评审意见书及备案证明、申请人主体资格文件，探矿权范围、申请划定的矿区范围、资源储量估算范围坐标及三者叠合图，勘查许可证，矿业权出让收益（价款）缴纳或有偿处置材料等要件材料。

3. 划定矿区范围预留期。探矿权人申请采矿权的，划定矿区范围预留期保持到其采矿登记申请批准并领取采矿许可证之日。预留期内，探矿权人应在勘查许可证有效期届满的30日前申请保留探矿权。

（三）矿产资源开发利用方案编制及审查

矿业企业申请采矿权时，须按要求编报矿产资源开发利用方案，采矿登记管理机关对开发利用方案进行审查，并将其作为采矿权授予中必经的、重要的程序。方案编制及审查过程中应注意以下合规义务：

1. 按规定编制开发利用方案。采矿权申请人可按要求自行编制或委托有关机构编制矿产资源开发利用方案。矿产资源开发利用方案的编制内容须符合原国土资源部制定的《矿产资源开发利用方案编写内容》等相关规定。

2. 履行开发利用方案审查程序。采矿权申请人将开发利用方案报送自然资源主管部门后，自然资源主管部门可委托有一定技术力量的机构或有设计资格的单位代为组织审查。承担审查工作的机构对开发利用方案审查后，应向登记管理机关报送书面审查意见。

（四）环境影响评价报告及批复

为了在矿山开采过程中有效保护环境，矿业企业申请办理采矿许可证时，须向登记管理机关提交开采矿产资源的环境影响评价报告及批复文件。报告编制报批过程中应注意以下合规义务：

1. 按要求编制环评报告。矿山项目对环境可能造成重大影响的，应当编制环境影响报告书，对建设项目产生的污染和对环境的影响进行全面、详细的评价；矿山项目对环境可能造成轻度影响的，应当编制环境影响报告表，对建设项目产生的污染和对环境的影响进行分析或者专项评价。

2. 履行环评报告审批程序。矿业企业编制完成环境影响报告书、环境影响报告表后，报有审批权的环境保护行政主管部门审批。环境保护行政主管部门应当重点审查建设项目的环境可行性、环境影响分析预测评估的可靠性、环境保护措施的有效性、环境影响评价结论的科学性等，并在规定期限内作出审批决定。

（五）矿山地质环境保护与土地复垦方案编制及审查

为保护矿山地质环境，采矿权申请人申请办理采矿许可证时，须编制矿山地质环境保护与土地复垦方案，报有批准权的自然资源主管部门批准。方案编制审查过程中应注意以下合规义务：

1. 按要求编制方案。矿业企业可以自行编制，或者委托有关机构按照《矿山地质环境保护与土地复垦方案编制指南》等要求，编制矿山地质环境保护与土地复垦方案。矿山企业在编制方案过程中，应当充分听取相关权利人意见。

2. 履行方案审查程序。采矿权申请人编制完成矿山地质环境保护与土地复垦方案后，应按采矿权发证权限报自然资源主管部门组织审查。自然资源主管部门应委托具有一定技术力量的事业单位或行业组织承担具体评审工作，并向社会公告。评审结果应向社会公示，公示期满无异议后及时向社会公告审查结果。

（六）采矿权申请范围与已设矿业权重叠的须符合有关要求

新立采矿权申请范围原则上不得与已设矿业权垂直投影范围重叠，同时国家允许特殊情形下新立采矿权申请范围与已设矿业权垂直投影范围重叠，具体应符合以下合规要求：

第一，采矿权申请人与已设矿业权人为同一主体的，允许申请范围与已设矿业权范围重叠。

第二，油气与非油气之间，新立采矿权与已设矿业权重叠，双方签订了互不影响和权益保护协议的。其中，新立油气采矿权与已设小型露采砂石土类采矿权重叠，或新立小型露采砂石土类采矿权与已设油气矿业权重叠，申请人向登记管理机关提交了不影响已设矿业权人权益承诺的。

第三，新立可地浸砂岩型铀矿采矿权与已设煤炭矿业权重叠，双方签订了互不影响和权益保护协议的。

（七）缴纳矿业权出让收益

矿业权出让收益是国家基于自然资源所有权将矿业权出让给矿业权人而依法收取的国有资源有偿使用收入。缴纳矿业权出让收益过程中应注意以下合规义务：

1. 探转采环节缴纳矿业权出让收益的情形。一是申请在先方式取得探矿权后申请转为采矿权，如未完成有偿处置的，应按剩余资源储量以协议出让方式征收矿业权出让收益。二是无偿占有属于国家出资探明矿产地的探矿权，应缴纳价款但尚未缴纳的，应按协议出让方式征收矿业权出让收益。三是已缴清价款的探矿权，如勘查区范围内增列矿种，应比照协议出让方式征收新增矿种矿业权出让收益。

2. 矿业权出让收益的缴纳标准。探转采过程中需要缴纳矿业权出让收益的，应比照协议出让方式进行征收，矿业权出让收益按照评估价值、市场基准价就高确定。市场基准价由地方自然资源主管部门参照类似市场条件定期制定，经省级人民政府同意后公布执行。

3. 矿业权出让收益缴纳程序。征收机关依据矿业权出让合同开具缴款通知书，通知矿业权人缴款。矿业权人在收到缴款通知书 7 个工作日内，按缴款通知及时缴纳矿业权出让收益。分期缴纳矿业权出让收益的矿业权人，首期出让收益按缴款通知书缴纳，剩余部分按矿业权出让合同约定的时间缴纳。

（八）取得矿山项目立项审批文件

矿山项目管理和矿业权管理属于两个相对独立的管理条块。通常办理探转采手续不需要以取得立项审批文件为前置条件，但是国家对个别矿种作出特别规定。例如，煤矿建设项目须由发展改革主管部门核准煤矿项目后，自然资源主管部门才可颁发采矿许可证。

三、关于矿业企业开展探转采合规管理的几点建议

为有效防控探转采手续办理中的合规风险，矿业企业应重点围绕合规义务梳理、风险识别评估及应对、制定合规管理专项指南、完善合规运行机制、加强合规培训交流等方面，专业、精准地开展探转采合规管理，助力矿业企业早日从探矿阶段进入采矿阶段。

第一，全面梳理合规义务。一方面，要系统梳理探转采管理领域法律、法规、规章及规范性文件，在做好中央层面法律政策梳理的基础上，还应加强矿业权所在地的地方性法规、规章及规范性文件的梳理，在此基础上将外部合规要求转化为内部规章制度。另一方面，要及时关注矿产资源管理改革的进展，注意探转采相关法律法规修订、政策变化和监管动态，定期对合规管理制度进行修订完善。

第二，做好合规风险的识别评估和应对。通过访谈调研、查阅资料、案例分析等多种举措，全面识别探转采各个环节存在的合规风险，并建立合规风险库。从合规风险产生的原因、来源、后果及发生的可能性等方面进行合规风险评估，并按照风险等级程度对合规风险进行分类与排序。针对合规风险分级、分类制订应对方案，采取有效措施消除风险或将风险控制在可承受

范围。

第三，制定合规管理专项指南。专项指南应涵盖以下几方面内容：一是要明确探转采各项要件的办理时序，特别是根据手续环节之间的并联、串联等不同关系细化工作流程。二是要针对探转采手续办理中的各个环节，明确企业内部各部门及各不同层级经营主体之间，分别应关注的合规要点以及需要履行的合规职责。三是围绕探转采具体业务环节，有针对性地嵌入风险管控措施，确保合规管理工作发挥实效。

第四，完善合规运行机制。完善合规审查机制，将合规审查作为涉及探转采的规章制度制定、重大事项决策、重要合同签订等行为的必经程序。完善违规问题整改机制，对合法合规性审查中暴露的问题及时进行整改，通过健全规章制度、优化业务流程等方式，堵塞管理漏洞。完善内部协同机制，加强企业内部各有关部门之间的统筹协调、协同配合，提升合规工作效能。

第五，加强合规培训交流。着眼于提升矿业企业有关部门及人员的探转采合规管理工作水平，建立常态化合规培训和交流机制。一是聘请外部专业机构和人员，结合专业视角、典型案例、疑难问题，为企业提供专项合规业务培训。二是企业内部各有关部门及人员之间要加强探转采业务办理方面的交流和探讨，有效整合各专业部门的力量。三是注重行业对标，通过对标学习行业内先进企业探转采合规管理方面的先进经验，及时改进和提升自身探转采合规工作。

第三节　采矿权合规

采矿权，是指在依法取得的采矿许可证规定的范围内，开采矿产资源和获得所开采的矿产品的权利。采矿权存续期间既涉及遵守开采范围、开采期限、生产规模等矿山开采方面监管义务，也存在采矿权延续、主矿种变更、采矿权转让等行政许可事项，不同的领域和环节均存在合规风险点。为有效防控采矿权管理中的合规风险，矿业企业应按照合规管理法律政策要求，充分结合企业实际情况，建立专业化和体系化的采矿权合规管理机制，增强矿业企业合规管理的有效性。

一、矿业企业开展采矿权合规管理的必要性

矿产资源开发属于政府部门强监管领域，随着矿产资源行业的监管环境日趋严格和规范，采矿权领域面临严监管的外部环境，主要表现在：一是国家针对采矿权管理出台了严格规定，开采范围和期限、生产规模、主矿种变更、扩大矿区范围、采矿权延续、采矿权转让等环节受到法律法规的严格约束和限制，违法违规行为的后果严重。二是矿山开采领域执法日趋严格，在全面加强常规执法的同时，有关部门还围绕煤炭、黄金、稀土、砂石等矿产，开展了规模较大的矿山违法行为查处行动。三是近年来采矿权管理领域改革不断深化，采矿权审批权限、出让方式、矿业权有偿取得等方面出现了重大变革，采矿权管理工作面临新形势、新挑战。

实践中，由于合规意识淡薄、合规机制不完善、合规管理措施不到位等，矿业企业采矿过程中的违法违规现象时有发生。有的企业未取得采矿许可证擅自进行采矿；有的企业超越采矿许可证规定的范围采矿，或者超越批准的生产规模采矿；有的企业在采矿权到期后继续采矿；有的企业未在法律规定

的期限内办理采矿权延续手续；有的企业关闭矿山前未履行生态修复和土地复垦义务等。矿山开采过程中的违法违规行为成为采矿权管理中的重要合规风险点，是矿业企业持续稳定健康发展的重大隐患。

基于当前采矿权领域的严监管形势及企业采矿过程中违法违规的现实情况，开展采矿权合规管理，有效防控采矿权管理中的合规风险，对于切实提升矿业企业合规经营管理水平，实现企业持续稳定健康发展，具有现实的必要性和紧迫性。

二、矿业企业采矿权合规管理实务要点及合规风险

围绕采矿权管理中的开采范围、开采期限、生产规模、扩大矿区范围、主矿种变更、采矿权延续、采矿权转让、矿山关闭等重要环节，矿业企业的合规管理要点及合规风险包括如下内容：

（一）关于开采范围和开采期限

矿业企业取得采矿权后，须在采矿许可证规定的开采范围和有效期限内开采矿产资源，具体应注意以下合规义务：

1. 遵守开采范围规定。“采矿许可证规定的范围”即矿区范围，是一个由拐点坐标和开采深度圈定的立体空间区域。矿业企业依法取得的采矿许可证上通常会载明允许开采的矿区面积、拐点坐标和开采深度（标高）。矿业企业应在批准的矿区范围内开采矿产资源，不得越界开采。

2. 遵守开采期限规定。采矿许可证有效期一般是按照矿山建设规模确定，出让机关确定采矿权出让期限时，通常结合矿产资源规划、可采储量、设计生产规模等因素。开采期限记载于采矿许可证，超出开采期限进行的采矿行为可能涉嫌非法开采。

（二）关于生产规模

生产规模，是指矿业企业正常生产时期单位时间内能够采出的矿石量，是行政主管部门对矿产资源开采活动实施监管过程中的重要审查事项。生产规模管理中应注意以下合规义务：

1. 按照批准的生产规模进行生产。矿山生产规模通常需要根据矿产储量规模、矿区自然经济地理条件、市场需求程度等因素综合决定，具体按照开发利用方案（或设计）及有关主管部门核准（备案）文件或核定的生产能力确定。

2. 变更生产规模须履行相应程序。变更生产规模原属自然资源主管部门的行政许可事项。2017 年，自然资源主管部门取消了变更生产规模审批。矿业企业变更生产规模的，须取得相关行业主管部门技改扩能批复（核准或备案）或生产能力核定文件，并履行开发利用方案审查、环评手续变更、矿山安全设施设计变更等审批审查程序。

（三）关于扩大矿区范围

扩大矿区范围是矿业企业维持本矿山的继续开采、提高资源保障程度的重要方式。扩大矿区范围过程中，应根据具体情形注意以下合规义务：

1. 以探转采方式扩大矿区范围。探矿权人因部分勘查区域先具备转采矿权条件，办理部分勘查区域探转采手续取得采矿权后，剩余勘查区域具备转采条件的，可申请以探转采的方式扩大矿区范围。

2. 以竞争性出让方式扩大矿区范围。7 号文件实施以来，矿业权竞争性出让全面推开，矿业企业以竞争性方式取得垂直或水平相邻区域的矿业权，然后以矿业权合并的方式扩大矿区范围，已成为扩大矿区范围的通常方式。

3. 以协议出让方式扩大矿区范围。根据相关政策规定，符合特定条件的矿业权，矿业企业可以申请以协议出让方式扩大矿区范围。

（四）开采主矿种变更

基于矿产资源储量的不确定性等原因，国家允许采矿权人在符合变更开采主矿种的情形时，向自然资源主管部门申请办理开采主矿种变更登记，但应遵守以下合规义务：

1. 符合变更开采主矿种的条件。申请变更主要开采矿种的，应当依据经评审备案的储量评审意见书提出申请。第三类矿产的采矿权不允许变更开采矿种。变更为国家实行开采总量控制矿种的，还应当符合国家有关宏观调控规定和开采总量控制要求，并需经专家论证通过、公示无异议。

2. 按照规定提交相应材料。办理开采主矿种变更登记时，一般应向登记管理机关提交采矿权变更申请登记书、矿产资源储量评审备案文件、矿业权出让收益（价款）缴纳或有偿处置材料、矿产资源开发利用方案及专家审查意见、矿山地质环境保护与土地复垦方案评审意见及公告结果、省级以上自然资源主管部门组织专家论证通过且公示无异议的材料等。

（五）关于采矿权延续登记

采矿许可证有效期满，需要继续采矿的，采矿权人应当在规定期限内到登记管理机关办理延续登记手续。采矿权延续应注意以下合规义务：

1. 矿区范围须有剩余资源储量。由于有的采矿许可证有效期过短、矿区范围内出现新增储量等原因，已出让矿产资源储量在采矿许可证有效期内未开采完毕的，采矿权人有权向登记管理机关申请办理采矿权延续登记手续。

2. 按照期限规定申请延续。采矿权人应当在采矿许可证有效期届满的30日前到自然资源主管部门办理延续登记手续。因不可抗力或者政府及其有关部门原因，未在规定期限内提出延续申请的，采矿权人应当提交能够说明原因的相关证明材料。

3. 按照规定提交登记材料。采矿权人申请采矿权延续的，应提交采矿权延续申请登记书、剩余保有资源储量材料、矿产资源开发利用方案及审查意见、矿山地质环境保护与土地复垦方案评审意见及公告结果、矿业权出让收益（价款）缴纳或有偿处置材料等。

（六）关于采矿权转让

采矿权人在符合规定条件的情况下，经自然资源主管部门批准可以将采矿权对外转让。采矿权转让应注意以下合规义务：

1. 转让采矿权应具备相应条件。第一，矿山企业投入采矿生产满1年；除母公司与全资子公司之间的采矿权转让变更外，以协议出让方式取得的采矿权未满10年不得转让变更。第二，采矿权属无争议。第三，按照国家有关规定已经缴纳采矿权使用费、采矿权价款（出让收益）、矿产资源补偿费和资源税。

2. 申请采矿权转让应按规定提交材料。办理采矿权转让变更登记时，一般应向登记管理机关提交采矿权转让申请书、采矿权转让合同书、矿山投产满 1 年的证明材料、采矿权出让收益（价款）缴纳或有偿处置材料、矿产资源储量评审备案证明文件等材料。

（七）矿山关闭程序

矿业企业开采活动结束需要关闭矿山的，应履行申请审批程序并完成有关工作，然后依法注销采矿许可证。矿山关闭应注意以下合规义务：

1. 履行闭坑地质报告及关闭矿山报告审批程序。矿业企业应在开采活动结束的前一年向原批准开办矿山的主管部门提出关闭矿山申请，并提交闭坑地质报告。闭坑地质报告经原批准开办矿山的主管部门审核同意后，报地质矿产主管部门会同矿产储量审批机构批准。闭坑地质报告批准后，采矿权人应当编写关闭矿山报告，报请原批准开办矿山的主管部门会同同级地质矿产主管部门和有关主管部门按照有关行业规定批准。

2. 完成闭坑工作。关闭矿山报告批准后，矿山企业应当完成下列工作：按照国家有关规定将地质、测量、采矿资料整理归档，并汇交闭坑地质报告、关闭矿山报告及其他有关资料；按照批准的关闭矿山报告，完成有关劳动安全，水土保持、土地复垦和环境保护工作，或者缴清土地复垦和环境保护的有关费用。

3. 采矿权注销登记。闭坑工作完成后，采矿权人应报请原颁发采矿许可证的机关办理采矿许可证注销手续。申请采矿权注销登记时，一般应提交采矿权注销申请登记书，采矿许可证，关闭矿山报告或完成报告，终止报告（其中包含矿区范围图、矿山开采现状及实测图件、储量动用及剩余情况、土地复垦利用情况或者依法缴纳土地复垦费情况、采矿权使用费的缴纳情况及相关票据等内容），矿业权出让收益（价款）缴纳或有偿处置材料等。

（八）采矿权管理中的主要合规风险

1. 刑事责任法律风险。主要包括：一是触犯非法采矿罪的风险。矿业企业越界开采、无证开采情节严重构成犯罪的，对单位判处罚金，并对其直接负责的主管人员和其他直接责任人员判处刑罚。二是触犯危险作业罪的风险。矿业企业存在超生产规模采矿行为，具有发生重大伤亡事故或者其他严重后果的现实危险构成犯罪的，对单位判处罚金，并对其直接负责的主管人员和其他直接责任人员判处刑罚。

2. 行政责任法律风险。主要包括：一是行政审批风险。采矿权人逾期申请采矿权延续的，以及扩大矿区范围、变更开采主矿种、采矿权转让等不符合法定条件的，自然资源主管部门将不予批准。二是行政处罚风险。采矿权人越界开采，采矿许可证到期后继续开采的，面临被自然资源主管部门处以罚款、吊销采矿许可证、没收违法所得等行政处罚。三是行政强制执行风险。探矿权人未按规定缴纳采矿权出让收益、采矿权使用费等费用的，由登记管理机关责令限期缴纳，并从滞纳之日起每日加收2‰的滞纳金。四是行政协议纠纷风险。采矿权人和自然资源主管部门之间可能因采矿权出让合同的履行问题产生行政协议纠纷。

3. 民事责任法律风险。主要包括：一是合同纠纷风险。矿业企业对外转让采矿权，以及投资收购他人采矿权过程中，可能因合同签订、履行问题形成采矿权转让合同纠纷。二是一般侵权责任纠纷。因矿业企业越界开采他人矿区范围内的矿产资源，以及建设项目压覆采矿权等原因，导致矿业企业和其他主体之间形成侵权责任纠纷。三是生态环境损害赔偿纠纷。矿业企业存在破坏生态环境、未履行生态修复义务等情形的，有关机构可依法向矿业企业提起民事公益诉讼。

三、关于矿业企业开展采矿权合规管理的几点建议

采矿权合规管理是矿业企业矿业权合规的核心环节，具有专业性、复杂性和长期性等特点。矿业企业应根据合规管理法律法规要求和企业实际情况，

切实做好采矿权合规管理筹划准备工作，抓实合规管理重要节点工作，注重合规管理制度机制建设，提高采矿权合规管理工作的有效性。

（一）高度重视，做好采矿权合规管理筹划准备工作

一是树立合规意识。矿业企业应充分认识到合规工作对于有效防控采矿权管理中的合规风险、提升矿业企业合规经营管理水平的重要意义，把外部被动合规的监管压力转化为内部主动合规的动力，使合规意识渗透到采矿权管理的每一个环节。

二是整合内部力量。在矿业企业内部，和采矿权管理密切相关的部门包括法律合规、生产技术、安全环保、地质勘查等。开展采矿权合规管理工作过程中，应在公司领导层的统筹安排下，有效整合各专业部门的力量，形成合规工作合力。

三是充分借助外脑。采矿权合规涉及法律、矿政管理、资源储量、矿山设计及开采等诸多方面专业知识。为确保采矿权合规管理取得良好效果，矿业企业应聘请专业机构和人员，在调查合规现状、梳理合规义务清单、识别评估合规风险、制定合规管理制度等方面提供专业服务。

（二）强化执行，抓实采矿权合规管理重要节点工作

一是开展合规现状调查。采取审阅资料、现场调查、座谈访谈、问卷调查等综合调查手段，对矿业企业采矿权合规现状进行系统、全面的摸底调查，为采矿权合规管理提供基础支持。

二是全面梳理合规义务。要系统梳理采矿权管理领域法律、法规、规章及规范性文件，形成完整的外部合规义务清单。同时，及时关注相关法律法规修订、政策变化和监管动态，对合规义务清单进行修订完善。

三是做好合规风险识别评估。全面识别采矿权管理各个环节存在的合规风险，建立合规风险库。从合规风险产生的原因、来源、后果及发生的可能性等方面进行合规风险评估，并按照风险等级程度对合规风险进行分类与排序。

四是制订风险应对方案。矿业企业应围绕采矿权合规风险发生的可能性、

风险影响程度以及公司管控程度等多个维度进行风险评估与分析，将合规风险划分为高、中、低等不同等级，分别制订有针对性的应对预案，确保合规管理能够兼顾企业经营和合规监管需求。

（三）立足长远，注重采矿权合规管理制度机制建设

一是制定采矿权合规管理专项制度。矿业企业在制定合规管理基本制度、构建合规体系基本框架的基础上，应围绕采矿权管理中的重点事项、重要环节，制定涵盖合规义务规范、合规风险识别处置、合规风险应对、合法合规性审查、合规评价等合规管理实操要点的采矿权合规管理专项制度。

二是建立采矿权合规管理长效运行机制。合规审查机制方面，应将合规审查作为矿业企业开展采矿权管理各项工作的必经程序；工作流程方面，立足矿山开采全生命周期，将合规要求嵌入采矿权管理各领域各环节，贯穿决策、执行、监督全过程。

三是完善采矿权合规管理评价机制。矿业企业应当定期开展采矿权合规管理体系有效性评价，对可能存在的缺陷和问题进行修改和完善。

第四节 矿业用地合规

由于矿产资源赋存的特殊性，矿产资源的勘查与开发离不开对土地资源的占有和使用，矿业用地是矿山建设和生产的重要一环。在目前国家对土地实行严格管理，耕地保护力度和土地执法力度不断加大的背景下，矿业企业应加强矿业用地合规建设，结合企业实际建立起专业、长效、管用的矿业用地合规管理体系，有效预防和化解矿业用地环节的合规风险。

一、矿业企业加强矿业用地合规管理的必要性

根据我国的土地和矿产资源管理制度，土地使用权和矿权采用的是完全不同的两套准入制度，矿业用地政策和矿产资源开发政策之间缺乏有效协调，矿地矛盾一直长期存在。正是基于这种背景，地方政府受制于土地管理制度本身的缺陷和新增建设用地指标的限制，有些时候无法为已取得矿权的企业及时、合法地供应土地。此时，矿山企业为了避免获取矿权的巨大投入付诸东流，往往会铤而走险违法占用土地；地方政府为了开发矿产资源发展地方经济，对矿山企业违法用地的监管一般也较为宽松，部分地方政府甚至默许、鼓励企业违法使用土地。这就导致长期以来矿业企业对合法合规用地的重要性认识不够，违法用地现象十分普遍。

近年来，国家出台了一系列土地监察和耕地保护政策文件，持续加大土地保护执法督察力度，要求采取“长牙齿”的硬措施，以“零容忍”态度坚决遏制新增违法占地行为。2021 年新修订的《土地管理法实施条例》更是大幅提高了违法用地的罚款额度，从原来“每平方米 30 元以下”提高到“每平方米 100 元以上 1000 元以下”。基于目前的土地监管形势以及近年来矿业企业非法占用农用地案件不断增加的现状，矿业企业加强矿业用地合规管理，

做好事前防范、事中应对和事后管理，及时发现和化解违法用地的民事、行政及刑事责任风险，具有现实的必要性和紧迫性。

二、矿业用地合规管理要点

根据我国的土地管理法规，我国实行土地的社会主义公有制，土地所有权归国家或集体所有。矿业权人需要在依法履行相应程序、取得土地使用权后才能使用土地进行矿产资源的勘查和开采，对土地造成损毁的还要依法承担相应的土地复垦义务。据此，矿业用地的合规管理也主要体现在矿业用地的取得、矿业用地的使用与转让、矿业用地的复垦三个方面。

（一）矿业用地的取得

根据相关法律法规及政策文件的规定，我国的矿业用地分为探矿用地和采矿用地。探矿用地是指进行矿产资源勘查需要使用的土地，其使用权的取得按照临时用地进行管理；采矿用地是指采矿、采石、采砂（沙）场，砖瓦窑等地面生产用地以及排土（石）及尾矿堆放地，属于建设用地的范畴，其使用权的取得需要遵循建设用地审批制度。

1. 探矿用地应依法办理临时用地审批

我国《土地管理法》规定，地质勘查需要使用国有土地或者农民集体所有土地的，采取临时用地方式进行供地，矿业权人依法办理临时用地审批，签订临时用地合同并支付临时使用土地补偿费后，方可使用土地。

（1）审批机关。矿产资源勘查需要临时用地的，需经县（市）自然资源主管部门批准，涉及占用耕地和永久基本农田的，需经市级或者市级以上自然资源主管部门批准。

（2）临时用地范围。在勘查期间临时生活用房、临时工棚、勘查作业及其辅助工程、施工便道、运输便道等使用的土地，以及油气资源勘查中钻井井场、配套管线、电力设施、进场道路等钻井及配套设施使用的土地可以依法申请临时用地。

（3）申请材料。申请临时用地应当提供临时用地申请书、临时使用土地合同、项目建设依据文件、土地复垦方案报告表、土地权属材料、勘测定界材料、土地利用现状照片及其他必要的材料。需要注意的是，申请人所申请使用的临时用地位于项目建设用地报批时已批准土地复垦方案范围内的，不再重复编制土地复垦方案报告表。

（4）临时用地合同。临时用地申请人应根据土地权属，与县（市）自然资源主管部门或者农村集体经济组织、村民委员会签订临时使用土地合同并支付土地补偿费。

2. 采矿用地应依法办理建设用地审批

根据我国土地管理法规，我国实行的是以用地预审和用地审查为主要内容的建设用地审批制度。采矿权人需要在依法履行建设用地审批手续，通过划拨、出让或集体建设用地流转等方式取得采矿用地使用权后，方可使用土地进行矿产资源的开采。

（1）用地预审。在采矿项目审批、核准或备案阶段，采矿权人应当向项目批准机关的同级自然资源主管部门提出建设项目用地预审申请。由自然资源主管部门进行审查并提出用地预审意见。未经预审或者预审未通过的，无法办理农转用、土地征收审批以及供地手续。但“探采合一”和“探转采”油气类及钻井配套设施建设用地，具备直接出让采矿权条件、能够明确具体用地范围的采矿用地，以及露天煤矿接续用地依法无须办理用地预审。

（2）用地申请与审批。采矿项目一般为单独选址项目，土地使用者在项目立项后需要持用地预审意见、项目立项文件、项目初步设计批准或审核文件等资料，向土地所在的市、县自然资源主管部门提出用地申请。涉及占用农用地的，需办理农用地转用审批，由市、县人民政府组织自然资源等部门拟订农用地转用方案，报有批准权的人民政府批准。农用地转用涉及土地征收的，还要办理征地手续，由市、县人民政府在完成公共利益审核、土地征收预公告、土地利用现状调查、社会稳定风险评估、拟订征地补偿安置方案、组织听证、签订征地补偿安置协议后，向有批准权的人民政府申请土地征收审批。

(3) 土地划拨或出让。根据我国现行法律规定，符合《划拨用地目录》的石油天然气设施用地和煤炭设施用地可以采用划拨方式供应土地，由市、县自然资源主管部门向采矿权人颁发《国有土地划拨决定书》，采矿权人持《国有土地划拨决定书》依法办理不动产登记。除划拨土地外，采矿用地一般采取协议出让的方式进行供地，由市、县自然资源主管部门与采矿权人签订土地出让合同。采矿权人缴纳土地出让金后持土地出让合同依法办理不动产登记。

(4) 集体建设用地流转。根据《土地管理法》和《土地管理法实施条例》的规定，对于符合规划并依法登记的集体经营性建设用地，采矿权人能够依照经集体经济组织2/3以上成员或者村民代表同意，并经市、县人民政府审查的集体经营性建设用地出让、出租等方案，与集体经济组织或村民委员会签订书面合同，通过出让、出租等方式取得采矿用地的使用权。

3. 采矿用地占用林地、草地的，应依法办理相关审批

根据《森林法》《草原法》等相关法律法规的规定，采矿项目需要占用林地、草地的，采矿权人应在提出用地申请之前依法向林业和草原主管部门提出使用林地、草原的申请，经有审批权限的林业和草原主管部门审核同意并核发准予行政许可决定书后再依法办理建设用地审批手续。此外，采矿用地占用林地、草原的，还应依照相关规定向林业和草原主管部门缴纳森林植被恢复费、草原植被恢复费。

(二) 矿业用地的使用与转让

根据土地管理法规，我国实行严格的土地用途管制制度，土地使用权人应当按照临时使用土地合同、出让合同的约定或者土地使用权划拨批准文件的规定使用土地。此外，为了维护土地市场秩序和国家利益，我国对土地使用权的转让也做了限制性规定，即以划拨方式取得的建设用地使用权转让，需经依法批准；以出让方式取得的建设用地使用权转让，需符合相关法律法规规定和出让合同的约定。

1. 采矿用地改变土地用途需经依法审批

根据《土地管理法》的规定，采矿用地需要改变建设用途的，应当经有关人民政府自然资源主管部门同意，报原批准用地的人民政府批准。其中，在城市规划区内改变土地用途的，在报批前，还要经有关城市规划行政主管部门同意。

协议出让的采矿用地，在经相关行政主管部门审批同意后，土地使用权人可以与土地出让方签订变更协议或重新签订出让合同，相应调整土地出让金。但出让合同、法律、法规、行政规定等明确必须收回土地使用权重新公开出让的，不得办理协议出让手续。划拨方式供应的采矿用地，若改变后用途符合《划拨用地目录》，经审批同意后，土地使用权人可以继续以划拨方式使用土地；若改变后土地用途不符合《划拨用地目录》，则需要依法办理有偿用地手续。

2. 矿业用地的转让需符合法定条件或经依法审批

根据《城镇国有土地使用权出让和转让暂行条例》的规定，以协议出让方式取得的采矿用地，在符合法律法规规定和出让合同约定的前提下，可以自由交易。但未按土地使用权出让合同规定的期限和条件投资开发、利用土地的，不得转让。

以划拨方式取得的采矿用地，只有在符合法定条件并经市、县人民政府自然资源管理部门和房产管理部门批准的情况下方能转让土地使用权。具体条件包括：（1）土地使用者为公司、企业、其他经济组织和个人；（2）领有国有土地使用证；（3）具有地上建筑物、其他附着物合法的产权证明；（4）依照规定签订了土地使用权出让合同，并向当地市、县人民政府补交了土地使用权出让金或者以转让所获收益抵交土地使用权出让金。

（三）矿业用地的复垦

根据《土地管理法》和《土地复垦条例》的规定，因采矿和堆放采矿剥离物、废石、矿渣、粉煤灰等固体废弃物造成土地破坏的，土地使用者应当按照国家有关规定，依法履行复垦义务。具体包括：

1. 编制土地复垦方案。探矿用地，应当按照土地复垦标准和国务院自然资源主管部门的规定编制土地复垦报告表；采矿用地，应当在申请办理采矿许可证时，编制矿山地质环境保护与土地复垦方案，并报有批准权的自然资源主管部门批准。

2. 实施土地复垦方案。矿业权人应当按照土地复垦方案开展土地复垦工作，将土地复垦费用列入生产成本或者建设项目总投资，每年按规定向有关自然资源主管部门报告土地损毁情况、土地复垦费用使用情况以及土地复垦工程实施情况。生产建设周期长、需要分阶段实施复垦的，还应当对土地复垦工作与生产建设活动统一规划、统筹实施。

3. 缴纳土地复垦费。矿业权人不复垦，或者复垦验收中经整改仍不合格的，应当缴纳土地复垦费，由有关自然资源主管部门代为组织复垦。

三、矿业用地方面的合规风险

根据国家合规政策的规定，所谓合规风险，是指企业及其员工因不合规行为，引发法律责任、受到相关处罚、造成经济或声誉损失以及其他负面影响的可能性。就矿业用地而言，其合规风险主要体现为法律责任风险，具体包括以下三个方面：

1. 刑事责任风险。矿业企业违反矿业用地合规义务构成犯罪的，将被依法追究刑事责任，涉及的罪名包括污染环境罪、非法占用农用地罪、破坏自然保护地罪、盗伐林木罪、滥伐林木罪等。

2. 民事责任风险。矿业企业违反矿业用地合规义务的不合规行为，可能会因侵权或违约等原因而产生民事责任，主要包括侵权责任和违约责任。侵权责任通常发生在矿业企业违法用地侵犯土地所有权人或使用权人合法权益的场合，违约责任通常发生在矿业企业未按照土地出让合同、土地使用权转让合同等民事合同约定履行合同义务的场合。

3. 行政责任风险。土地使用者违反相关义务规范，依法要承担相应的行政法律责任，主要包括行政处罚和行政处分两类。其中，行政处罚是矿业企业违规用地所面临的主要法律后果，包括责令退还土地，责令限期改正、限期拆除，没收违法所得，没收非法财物，罚款等；行政处分则是在国有企业和事业单位发生土地违法情形时对公务人员所进行的制裁，包括警告、记过、记大过、降级、撤职、开除等。

四、加强矿业用地合规管理的几点建议

在矿业企业的经营管理活动中，矿业用地属于合规风险较高的领域。为了有效防控矿业用地合规风险，企业可以从以下几个方面加强矿业用地领域的合规管理：

1. 借助外部力量，全面梳理矿业用地合规义务。合规的实质就是对内外部义务规范的遵守，合规义务的梳理和识别是企业加强矿业用地领域合规管理的前提。由于我国土地政策纷繁庞杂，且不断变化、更新，企业自身很难对相关义务规范进行全面梳理，因此，企业需要借助外部律师及其他专业人员的力量，系统梳理和识别矿业用地领域的外部合规义务，并持续根据外部监管要求的变化对合规义务进行更新。

2. 结合业务活动和业务流程，建立合规风险识别评估机制。合规的目的是发现并防控风险，风险的识别和评估是企业实施合规管理的基础。企业可以聘请外部律师，通过对比企业现状和规则要求、梳理行业合规案例、访谈调研等方式，结合与用地相关的业务活动、业务流程，有针对性地梳理矿业用地各个环节的合规风险，并对风险发生的可能性、影响程度、潜在后果等进行分析和评估，为企业进行矿业用地管理提供决策依据。

3. 根据职能部门分工，建立合规审查机制。合规审查机制是企业合规管理制度运行的重要抓手，企业应当在合理划分用地管理相关部门具体职责、权限的基础上，将矿业用地合规义务、合规风险与具体职能部门和岗位人员相联系，明确合规审查的主体、标准、流程和重点，将合规审查作为用地制度制定、用地事项决策、相关合同签订等经营管理和业务行为的必经程序，及时在行为起点发现风险、解决风险，最大限度地避免不合规用地行为的发生。

4. 围绕解决问题和优化管理，建立风险应对和问题整改机制。除风险识别和评估以及风险审查等事前管理机制外，企业还应当加强矿业用地合规风险的事中和事后管理。首先，针对已发生的风险进行应对和处置，企业应结合矿业用地风险的识别与评估建立风险应对制度，确保风险事件发生后相关业务及职能部门能够及时采取应对措施，解决相关问题，防止损失扩大。其次，为了避免同类风险再次发生，企业应建立违规问题整改机制，通过分析风险发生的原因、查找合规管理的漏洞、健全规章制度、优化业务流程等措施，实现风险管理的循环改进。

第五节　环 保 合 规

党的十八大以来，生态文明被纳入“五位一体”总布局，生态环保立法体系逐步完善、环境监管和环保执法力度加大，环保督察、环保专项整治成为常态，巨额的生态环境损害赔偿、环保行政处罚乃至环境犯罪被追究刑事责任的事件屡见不鲜。矿业企业在生产经营中面临诸多环保问题，专业、全面的环保合规管理已然成为矿业企业有效防控合规风险、实现持续稳定健康发展的必要措施。

一、矿业企业开展环保合规管理的必要性

一般来讲，矿产资源的开发利用活动会对周边自然生态环境造成较大的扰动和损害，所以，矿产资源开发利用全过程，无论是在矿山项目建设前期、矿山建设，还是矿产资源开采、选矿、冶炼加工等环节，基本都是环保执法监管的重点。在生态环境保护法律体系已经健全、环保执法监管力度不断提升和环保违法处罚日趋严厉的总体形势下，矿业企业开展环保合规管理十分必要且紧迫。

1. 环保法律体系逐步健全，环保法律制度日趋严格。2015 年实施的《环境保护法》被称为“史上最严”的环境保护法律。这部环境保护法首次以法律形式确立“保护环境是国家的基本国策”；首次确定生态保护红线制度、环境保护目标责任制、跨行政区域联防协调机制等制度，首次引入按日连续处罚、行政拘留等。近几年，国家还修改和制定了《排污许可管理条例》《水污染防治法》《大气污染防治法》《噪声污染防治法》《固体废物污染环境防治法》《工矿用地土壤环境管理办法（试行）》等一系列环保法律法规，这些法律法规均对矿业企业矿产资源开发利用活动规定了严格的环保义务。

2. 生态环境保护执法严格，矿业企业因环保违法被处罚和责令整改的案例屡见不鲜。一是日常环境保护执法成为常态。根据生态环境部通报的2021年环境行政处罚案件情况显示：2021年1～12月，全国共下达环境行政处罚决定书13.28万份，罚没款数额总计116.87亿元，案件平均罚款金额8.8万元，其中不乏对矿业企业的行政处罚。二是环保督察、环保巡视等专项执法效果显著。近几年，中央和省级环保督察中，均有矿业企业因环境违法问题被问责和要求整改，对企业造成较大负面影响。三是环保违法处罚加重，种类多样。按日处罚导致环保违法罚款数额巨大；除罚款外，还包括责令限制生产、停产整治；责令停业、关闭；对直接负责的主管人员和其他直接责任人员处以拘留等行政处罚。

3. 弱化事前审批，强化事后监管，为企业环保合规管理提出更高要求。在政府部门简政放权、放管结合的大背景下，生态环保主管部门正由事前审批为主向事中、事后监管为主转变。2018年修正的《环境影响评价法》就弱化了事前环评审批，环评行政审批不再作为可行性研究报告审批或项目核准的前置条件，但强化了事中和事后监管，大幅提高了未批先建等违法行为行政处罚的限额，这为矿业企业自行开展环保合规提出了更高的要求。

二、矿业企业环保合规管理要点

矿业企业的环保合规义务贯穿矿山建设项目的整个过程，主要分为矿山开工建设前、矿山建设、矿山运营、矿山关闭四个阶段。

（一）矿山开工建设前的环保合规义务

根据《环境保护法》《环境影响评价法》《建设项目环境保护管理条例》等法律法规的规定，矿业企业在矿山开工建设之前，应依法对矿山建设项目进行环境影响评价。矿业企业环评合规义务包括以下内容：

1. 编制环境影响文件。环境影响评价根据建设项目特征和所在区域的环境敏感程度，综合考虑建设项目可能对环境产生的影响，实行环境影响报告书、环境影响报告表或者环境影响登记表分类管理，其中环境影响报告书、环境影响报告表须经有关主管部门审批，而环境影响登记表实行备案管理。根据2021年版《建设项目环境影响评价分类管理名录》，大部分涉矿建设项目均应编制环境影响报告书，少部分可能造成轻度环境影响的项目才编制环境影响报告表或者填报环境影响登记表。

2. 取得环评批复。矿业企业应当依法将矿山建设项目的环境影响报告书、报告表，报有审批权的生态环境主管部门审批并取得批复。建设项目的环境影响评价文件未依法经审批部门审查或者审查后未予批准的，矿业企业不得开工建设。

3. 重新报批环评文件。法律规定两种情形需重新报批环评文件：第一，环境影响评价文件经批准后，建设项目的性质、规模、地点、采用的生产工艺或者防治污染、防止生态破坏的措施发生重大变动的，建设单位应当重新报批建设项目的环境影响评价文件。第二，环境影响评价文件自批准之日起超过5年方决定该项目开工建设的，其环境影响评价文件应当报原审批部门重新审核。

4. 组织影响后评价。在项目建设、运行过程中产生不符合经审批的环境影响评价文件的情形的，建设单位应当组织环境影响的后评价，采取改进措施，并报原环境影响评价文件审批部门和建设项目审批部门备案；原环境影响评价文件审批部门也可以责成建设单位进行环境影响的后评价，采取改进措施。

（二）矿山建设阶段环保合规义务

1. 执行环保“三同时”制度

环保“三同时”制度，是指建设项目（包含新建、改建、扩建项目和技术改造项目）中防治污染的设施，应当与主体工程同时设计、同时施工、同时投产使用。

2. 取得排污许可

我国实行排污许可管理制度，矿业企业排污许可合规义务主要包括：一是企业生产经营中排放废水、废气、固体废物、噪声等污染物应当依法取得排污许可证或者填报排污登记表。矿业企业在矿山项目建设期应当依法申领排污许可证。二是矿业企业在矿山项目建设运营期应当严格落实排污许可证载明的事项，遵守重点污染物排放总量控制指标。

（三）矿山运营阶段的环保合规义务

矿山项目运营阶段通常是整个项目时间跨度最长的阶段，也是执法部门重点监管的阶段，矿业企业在运营阶段应当做好大气、水、固体废物、噪声、土壤污染防治，还应当依法履行环保信息公开以及突发环境事件合规管理等环境保护合规义务，具体见表5所示。

表5　矿山运营阶段的环保合规义务

防治类型	合规义务
大气、水、噪声污染防治	依法设置大气、水污染物排放口
	依法对排放的工业废气，有毒有害大气、水污染物，以及工业噪声进行自行监测
	依法实施污染防治措施
固体废物污染防治	收集、贮存、运输、利用、处置固体废物的矿业企业，应当对相关设施、设备和场所采取环保措施
	禁止向江河、湖泊、运河、渠道、水库等规定的地点倾倒、堆放、贮存固体废物。禁止在生态保护红线区域、永久基本农田集中区域和其他需要特别保护的区域内，建设工业固体废物、危险废物集中贮存、利用、处置的设施、场所和生活垃圾填埋场
	矿业企业跨省转移固体废物贮存、处置、利用的，应当依法向相关主管部门提出申请或备案
	依法公开信息，依法开放设施、场所
	采取科学的开采方法和选矿工艺，减少尾矿、煤矸石、废石等矿业固体废物的产生量和贮存量
	尾矿、煤矸石、废石等矿业固体废物贮存设施停止使用后，矿业企业应当按照国家有关环境保护等规定进行封场，防止造成环境污染和生态破坏
	危险废物的特殊管理。对于列入《国家危险废物名录》（2021年版）的危险废物，矿业企业应当按照《固体废物污染环境防治法》第六章“危险废物”的相关规定进行管理

续表

防治类型	合规义务	
土壤污染防治	一般矿业企业土壤污染合规义务	依法进行土壤污染状况调查并报送评审
		依法进行土壤污染风险评估
		对于列入省级人民政府生态环境主管部门公布的建设用地土壤污染风险管控和修复名录中的地块，矿业企业应当采取相应的风险管控措施
		对建设用地土壤污染风险管控和修复名录中需要实施修复的地块，矿业企业应编制修复方案并实施
		风险管控、修复活动完成后，矿业企业应当另行委托有关单位对风险管控效果、修复效果进行评估，并将效果评估报告报主管部门备案
		加强尾矿库的安全管理，采取措施防止土壤污染
		发生突发事件可能造成土壤污染的，矿业企业应当立即采取应急措施，防止土壤污染，并依照《土壤污染防治法》规定做好土壤污染状况监测、调查和土壤污染风险评估、风险管控、修复等工作
	土壤环境污染重点监管单位合规义务	土壤环境污染重点监管单位包括：有色金属冶炼、石油加工、化工、焦化、电镀、制革等行业中应当纳入排污许可重点管理的企业；有色金属矿采选、石油开采行业规模以上企业；其他根据有关规定纳入土壤环境污染重点监管单位名录的企事业单位。重点单位除履行上述一般企业的合规义务以外，还需履行年度报告的义务，即严格控制有毒有害物质排放，并按年度向生态环境主管部门报告排放情况
		重点单位应当建立土壤污染隐患排查制度，定期对重点区域、重点设施开展隐患排查
		重点单位应当定期开展土壤和地下水监测，将监测数据报生态环境主管部门，并按照规定公开相关信息
		依法拆除涉及有毒有害物质的设施、设备或者建筑物、构筑物

续表

防治类型	合规义务
依法进行矿山地质环境保护与土地复垦	编制矿山地质环境保护与土地复垦方案
	采矿权人扩大开采规模、变更矿区范围或者开采方式的，应当重新编制矿山地质环境保护与土地复垦方案，并报原批准机关批准
	采矿权人应当严格执行经批准的矿山地质环境保护与土地复垦方案。矿山地质环境保护与治理恢复工程的设计和施工，应当与矿产资源开采活动同步进行
	矿产资源勘查结束后依法采取治理恢复措施
环境信息公开	企业应当按照准则编制年度环境信息依法披露报告和临时环境信息依法披露报告，并上传至企业环境信息依法披露系统
	企业应当以临时环境信息依法披露报告的形式，披露企业行政许可、行政处罚、违法行为、突发环境事件等法律规定应当披露的相关信息
突发环境事件合规管理	开展突发环境事件风险评估
	完善突发环境事件风险防控措施
	排查治理环境安全隐患
	制订突发环境事件应急预案并备案、演练
	加强环境应急能力保障建设等义务

（四）矿山关闭阶段的环保合规义务

矿山关闭阶段的环保合规管理也是矿业企业应当格外注意的环节，尤其是在土壤污染治理与修复实行终身责任制的背景下，矿山项目的“善后”工作不容忽视，主要包括以下两个方面：

1. 完成矿山地质环境保护与土地复垦义务

《矿山地质环境保护规定》第19条规定：矿山关闭前，采矿权人应当完成矿山地质环境保护与土地复垦义务。采矿权人在申请办理闭坑手续时，应当经自然资源主管部门验收合格，并提交验收合格文件。

2. 完成土壤和地下水污染状况调查及修复义务

《工矿用地土壤环境管理办法（试行）》第16条规定，土壤环境污染重点监管单位终止生产经营活动前，应当参照污染地块土壤环境管理有关规定，开展土壤和地下水环境初步调查，编制调查报告，及时上传全国污染地块土壤环境管理信息系统。重点单位应当将前款规定的调查报告主要内容通过其网站等便于公众知晓的方式向社会公开。土壤和地下水环境初步调查发现该重点单位用地污染物含量超过国家或者地方有关建设用地土壤污染风险管控标准的，应当参照污染地块土壤环境管理有关规定开展详细调查、风险评估、风险管控、治理与修复等活动。

三、矿业企业环保合规风险

近年来，随着环保法律体系逐步完善，尤其是在环境公益诉讼制度完善、各级环境监管部门保持高压执法态势的背景下，矿业企业因违反环保法律法规而承担巨额的生态环境损害赔偿、受到环保行政处罚，甚至构成犯罪的事件屡屡发生，给矿业企业的生存发展造成重大影响。总体而言，矿业企业环保合规法律风险主要分为刑事、行政、民事三个层面。

（一）刑事法律风险

矿业企业违反环保合规义务构成犯罪的，将被依法追究刑事责任，涉及的罪名主要为污染环境罪，《刑法修正案（十一）》对污染环境罪进行了修改，增加了处7年以上有期徒刑并处罚金的四种情形，体现了严惩严重环境犯罪行为的立法趋势。

（二）行政法律风险

《环境保护法》《大气污染防治法》《水污染防治法》等环境单行法均规定了环境违法行为的行政责任。环保行政处罚和行政强制种类主要包含罚款，责令限制生产、停产整治，责令停业、关闭，对直接负责的主管人员和其他直接责任人员处以拘留，查封、扣押等。

（三）民事法律风险

《民法典》第1229条规定：因污染环境、破坏生态造成他人损害的，侵权人应当承担侵权责任。《民法典》等法律法规还规定了惩罚性赔偿、生态环境损害修复责任、生态环境损害赔偿等一系列环境损害责任制度，在程序上确立了环境民事公益诉讼制度，明确对污染环境等损害社会公共利益的行为，法律规定的组织和有关机关可以向人民法院提起民事诉讼。

四、矿业企业开展环保合规管理的建议

矿业企业的环保合规管理应当以“全流程、职责化、有效性、经济性”为原则，有计划地完成外部义务规范梳理、尽职调查、风险识别和风险评估、合规管理制度建设、合规管理运行机制建立等一系列工作，构建出一套符合企业需求、能够解决实际问题并行之有效的合规管理体系。

1. 梳理环保合规外部义务规范。对一般性环保义务规范以及矿业领域特殊环保义务规范（包含法律、行政法规、部门规章、规范性文件、强制性标准、监管规定、行业准则、上级主管部门管理要求等规则）进行分阶段、分板块、分环节的全面梳理，并编制外部合规义务清单。

2. 实施环保合规尽职调查。通过收集环保相关的行政许可、行政处罚等法律文书、管理制度、合同、会议纪要、档案等资料，采取现场调查、问卷调查、座谈访谈、取证核实等综合的调查手段，开展环保领域全面尽职调查，并编制环保尽职调查报告。

3. 进行风险识别和风险评估。矿业企业应基于外部合规义务清单和环保尽职调查报告，采用现状与规则比对的方式识别出公司实际经营管理中存在的风险点。同时，应采用专家咨询、情景分析、政策分析、行业标杆比较、访谈和调查研究等方式对风险进行分析和评估，得出风险处理的优先级和初步应对措施，为矿业企业风险管控提供决策依据。

4. 建设合规管理制度。在梳理外部义务规范、尽职调查、风险识别及风险评估的基础上，矿业企业应以风险防范和有效管理为导向，结合公司的管

理目标、管理基础及需求倾向，开展“外规内化”工作，即将法律等规则中对公司影响较大的义务要求转换为公司需要遵守的规章制度，建设具有实用性、可操作性、系统性和经济性的合规管理制度，形成以合规手册为纲领，以合规管理办法为核心，以不同环节专项制度或指引为基础，以重点领域合规操作指南为补充的合规管理制度体系。

5. 建立合规运行机制。为了保证环保合规制度的有效运行，矿业企业应当构建合规运行机制，主要包括合规审查机制、违规举报机制、合规报告和合规咨询机制、合规有效性评估机制、合规考核机制、案件处置和责任追究机制、合规义务清单和风险库动态更新机制等。

第六节 安全合规

矿业开发属于安全生产的高风险行业。由于矿产资源赋存的特殊性和矿山开发的综合性、复杂性，矿山安全事故隐患伴随矿山建设、矿山开采、尾矿库管理全过程。矿山安全事故的发生，不但会给矿业企业造成巨大的经济损失，也关系矿山作业人员生命安全，关系社会的稳定和矿业的可持续发展。我国历来高度重视矿业企业安全管理，制定了一系列法律政策和技术规范标准，按照生命至上、安全第一、预防为主的原则，对矿山安全生产提出了严格的要求，安全合规是矿业企业合规管理的重中之重。

一、矿山企业加强安全合规管理的必要性

矿山企业必须坚持“安全第一、预防为主、综合治理”的原则，全面落实矿山安全生产的合规管理。

1. 矿山开发属于安全生产的高风险领域是客观的。矿产资源开发涉及工程、水文、环境、爆炸物、设施设备、运输管理等多种因素，使矿山建设和生产过程中存在工程事故、火灾、爆炸、坠落、中毒、触电、透水、冒顶、片帮等自然性风险和人为风险。因此，矿山建设和生产过程中事故发生的频率和总量在工业生产各行业中一直是最高的。虽然近些年矿山安全管理取得明显成效，矿山生产安全事故起数、死亡人数、较大事故和重特大事故起数、煤矿百万吨死亡率实现“五个明显下降”，但矿山安全基础总体薄弱、矿产品需求增加、价格高涨、矿山开采深度不断增加以及外部环境的不确定性等仍然使矿山安全生产面临巨大的挑战。

2. 安全生产事故严重影响矿业企业和矿业行业的生存发展。安全事故的发生，一方面会给企业造成巨大损失甚至是灭顶之灾，另一方面也会严重危

害矿山作业人员身体健康和生命安全，损害经济社会稳定发展。矿山安全事故频发与人民至上、生命至上的安全发展观相违背，矿业的发展不能以牺牲安全为代价。

3. 法律政策和标准规范对矿山安全生产提出了严格的合规要求。我国目前构建了由《安全生产法》《矿山安全法》等法律，《安全生产许可证条例》、《煤矿安全监察条例》（已失效）等行政法规，《煤矿安全规程》《非煤矿矿山企业安全生产许可证实施办法》等部门规章，《金属非金属矿山安全规程》《煤矿安全监控系统通用技术要求》等国家和行业标准组成的矿山安全法律法规标准体系，现行的法律政策标准体系对矿山安全生产方方面面提出了明确的要求。

4. 实践证明安全生产事故可以通过合规管理做好事前预防和事后救援。不可否认的是，科学技术和人类认知的局限性是造成矿山安全事故的原因之一；但总体而言，矿山安全生产事故频发的主要原因，还是一些矿山企业安全意识和法治意识淡薄，从业人员安全知识和技能水平总体偏低，安全生产管理不到位、隐患排查整治不力、违章作业甚至违规开采等失效的安全管理酿成的。实践已经充分证明，只要全面落实矿山生产安全管理义务，就能够最大限度地降低矿山安全事故的发生，实现矿业企业的高质量发展。

在受国际形势、区域供求矛盾、矿产品市场波动以及新冠肺炎疫情等因素影响，矿山企业发展的外部环境发生较大变化的新形势下，矿山企业面对法律政策标准体系日益完善的安全管理要求，更要正确处理安全与生产、安全与效益的关系，全面加强安全合规管理，结合企业实际建立起专业、长效、管用的安全合规管理体系，提升安全合规管理效能，避免因安全事故给企业造成经济损失和法律风险。

二、矿业企业安全合规管理要点

矿业企业的安全合规义务贯穿矿山项目建设开发的整个过程，主要分为矿山建设、矿山开采、企业安全管理、事故应急救援管理四个方面。

（一）矿山建设阶段的安全合规义务

矿山建设是矿山安全管理的起始阶段，在矿山建设阶段矿业企业应当履行开展安全评价、落实“三同时”制度、安全设计报批和安全设施竣工验收的合规义务。

1. 依法进行安全评价

新建、改建、扩建矿山工程项目需要按照国家有关规定进行安全评价，矿山企业应当委托具有安全评价资质的机构在矿山建设项目可行性研究阶段进行安全预评价，在投入生产或者使用前，进行安全验收评价。矿山安全评价机构应按照煤矿和金属非金属矿山安全评价相关法律技术规范编制安全预评价报告和安全设施验收评价报告。安全验收评价合格是矿山企业组织安全设施竣工验收、取得安全生产许可证的前置条件之一。

2. 安全设施需执行“三同时”制度

“三同时”制度是我国实行安全管理的一项重要制度，根据《安全生产法》的规定，生产经营单位新建、改建、扩建工程项目的安全设施，必须与主体工程同时设计、同时施工、同时投入生产和使用，安全设施投资应当纳入建设项目概算。《矿山安全法》中针对矿山建设工程也作出了同样的要求，即矿山建设项目的安全设施必须和主体工程同时设计、同时施工、同时投入生产和使用。

3. 安全设施设计需经依法审批

我国实行安全设施设计审查制度，矿山企业作为生产经营单位在进行矿山建设项目初步设计时，应当委托有相应资质的设计单位对建设项目安全设施同时进行设计。矿山的通风系统、供电系统、提升运输系统、防排水系统、防瓦斯系统、防尘系统以及安全风险监测系统等项目的设计必须符合矿山安全规程和行业技术规范。安全设施设计完成后，矿山企业应当向矿山安全监督管理部门提出审查申请，未经审查同意的，不得施工。矿山企业对已批准的矿山建设项目安全设施设计需做重大变更的，还应经原审查机构审查同意。

4. 依法组织安全设施竣工验收

矿山建设项目竣工投入生产或者使用前，矿山企业应当组织对安全设施进行竣工验收，形成书面报告备查，安全设施竣工验收合格后，方可投入生产和使用。《关于规范金属非金属矿山建设项目安全设施竣工验收工作的通知》《煤矿建设项目安全设施竣工验收监督核查暂行办法》分别对煤矿和非煤矿山安全设施竣工验收的条件、验收专家组人员要求、验收依据、验收核查等做了详细规定。

（二）矿山开采阶段的安全合规义务

矿山开采阶段的安全管理是矿山安全生产的重点，矿山企业在开采阶段应当履行安全生产许可、安全事故隐患预防、设施设备使用和检修、外包工程和矿山托管以及规范生产等方面的安全合规义务。

1. 依法取得安全生产许可

我国对矿山企业实施安全生产许可制度，矿山企业未取得安全生产许可证的，不得从事生产活动。矿山企业申领安全生产许可证，需要在安全生产责任制建立、安全生产相关规章制度制定、安全生产投入、安全生产管理机构设置、安全管理人员配备、主要负责人和安全生产管理人员考核、特种作业人员资格、工伤保险缴纳、职业病防护、项目安全评价、安全设施验收、设施设备检测、安全事故救援等方面符合安全生产条件，并且按要求提交相应的文件、资料和图纸。煤矿申领安全生产许可证，除了具备相应安全生产条件外，其安全设施、设备、工艺还必须符合法定条件。

2. 依法采取安全事故隐患预防措施

安全生产事故隐患，是指生产经营单位违反安全生产法律、法规、规章、标准、规程和安全生产管理制度的规定，或者因其他因素在生产经营活动中存在可能导致事故发生的物的危险状态、人的不安全行为和管理上的缺陷，往往是导致安全事故发生的直接原因。根据《矿山安全法》的规定，对冒顶、片帮、边坡滑落和地表塌陷，瓦斯爆炸、煤尘爆炸，冲击地压、瓦斯突出、井喷，地面和井下的火灾、水害，爆破器材和爆破作业发生的危害，粉尘、有毒有害气体、放射性物质和其他有害物质引起的危害等安全事故隐患，矿山企业应按照《矿山安全法实施条例》《煤矿安全规程》《金属非金属矿山安全规程》《防治煤与瓦斯突出细则》《防治煤矿冲击地压细则》等有关规定和要求采取预防措施。煤矿还应按要求进行瓦斯、水害、自然发火、冲击地压、煤尘爆炸危险性等灾害等级确定，并优先超前采取区域措施治理灾害。

3. 依法使用和检修矿山设备

矿山企业使用的设备、器材、防护用品及安全检测仪器仪表应符合国家安全标准或者行业安全标准。矿山使用的涉及人身安全的设备应由专业生产单位生产，并经具有专业资质的检测、检验机构检测、检验合格，方可投入使用。在矿山生产期间，还应定期由具有专业资质的检测、检验机构进行检测、检验，并出具检测、检验报告。矿山企业对矿山设备的使用和检修应符合《金属非金属矿山安全规程》《煤矿安全规程》等标准，依法建立各种设备、设施检查维修制度，定期进行检查维修，并做好记录。

2021 年修订的《安全生产法》还增加了企业对安全设备管理的规定，即生产经营单位不得关闭、破坏直接关系生产安全的监控、报警、防护、救生设备、设施，或者篡改、隐瞒、销毁其相关数据、信息。根据《刑法修正案(十一)》的规定，企业违反上述规定的，可能构成危险作业罪，被依法追究刑事责任。

4. 依法对外发包工程或托管矿山

非煤矿山企业应当按照《非煤矿山外包工程安全管理暂行办法》和《关于加强金属非金属地下矿山外包工程安全管理的若干规定》，对工程进行发包。作为发包方的矿山企业应依法承担以下几个方面的安全生产职责：一是对承包单位资质的审查；二是对承包单位安全生产的统一管理；三是依法配备专职安全生产管理人员和工程技术人员；四是依法建立外包工程安全生产绩效考核机制；五是依法与承包单位签订安全生产管理协议；六是依法向承包单位进行外包工程的技术交底；七是依法足额提取并拨付安全生产费用；八是在地下矿山正常生产期间，不得将主通风、主提升、供排水、供配电、主供风系统及其设备设施的运行管理进行分项发包。

煤矿企业应当按照《国家安全监管总局、国家煤矿安监局关于加强托管煤矿安全监管监察工作的通知》和《煤矿整体托管安全管理办法（试行）》，依法整体托管煤矿，不得将采掘工作面或者井巷维修作业作为独立工程对外承包。在选择煤矿整体托管的承托方时，应当对承托方的企业法人资格、煤矿生产运营管理经验、专业技术人员和员工队伍、过去安全生产失信行为等进行审查；灾害严重矿井整体托管的，还应审查承托方相应灾害类型矿井的安全管理经验、技术水平和业绩情况。

5. 依法依规进行矿山生产

为了规范矿山生产活动，保障矿山安全生产，我国制定了一系列矿山安全标准，包括《金属非金属矿山安全规程》《尾矿库安全规程》《选煤厂安全规程》等15项国家标准、175项AQ行业标准以及204项MT行业标准。这些标准是矿山进行安全生产活动和监管部门进行安全生产行政许可、审批、核准及事中事后监管监察执法的重要依据。矿山企业应当按照相关安全标准以及经批准的安全设施设计的要求，依法依规开展矿山生产。

（三）矿山企业安全管理合规义务

矿山企业作为矿山安全责任主体，对于预防矿山安全事故、落实矿山安全生产合规义务责无旁贷。从矿山安全生产管理角度，矿山企业应在全员安全生产责任制建立、安全生产管理制度制定、安全管理机构设置、安全生产培训、双重预防机制构建、安全生产责任险投保等方面履行相应的安全合规义务。

1. 建立全员安全生产责任制

根据《安全生产法》的规定，矿山企业应当根据安全生产法律、法规、规章、规程、标准和技术规范要求，建立覆盖本企业所有层级、所有岗位的全员安全生产责任制，明确各岗位的责任人员、责任范围和考核标准等内容，形成人人有责、各负其责、权责清晰的安全生产责任体系。同时，矿山企业还应当建立相应机制，加强对全员安全生产责任制落实情况的监督考核，保证全员安全生产责任制的落实。

2. 制定安全生产管理制度

矿山企业应当根据法律、法规和相关规范的要求，制定安全目标管理、安全奖惩、安全技术措施审批、安全办公会议、安全投入保障、设备安全管理、劳动用工、安全教育培训、安全监督检查、事故隐患排查治理、事故报告与责任追究、事故应急救援制度、应急值班、重大隐患整改等安全生产规章制度，并制定作业安全规程和各工种操作规程。

3. 设置安全生产管理机构

根据《安全生产法》的规定，矿山的生产、经营必须设置安全生产管理机构，配备专职安全生产管理人员和注册安全工程师，安全生产管理人员的任免应当告知负有安全生产监督管理职责的主管部门。企业作出涉及安全生产的经营决策，应当听取安全生产管理机构以及安全生产管理人员的意见，不得因安全生产管理人员依法履行职责而降低其工资、福利等待遇或者解除与其订立的劳动合同。煤与瓦斯突出矿井、水文地质类型复杂矿井，还应成立防治煤与瓦斯突出管理机构和防治水管理机构。

4. 依法进行安全生产培训

矿山企业应当按照《生产经营单位安全培训规定》《煤矿安全培训规定》《特种作业人员安全技术培训考核管理规定》等规章规定，对从业人员（包括矿山企业主要负责人、安全生产管理人员、特种作业人员和其他从业人员）进行安全生产培训，未经安全培训合格的从业人员不得上岗作业。

5. 依法构建双重预防机制

《标本兼治遏制重特大事故工作指南》（安委办〔2016〕3 号）要求企业构建安全风险分级管控和隐患排查治理双重预防机制。2021 年修订的《安全生产法》也明确规定，生产经营单位必须构建双重预防机制。具体而言，矿山企业应从安全风险辨识、安全风险评估、安全风险管控和安全风险公告四个方面加强安全风险分级管控，从隐患排查、治理、记录、报告四个方面构建全流程闭环管理的隐患排查治理制度。

6. 依法投保安全生产责任保险

2021年修订的《安全生产法》增加了高危行业、领域的生产经营单位强制投保安全生产责任保险的规定。根据2016年《中共中央　国务院关于推进安全生产领域改革发展的意见》和2017年《安全生产责任保险实施办法》，煤矿、非煤矿山属于高危行业领域，依法应当投保安全生产责任保险。

（四）事故应急救援管理合规义务

1. 应急救援管理义务

应急救援作为安全生产的最后一道屏障，是安全生产的重要组成部分，科学及时的应急处置能够有效降低事故造成的人员伤亡和经济损失。因此，《安全生产法》中对“生产安全事故的应急救援与调查处理”做了专章规定，《煤矿安全规程》和《金属非金属矿山安全规程》中也对应急救援管理做了专门规定。根据相关法律和安全标准的规定，矿山企业的应急救援管理主要包括以下几个方面：（1）依法编制应急救援预案，并定期组织演练；（2）依法设立矿山救援队或与专业矿山救护队签订救援协议；（3）依法配备符合国家标准或者行业标准的应急救援装备及物资，并进行经常性维护、保养；（4）依法建立健全应急管理、应急值守、应急演练、应急撤离、应急投入、信息报告、救援装备和物资储备等规章制度。

2. 安全事故报告和处理义务

矿山企业在发生生产安全事故后，应当立即启动生产安全事故应急救援预案，采取控制危险源、抢救遇险人员、组织现场人员撤离、维护事故现场秩序、保护事故现场和相关证据等应急救援措施，并按照有关规定报告事故情况。根据《生产安全事故报告和调查处理条例》的规定，事故发生后，事故现场有关人员应当立即向本单位负责人报告；情况紧急时，可以直接向事故发生地有关部门报告。单位负责人接到报告后，应当于1小时内向事故发生地县级以上人民政府安全生产监督管理部门和负有安全生产监督管理职责的有关部门报告，并应当在事故发生后坚守岗位，组织事故抢险，积极配合有关部门进行事故调查处理。

三、矿业企业安全合规风险

我国实行生产安全事故责任追究制度，矿山企业违反安全生产相关规定的，相关监管部门和司法机关将会依照有关法律、法规的规定，追究矿山企业和责任人员的法律责任。

1. 刑事责任风险。矿山企业违反安全生产相关规定构成犯罪的，将被依法追究刑事责任，涉及的罪名包括重大责任事故罪，强令、组织他人违章冒险作业罪，危险作业罪，重大劳动安全事故罪，大型群众性活动重大安全事故罪，危险物品肇事罪，工程重大安全事故罪，消防责任事故罪，不报、谎报安全事故罪等。

2. 行政责任风险。根据《安全生产法》的规定，企业实施安全生产违法行为的，要承担相应的行政法律责任。责任主体除了企业自身外，还包括企业主要负责人、其他负责人、直接负责的主管人员、其他直接责任人员以及安全生产管理人员。责任形式上则包括行政处罚和行政处分两类。其中，行政处罚包括责令限期改正、责令停产停业整顿、吊销有关证照、予以关闭、没收违法所得、从业禁止、行政拘留、罚款等；行政处分包括降级、撤职等。

2021 年修订的《安全生产法》还增加了“按日连续处罚”的规定，企业未及时改正违法行为时承担的罚款数额将大幅增加，明显加大了对企业安全违法行为的处罚力度。

3. 民事责任风险。矿山企业违反安全生产的不合规行为可能会在以下情形下承担民事责任：一是因生产安全事故造成人员、他人财产损失的，承担相应的赔偿责任；二是对因生产安全事故受到损害的从业人员提出的赔偿请求，承担相应的赔偿责任；三是矿山企业将生产经营项目、场所、设备发包或者出租给不具备安全生产条件或者相应资质的单位或者个人，导致发生生产安全事故给他人造成损害的，与承包方、承租方承担连带赔偿责任。

四、关于矿业企业加强安全合规管理的几点建议

为了有效防控矿业安全合规风险，企业可以从以下几个方面加强矿业安全领域的合规管理：

1. 结合安全生产标准化建设，全面梳理矿业安全合规义务。合规义务的梳理和识别是企业开展合规管理的前提，而根据《企业安全生产标准化基本规范》的规定，法规标准识别（识别和获取适用、有效的法律法规、标准规范）是企业进行安全生产标准化管理体系建设的要求之一。因此，矿山企业可以将安全生产标准化建设和安全合规管理相结合，统筹内外部力量，全面梳理矿业安全领域的外部合规义务，编制外部合规义务清单。并在此基础上开展外规内化工作，将适用的安全生产法律法规、标准规范的相关要求转化为企业的规章制度、操作规程。

2. 基于安全风险分级管控制度，建立合规风险识别评估机制。风险的识别和评估是企业实施合规管理的基础，而如前文所述，安全风险辨识和安全风险等级评估是矿山企业安全风险分级管控制度的重要内容。因此，矿山企业可以在安全风险分级管控制度的基础上，结合企业现状和规则要求，进一步辨识和梳理安全风险，并对风险发生的可能性、影响程度、潜在后果等进行分析和评估，为企业有针对性地预防和处置安全风险提供支撑。

3. 依托安全生产责任制度，建立合规审查机制。全员安全生产责任制要求明确各岗位的责任人员、责任范围以及相应的监督考核机制，而合规审查机制作为企业合规管理制度运行的重要抓手，需要在划分部门和人员职责、权限的基础上，设置合规审查的主体、标准和流程。因此，矿山企业可以在健全完善安全生产责任制的基础上，构建合规审查机制，将安全合规审查作为安全生产管理制度制定、安全生产相关经营决策以及安全生产相关业务行为的必经程序，从安全生产源头加强风险防控。

4. 结合隐患排查治理制度，建立问题整改机制。双重预防机制要求企业

针对风险管控措施失效或弱化而形成的安全隐患，建立完善隐患排查治理制度，排查发现安全隐患，分析隐患成因，制订落实治理措施。而违规问题整改机制是实现合规风险闭环管理的关键环节，企业应在应对合规风险的基础上，发现并堵塞合规管理漏洞。因此，二者在内容和目的上均具有相似性，矿山企业可以融合隐患排查治理制度的相关内容，来构建安全合规管理的问题整改机制，实现合规风险管理的循环改进，提升企业安全合规管理水平。

第七节　项目建设合规

一个矿山建设项目，自开始办理前期手续至竣工验收投产，其间经历项目前期手续办理、开工建设、竣工验收等多个阶段，涉及发改、能源、自然资源、安监、环保、水利等多个政府部门的诸多行政审批事项，不同的领域和环节均存在合规风险点。为有效防控矿山项目建设中的合规风险，矿业企业应按照合规管理法律政策要求，充分结合企业实际情况，建立专业化和体系化的矿山项目建设合规管理机制，增强企业合规管理的有效性。

一、矿业企业开展矿山项目建设合规管理的必要性

矿山项目开发具有政策性强、涉及管理部门多、审批管理环节复杂、运作周期长等特点，属于政府部门强监管的项目。近年来，矿山项目建设面临严格的监管环境，主要表现在：一是国家针对矿山建设项目管理出台了严格规定，项目核准、开工建设、竣工验收等环节受到法律法规的严格约束和限制，违法违规行为的法律后果严重。二是矿山项目建设管理领域执法日趋严格，以往较为常见的未批先建、边批边建、边设计边建设等行为受到监管机关的严厉打击，矿业企业因违法建设行为被追究法律责任的情况屡见不鲜。三是近年来项目建设管理领域改革不断深化，矿山项目审批事项不断调整，办理程序不断变更，矿山项目建设管理面临新形势、新变化。

实践中，矿业企业由于合规意识淡薄、合规机制不完善、合规管理措施不到位等原因，在矿山项目建设过程中发生合规风险的情况较为常见。有的企业未完成开工前审批手续擅自开工建设，有的企业违反核准规定擅自扩大生产规模，有的企业未按照政府部门批准的矿山设计文件进行施工，有的企业未完成项目竣工验收即擅自投入生产等。矿山项目建设过程中的违法违规

行为成为矿业企业面临的重要合规风险点，是矿业企业持续稳定健康发展的重大隐患。

基于当前矿山项目建设领域的严监管形势，以及矿山建设过程中违法违规的现实情况，开展矿山项目建设合规管理，有效防控矿山项目建设中的合规风险，推动矿山项目早日建成投产运营，实现企业持续稳定健康发展，具有现实的必要性和紧迫性。

二、矿山项目建设合规管理实务要点

按照矿山项目建设工作的开展时序，围绕矿山项目建设管理中的项目核准、开工建设审批、竣工验收等主要行政审批环节，对矿山项目建设过程中的合规管理要点梳理如下：

（一）矿山项目核准前及核准环节合规要点

根据项目核准管理的有关规定，矿山项目中的煤炭、黄金、稀土、铁矿、有色矿山开发等项目属于实行核准管理的项目。

1. 关于矿山项目核准前置审批要点

近年来，随着行政机关简政放权、“放管服”改革的深入推进，项目核准前置要件不断精简优化，有的审批事项直接被取消，有的审批事项之间变串联办理为并联办理，由企业在项目开工前办理完成。矿山项目核准前阶段须完成以下合规义务：

（1）取得项目用地预审意见。

矿山项目在申请核准前，由建设单位向自然资源主管部门提出用地预审申请。自然资源主管部门完成审查后，符合国家供地政策和土地管理法律、法规规定条件的，出具预审意见。建设项目用地预审文件有效期为 3 年，已经预审的项目如需对土地用途、建设项目选址等进行重大调整的，应当重新申请预审。

（2）划拨用地须取得选址意见书。

矿山项目以划拨方式取得国有土地使用权的，建设单位在报送政府部门核准前，应当向城乡规划主管部门申请核发选址意见书。《自然资源部关于以“多规合一”为基础推进规划用地“多审合一、多证合一”改革的通知》（自然资规〔2019〕2号）规定，将建设项目选址意见书、建设项目用地预审意见合并，自然资源主管部门统一核发建设项目用地预审与选址意见书。

（3）完成社会稳定风险评估。

建设单位在组织开展矿山项目前期工作时，应当对社会稳定风险进行调查分析，征询相关群众意见，查找并列出风险点、风险发生的可能性及影响程度，提出防范和化解风险的方案措施，提出采取相关措施后的社会稳定风险等级建议。项目核准申报文件中，应当包含对该项目社会稳定风险评估报告的意见，并附社会稳定风险评估报告。

（4）取得划定矿区范围批复。

划定矿区范围属于矿业权管理中的审批环节。探矿权人在矿产勘查工作结束后，提出采矿权申请前，应根据经评审备案的地质勘查储量报告，向登记管理机关申请划定矿区范围。由于一些省级自然资源主管部门办理建设项目用地预审手续时，要求矿山建设项目须提供划定矿区范围批复，导致划定矿区范围批复也属于矿山项目核准的前置条件。

2. 关于矿山项目核准程序审批要点

（1）须核准的矿山项目范围及核准权限。

煤矿项目中，国家规划矿区内新增年生产能力120万吨及以上煤炭开发项目由国务院行业管理部门核准，其中新增年生产能力500万吨及以上的项目由国务院投资主管部门核准并报国务院备案；国家规划矿区内的其余煤炭开发项目和一般煤炭开发项目由省级政府投资主管部门核准。铁矿、有色矿山开发项目，由省级政府投资主管部门核准。稀土、黄金矿山开发项目，由省级政府投资主管部门或行业主管部门核准。上述范围以外的矿山开发项目实行备案管理。

（2）项目核准的审查和决定。

项目核准机关在正式受理项目申请报告后，需要评估的，应按照有关规定委托具有相应资质的工程咨询机构进行评估。项目建设可能对公众利益造成重大影响的，项目核准机关在作出核准决定前，应当采取适当方式征求公众意见。项目符合核准条件的，项目核准机关应当在法定期限内对项目予以核准并向项目单位出具项目核准文件。

（3）项目核准效力及核准变更。

建设单位应在项目自核准机关出具项目核准文件2年内开工建设，需要延期开工建设的，项目单位应当在2年期限届满的30个工作日前向项目核准机关申请延期开工建设。矿山项目取得核准文件后，出现建设地点发生变更，投资规模、建设规模、建设内容发生较大变化等情形的，建设单位应当向核准机关提出变更申请。

（二）矿山项目开工建设审批环节合规要点

矿山项目开工建设准备过程中，建设单位除了需要取得项目核准批复外，还需完成其他诸多行政审批事项。具体应注意以下合规义务：

1. 取得采矿权

我国实行矿产资源开采许可管理，企业申请开采矿产资源的，须由自然资源主管部门审批登记，颁发采矿许可证。矿业企业取得采矿权的方式主要有三种：一是矿业企业取得探矿权后，经过矿产资源勘查获得储量后，通过探转采程序办理采矿权登记；二是符合相关规定的，直接以竞争性方式或协议方式出让取得采矿权；三是通过二级市场转让方式受让取得采矿权。

2. 取得环境影响评价批复

根据建设项目环境影响评价有关规定，对环境可能造成重大影响的矿山项目，应当编制环境影响报告书；对环境可能造成轻度影响的矿山，应当编制环境影响报告表。建设单位应当在开工建设前将环境影响报告书、环境影响报告表报有审批权的环境保护行政主管部门，取得环境保护行政主管部门的批复文件。

3. 开展地质灾害危险性评估

根据地质灾害防治有关规定，矿山项目在可行性论证阶段，应当委托具有相应资质的单位进行地质灾害危险性评估；地质灾害危险性评估报告通过专家组审查后，评估单位应在一个月内到国土资源行政主管部门备案。2014年原国土资源部决定取消地质灾害危险性评估备案制度，地质灾害危险性评估作为涉及安全的强制性评估，是建设单位办理用地手续等事项的前置要件。

4. 完成节能审查

节能审查，是指投资主管部门根据节能法律法规、政策标准等，对建设项目节能情况进行审查并形成审查意见的行为。建设单位应编制固定资产投资项目节能报告，报送投资主管部门审查。投资主管部门受理节能报告后，应在法律规定的时限内出具节能审查意见。

5. 获得取水许可审批

建设项目取得取水许可申请批准文件，申请人方可兴建取水工程或者设施。申请人应当编制建设项目水资源论证报告书，行政主管机关组织有关专家对建设项目水资源论证报告书进行审查并提出书面审查意见，作为审批取水申请的技术依据。行政主管机关受理建设单位的取水申请后，应当对取水申请材料进行全面审查，并综合考虑取水可能对水资源的节约保护和经济社会发展带来的影响，决定是否批准取水申请。

6. 获得水土保持方案审批

建设单位应当按照《开发建设项目水土保持方案编报审批管理规定》等要求，编制水土保持方案，报行政主管部门审批。行政主管部门受理申请后，应当依据有关法律、法规和技术规范组织审查，或者委托有关机构进行技术评审，并作出审查决定。

7. 完成初步设计编制及审查

矿山项目建设单位应委托具备相应工程设计资质的设计单位编制初步设计。设计单位应严格按照法律法规、安全规程、技术规范、行业标准和有关规定，参照相关初步设计编写大纲组织设计内容。初步设计编制完成后，由审查机关依照法律和有关规定对初步设计进行审查。

8. 完成项目安全预评价及安全设施设计编制审查

矿山项目在进行可行性研究时，建设单位应当委托具有相应资质的安全评价机构，按照规定的标准和程序对其建设项目进行安全预评价，并编制安全预评价报告。

矿山项目编制初步设计时，应当委托有相应资质的设计单位对建设项目安全设施同时进行设计，编制安全设施设计。安全设施设计完成后，建设单位应当向安全生产监督管理部门提出审查申请，安全生产监督管理部门依法审查后作出批准决定。

9. 完成职业病危害预评价及职业病防护设施设计评审

矿山项目应当在建设项目可行性论证阶段进行职业病危害预评价，编制预评价报告。报告编制完成后，建设单位主要负责人或其指定的负责人应当组织职业卫生专业技术人员对职业病危害预评价报告进行评审，并形成评审意见。

建设单位应当在施工前按照职业病防治有关法律、法规、规章和标准的要求，进行职业病防护设施设计。职业病防护设施设计完成后，建设单位主要负责人或其指定的负责人应当组织职业卫生专业技术人员进行评审，并形成评审意见。

10. 开展项目压覆矿产资源查询及审批

矿山项目选址前，建设单位应向省级自然资源主管部门查询拟建项目所在地区的矿产资源规划、矿产资源分布和矿业权设置情况。不压覆重要矿产资源的，由省级自然资源主管部门出具未压覆重要矿产资源的证明；确需压覆重要矿产资源的，建设单位应编制建设项目压覆重要矿产资源评估报告，并履行压覆重要矿产资源审批程序。

11. 办理建设用地手续

采矿用地属于建设用地，建设单位须依法办理建设用地手续。矿山项目中，能源项目用地属于土地征收范围，由政府办理征收转用手续后，以有偿出让或者划拨的方式向矿业企业实施供地；能源项目以外的矿山项目用地不属于土地征收的范围，通过土地所有权人向矿业企业出让、出租集体经营性建设用地的方式解决采矿用地问题。

12. 完成文物勘探

进行大型基本建设工程，建设单位应当事先报请省、自治区、直辖市人民政府文物行政部门组织从事考古发掘的单位，在工程范围内有可能埋藏文物的地方进行考古调查、勘探。需要进行文物勘探的矿山项目，在开工建设前，建设单位应向文物管理部门申请进行地下文物勘探。勘探结束后，文物管理部门应出具文物勘探竣工的通知。

（三）矿山项目竣工投产环节合规要点

矿山项目建成后，需要履行专项验收、竣工验收等程序，并取得安全生产许可证，方可投入生产。重点应注意以下合规义务：

1. 完成环保竣工验收

矿山项目建成后，建设单位应当按照法律法规规定的标准和程序，对配套建设的环境保护设施进行验收，编制验收报告。建设单位在环境保护设施验收过程中，应当如实查验、监测、记载建设项目环境保护设施的建设和调试情况。除按照国家规定需要保密的情形外，建设单位应当依法向社会公开验收报告。

2. 完成水土保持设施验收

建设单位应当在矿山项目竣工验收前组织第三方机构编制水土保持设施验收报告。水土保持设施验收报告结论为具备验收条件的，生产建设单位组织开展水土保持设施竣工验收，形成水土保持设施验收鉴定书。生产建设单位应当在水土保持设施验收合格后，及时在其官方网站或者其他公众知悉的网站公示水土保持设施验收材料，并向行政主管部门报备水土保持设施验收材料。

3. 完成取水工程验收并取得取水许可证

矿山项目取水工程或者设施建成并试运行满 30 日的，建设单位应当向取水审批机关报送相关材料，申请核发取水许可证。取水审批机关应当自收到材料后20日内对取水工程或者设施进行现场核验，出具验收意见；对验收合格的，应当核发取水许可证。

4. 完成安全设施竣工验收

建设单位按照批准的安全设施设计完成所有建设内容，具备竣工验收条件的，应组织对建设项目安全设施进行竣工验收。建设单位实行多级管理的，也可由其上级具有独立法人资格的单位（或公司总部）负责组织验收。安全监管部门应当对矿山项目的竣工验收活动和验收结果进行监督核查。

5. 完成职业病防护设施验收

建设单位在职业病防护设施验收前，应当编制验收方案，并将验收方案向安全生产监督管理部门进行书面报告。建设单位主要负责人或其指定的负责人应当组织职业卫生专业技术人员对职业病危害控制效果评价报告进行评审，对职业病防护设施进行验收，并形成评审意见和验收意见。建设单位应当将职业病防护设施验收工作过程形成书面报告备查，其中职业病危害严重的建设项目应当向安全生产监督管理部门提交书面报告。

6. 煤矿项目须进行联合试运转

煤矿项目建成后竣工验收前，应当进行联合试运转。项目建设单位应当编制联合试运转方案，并报省级煤炭行业管理部门备案。联合试运转完成后，建设单位应编制联合试运转报告。

7. 煤矿项目须落实产能置换要求

国务院、国家发改委规定自2016年开始实施煤炭新增产能减量置换政策，新建煤矿项目一律实行减量置换，煤矿项目申请核准前需提供产能置换方案，由项目核准机关按要求进行审核，取得产能置换方案批复。为推动先进产能煤矿加快建设，2022年国家将煤矿项目产能置换方案审核确认由项目核准前调整为竣工验收前。

8. 完成项目竣工验收

矿山项目已按批准的建设规模、标准、投资和内容建成，满足设计和生产要求，环境保护设施、水土保持设施、安全设施等按要求建成并通过专项验收，满足各项验收条件的，建设单位应组织竣工验收。矿山项目验收合格后，建设单位应将竣工验收意见、企业竣工整改报告、竣工验收合格通知（鉴定书）等材料报送行政主管机关。

9. 取得安全生产许可证

我国对矿山企业实行安全生产许可制度。矿山项目投入生产前，应向有关行政主管机关申请颁发安全生产许可证。矿业企业未取得安全生产许可证的，不得从事生产活动。需要注意的是，煤矿项目和非煤矿山项目应分别按照《煤矿企业安全生产许可证实施办法》和《非煤矿矿山企业安全生产许可证实施办法》办理安全生产许可证。

三、关于矿业企业开展矿山项目建设合规管理的几点建议

为有效防控矿山项目建设中的合规风险，矿业企业应重点围绕合规义务梳理、合规风险识别、合规风险应对、制定合规管理专项指引、完善合规运行机制等内容，专业、精准地开展矿山项目建设合规管理，助力矿山项目早日从建设阶段进入生产阶段。

（一）围绕矿山项目建设监管要求，全面梳理合规义务

一是系统梳理矿山项目建设领域法律、法规、规章及规范性文件，在做好中央层面法律政策梳理的基础上，还应加强矿业权所在地的地方性法规、规章及规范性文件的梳理，并充分参考政府部门发布的办事指南。

二是结合矿山项目建设时序、合规义务类型、行政审批程序等因素，对矿山项目建设涉及的合规义务进行整理、归类，形成系统、完整、实用的合规义务清单。

三是及时关注矿山项目建设管理各项改革的进展，注意相关法律法规修订、政策变化和监管动态，定期对合规义务清单进行更新。

（二）着眼矿山项目建设全流程，系统识别合规风险

第一，矿业企业应采取访谈调研、查阅资料、案例分析等多种方法，对照项目核准、开工建设审批、竣工验收过程中各行政审批环节涉及的具体合

规要求，对合规风险进行全面、系统的识别，确保风险识别工作覆盖矿山项目建设全流程。

第二，详细列明矿山项目建设过程中每项合规风险的法律依据、表现形式、风险实例、违规后果等，并按照矿山项目建设流程进行分类和排序，形成系统、全面、直观的合规风险数据库。

第三，根据矿山项目建设进度情况，结合外部法律法规政策变化，及时修订、更新合规风险数据库。

（三）兼顾风险防范与项目推进，分级应对合规风险

第一，针对矿山项目建设过程中的合规风险，矿业企业应围绕合规风险发生的可能性、风险影响程度以及公司管控程度等维度开展风险分析评估，形成风险评估报告。

第二，按照颠覆性风险的红线事项、需要重点关注的合规瑕疵、一般合规瑕疵等不同情形，将合规风险划分为高、中、低等不同等级，区分出合规风险防范的轻重缓急。在此基础上有针对性地制订应对计划，采取有效措施消除风险或将风险控制在可承受范围，确保合规管理能够兼顾矿山项目推进和合规监管需求。

（四）结合项目合规管理实际需要，制定专项合规指引

矿业企业应围绕项目建设管理中的重点事项、重要环节，制定合规管理专项指引，作为矿山项目建设合规管理的行动指南。专项指引应重点涵盖以下方面内容：

一是要根据项目建设时序、审批事项之间的关系，系统、全面地梳理矿山项目建设管理流程，明确各具体环节行政审批事项的办理要求、办理程序，使矿业企业有关部门及人员充分掌握矿山项目建设中的合规管理要点。

二是明确矿业企业各部门及各不同层级经营主体之间分别应关注的合规要点以及需要履行的合规职责；同时，强化企业内部统筹协调、协同配合，提升合规工作效能。

三是要围绕矿山项目建设具体业务环节，有针对性地嵌入风险管控措施，

将合规要求嵌入项目执行全过程，确保合规管理措施手段落地见效。

（五）立足项目合规常态化管理，建立完善合规运行机制

一是建立合规审查机制，将合规审查作为涉及矿山项目建设管理中规章制度制定、重大事项决策、重要合同签订等行为的必经程序。

二是建立违规问题整改机制，针对合法合规性审查中暴露的问题，通过健全规章制度、优化业务流程等方式，堵塞管理漏洞，提升矿山项目建设合规管理水平。

三是建立常态化合规培训机制。一方面，要结合矿山项目建设中的合规要求、工作流程、典型案例、疑难问题，对企业内部各有关部门及人员开展合规业务培训。另一方面，要注重行业对标，通过对标学习行业内先进企业矿山项目建设合规管理方面的经验做法，及时改进和提升自身项目建设合规管理工作。

PART 04

第四部分

建设项目压覆矿产资源纠纷

引 言

在我国工业化和城市化进程中，以铁路、公路为代表的基础设施项目的大量建设，导致建设项目压覆矿产资源现象较为普遍。建设项目压覆矿产资源涉及两个层面的法律关系：一方面，国家从避免和减少建设项目压覆重要矿产资源，提高矿产资源安全保障能力角度，规定建设项目压覆重要矿产资源须依法办理压覆审批手续，形成了矿产资源压覆行政法律关系。另一方面，矿业权属于民事财产权利，建设项目压覆已设矿业权矿产资源时，项目建设单位与矿业权人之间属于平等民事主体，双方形成的矿产资源压覆纠纷属于民事法律关系。然而，无论是矿政管理实务还是司法实务中，对矿产资源压覆法律关系的认定以及压覆矿产资源纠纷的处理尚未形成清晰、统一的观点。加之有关主体对矿业权财产属性认识不足，以及基础设施投资模式等多种原因，矿产资源压覆纠纷存在争议焦点多、赔偿标准低、解决周期长、司法裁判不一等特点。

本部分内容中，笔者针对矿产资源压覆纠纷中的重点难点问题，从压覆审批、压覆范围、诉讼主体、侵权责任、赔偿标准、赔偿范围、诉讼管辖等角度，系统梳理了压覆矿产资源纠纷实务要点，并对矿业权人有效应对压覆矿产资源纠纷、维护自身合法权益提出了实务建议。

第一节 压覆审批

矿产资源是经济社会发展的重要物质基础，矿产资源开发事关国计民生和国家安全。为避免和减少建设项目压覆重要矿产资源，提高矿产资源安全保障能力，法律政策规定建设项目压覆重要矿产资源的，须依法办理压覆审批手续。对于已设矿业权的重要矿产资源，在压覆矿产资源审批过程中，矿业权人应尽早着手做好应对工作，注重依据法律规定、运用法律手段维护自身权益。

一、建设项目压覆重要矿产资源审批的意义

《矿产资源法》第33条规定："在建设铁路、工厂、水库、输油管道、输电线路和各种大型建筑物或者建筑群之前，建设单位必须向所在省、自治区、直辖市地质矿产主管部门了解拟建工程所在地区的矿产资源分布和开采情况。非经国务院授权的部门批准，不得压覆重要矿床。"因此，压覆重要矿产资源审批是《矿产资源法》规定的一项重要行政审批事项。

《国土资源部关于进一步做好建设项目压覆重要矿产资源审批管理工作的通知》（国土资发〔2010〕137号，以下简称137号文件）进一步规定，凡建设项目实施后，导致其压覆区内已查明的重要矿产资源不能开发利用的，都应按本通知规定报批。未经批准，不得压覆重要矿产资源。重要矿产资源，是指《矿产资源开采登记管理办法》附录所列34个矿种和省级自然资源主管部门确定的本行政区优势矿产、紧缺矿产。炼焦用煤、富铁矿、铬铁矿、富铜矿、钨、锡、锑、稀土、钼、铌钽、钾盐、金刚石矿产资源储量规模在中型以上的矿区原则上不得压覆，但国务院批准的或国务院组成部门按照国家产业政策批准的国家重大建设项目除外。近年来，自然资源部及省级自然

资源主管部门针对压覆重要矿产资源审批又陆续出台了有关文件，对审批权限、审批要件、审批程序等进行了规范。

笔者认为，压覆重要矿产资源审批的意义有以下两个方面：

一是尽量避免和减少建设项目压覆重要矿产资源，提高我国矿产资源安全保障能力。建设项目选址过程中，经查询发现压覆范围内有已查明重要矿产资源的，建设单位应首先考虑调整选址方案，尽量避免或减少压覆矿产资源。在进行压覆矿产资源评估过程中，应充分开展压覆重要矿产资源的不可避免性论证、与压覆矿产的经济对比分析等工作。

二是通过压覆审批和矿产资源储量管理，能够使自然资源主管部门及时准确掌握矿产资源储量变化情况，摸清矿产资源家底，为做好矿产资源管理提供支撑服务。

二、建设项目压覆重要矿产资源审批程序

根据自然资源部及省级自然资源主管部门关于压覆重要矿产资源审批的有关规定，建设项目压覆重要矿产资源涉及压覆查询、压覆评估、评审备案、审查批准、矿区范围变更等事项，建设单位及矿业权人须按照规定履行有关审查审批手续。

（一）申请查询压覆矿产资源情况

建设项目选址前，建设单位应向省级自然资源主管部门查询拟建项目所在地区的矿产资源规划、矿产资源分布和矿业权设置情况，不压覆重要矿产资源的，由省级自然资源主管部门出具未压覆重要矿产资源的证明；确需压覆重要矿产资源的，应履行压覆审批程序。

（二）编制评估报告并进行评审备案

建设单位应根据有关工程建设规范确定建设项目压覆重要矿产资源的范围，委托专业机构编制建设项目压覆重要矿产资源评估报告。评估报告应对建设项目必要性、压覆重要矿产资源不可避免性、项目社会经济效益等进行充分论证和评价。

评估报告编制完成后，建设单位应申请开展压覆矿产资源储量的评审备案程序，取得储量评审意见书及备案证明。其中，压覆石油、天然气、页岩气、天然气水合物和放射性矿产资源的，由自然资源部负责评审备案；压覆其他重要矿产资源的，由省级自然资源主管部门负责评审备案。

《自然资源部办公厅关于做好建设项目压覆重要矿产资源审批服务的通知》（自然资办函〔2020〕710 号）规定，经国务院或省级人民政府批准设立的各类开发区、国务院已批准的自由贸易试验区等特定区域内，由省级自然资源主管部门负责组织压覆重要矿产资源情况的统一调查评估和录入矿产资源储量数据库工作，不再对区域内的项目建设主体单独提出评估要求。

（三）履行压覆报批程序

1. 提交申请材料

项目建设单位申请压覆重要矿产资源审批，需提交以下资料：建设项目压覆重要矿产资源审批的申请文件；建设项目压覆重要矿产资源评估报告及其评审备案文件；建设项目压覆已设置矿业权矿产资源的，新的土地使用权人还应同时与矿业权人签订协议，协议应包括矿业权人同意放弃被压覆矿区范围及相关补偿内容；下级自然资源主管部门出具的建设项目压覆重要矿产资源初审意见等。

2. 审批机关及审批程序

压覆石油、天然气、放射性矿产，或压覆《矿产资源开采登记管理办法》附录所列矿种（石油、天然气、放射性矿产除外）累计查明资源储量数量达大型矿区规模以上的，或矿区查明资源储量规模达到大型并且压覆占 1/3 以上的，由自然资源部审批；压覆其他重要矿产资源的，由省级自然资源主管部门审批。

自然资源主管部门对申请材料进行审查后，符合审批条件的，出具建设项目压覆重要矿床（矿产资源）批复文件；不符合审批条件的，不予批复并书面告知申请人。

（四）勘查区块或矿区范围变更登记

建设项目压覆重要矿产资源审批通过后，自然资源主管部门应将相关信息录入矿产资源储量数据库，同时通知相关矿业权人在45个工作日内到原发证机关办理相应的勘查区块或矿区范围变更手续。逾期不办理的，由原发证机关直接进行勘查区块或矿区范围调整。

（五）压覆审批和用地审批的关系

《建设项目用地预审管理办法》（国土资源部令第68号）规定，建设单位应当对单独选址建设项目是否压覆重要矿产资源进行查询核实；压覆重要矿产资源的，应当依据相关法律法规的规定，在办理用地预审手续后，完成压覆矿产资源登记等。

2016年《国土资源部关于改进和优化建设项目用地预审和用地审查的通知》（国土资规〔2016〕16号，已失效）规定，进一步简化改进审查内容，改进压覆重要矿产资源的审查，切实提高建设用地审批效率。用地预审阶段，不再对单独选址的审批类建设项目是否压覆重要矿产资源进行审查。在用地报批阶段，建设项目涉及压覆重要矿产资源的，在建设单位说明已与矿业权人就压矿补偿问题进行协商、有关市县人民政府承诺做好压矿补偿协调工作的前提下，可办理用地审批手续；同时，省级国土资源主管部门应督促建设单位与矿业权人签订补偿协议，按规定办理压覆矿产资源审批和登记手续。对未签订补偿协议、未办理压覆矿产资源审批登记手续的，省级人民政府不得转发用地批复、市（县）人民政府不得供地。目前，该规定因超过5年有效期而失效，自然资源部未对此出台新的规定。

有的省级自然资源主管部门文件也规定，在建设单位说明已与矿业权人就压矿补偿问题进行协商，用地所在市、县人民政府承诺做好压矿补偿协调工作的前提下，在办理用地审批手续之后，按规定办理压覆重要矿产资源审批。

笔者认为，由于矿业权人取得矿业权在先，建设项目申请用地在后，为保障矿业权人在先取得的矿业权权益，应将压覆重要矿产资源审批作为办理用地手续的前置条件。上述政策从提高用地审批效率出发，允许建设单位在履行压覆赔偿义务前办理用地审批手续，弱化了压覆审批对用地审批的制约作用，在矿产资源压覆实践中助长了建设单位漠视矿业权人意愿，不主动与矿业权人签订赔偿协议，其结果是侵害了矿业权人的合法权益，不利于提升矿产资源保护能力。

三、矿业权人在压覆审批过程中有效维护自身合法权益的几点建议

建设项目压覆已设矿业权的，压覆重要矿产资源审批事关矿业权人重大利益。在压覆审批过程中，矿业权人应提高应对压覆问题的预见性和主动性，尽早着手解决压覆赔偿问题，善于运用法律手段维护自身权益。

（一）尽早开展应对工作，掌握解决压覆问题的主动权

一是向有关行政机关声明权利。矿业权人可将采矿许可证、矿区范围图等信息，以书面函件等形式告知地方政府及有关部门，要求行政机关履行项目立项、用地审批等职责时，充分考虑采矿权人的在先权利，涉及压覆重要矿产资源事项需事先征得采矿权人同意。

二是及时制止矿区范围内擅自开展的项目建设。矿业权人应对矿区范围内的土地权属、土地性质、土地利用现状等进行动态跟踪。发现矿区内出现项目建设行为的，应要求建设方立即停止建设、撤离矿区，并可向有关政府部门举报违法建设行为。

三是尽快和项目建设单位就压覆赔偿问题进行沟通协商，防止建设项目开工后造成压覆的既成事实，给矿业权人后续维权增加难度和障碍。

（二）积极开展协商谈判，及时签订压覆赔偿协议

建设项目压覆重要矿产资源，系矿业权人先设的矿业权与项目建设主体后取得的建设用地使用权之间的冲突，属于民事法律关系，双方应通过签署赔偿协议方式予以解决。由于签订压覆赔偿协议是建设单位办理压覆审批的要件之一，为充分维护自身权益，矿业权人应尽可能在此阶段和建设单位一次性签订内容具体详尽的赔偿协议，对赔偿主体、压覆范围、压覆时点、赔

偿标准、赔偿金额确定、赔偿款支付时间、违约责任、争议解决方式等事项作出明确约定。

（三）慎重对待“不作压覆处理”

根据137号文件的规定，建设项目压覆区与勘查区块范围或矿区范围重叠但不影响矿产资源正常勘查开采的，不作压覆处理。考虑到压覆问题事关矿业权人重大利益，压覆事实的判断又是一个复杂和专业的问题，矿业权人在考虑“不作压覆处理”时应持谨慎态度。第一，对于是否压覆，要经过充分的专业技术论证，明确项目建设是否影响矿产资源的开发利用。第二，经过论证表明项目建设不影响矿产资源开发的，矿业权人应和项目建设单位签订书面协议，对双方权利义务进行明确约定，针对未来可能存在的问题做好法律风险防范。

第二节 压覆范围的确定

压覆范围，是指建设项目压覆矿产资源时，为保障建设项目安全施工和运营确定的矿产资源不能继续勘查开采的范围。压覆范围包括直接压覆范围和压覆影响范围。压覆范围事关压覆赔偿金额的评估和确定，应当引起各方高度重视。矿业权人在解决压覆矿产资源纠纷时，应采取积极主动的举措，通过压覆矿产资源评估、专业技术论证、沟通协商、法院裁判等方式合法合理确定压覆范围。

一、建设项目压覆矿产资源时确定压覆范围的相关依据

建设项目压覆矿产资源时，为确保工程建设和探矿、采矿活动互不影响，需要根据建设项目所属行业的法律法规、自然资源主管部门关于压覆矿产资源评估范围的规定，参考相关技术规范，并结合被压覆矿产资源的开采方式、开采条件等，确定压覆范围。

（一）相关行业法律法规关于安全距离的规定

为保障工程项目安全，铁路、公路等相关行业法律法规规定了工程项目和矿山开采活动之间的安全距离。

《铁路安全管理条例》第 34 条规定："在铁路线路两侧从事采矿、采石或者爆破作业，应当遵守有关采矿和民用爆破的法律法规，符合国家标准、行业标准和铁路安全保护要求。在铁路线路路堤坡脚、路堑坡顶、铁路桥梁外侧起向外各 1000 米范围内，以及在铁路隧道上方中心线两侧各 1000 米范围内，确需从事露天采矿、采石或者爆破作业的，应当与铁路运输企业协商一致，依照有关法律法规的规定报县级以上地方人民政府有关部门批准，采取安全防护措施后方可进行。"

《公路法》第 47 条第 1 款规定："在大中型公路桥梁和渡口周围二百米、公路隧道上方和洞口外一百米范围内，以及在公路两侧一定距离内，不得挖砂、采石、取土、倾倒废弃物，不得进行爆破作业及其他危及公路、公路桥梁、公路隧道、公路渡口安全的活动。"《公路安全保护条例》第 17 条第 1 款规定："禁止在下列范围内从事采矿、采石、取土、爆破作业等危及公路、公路桥梁、公路隧道、公路渡口安全的活动：（一）国道、省道、县道的公路用地外缘起向外 100 米，乡道的公路用地外缘起向外 50 米；（二）公路渡口和中型以上公路桥梁周围 200 米；（三）公路隧道上方和洞口外 100 米。"

《石油天然气管道保护法》第 32 条规定，在穿越河流的管道线路中心线两侧各 500 米地域范围内，禁止抛锚、拖锚、挖砂、挖泥、采石、水下爆破。第 33 条规定，在管道专用隧道中心线两侧各 1000 米地域范围内，除修建铁路、公路、水利工程等公共工程需要外，禁止采石、采矿、爆破。

《电力设施保护条例实施细则》第 10 条第 1 款规定："任何单位和个人不得在距电力设施周围五百米范围内（指水平距离）进行爆破作业。因工作需要必须进行爆破作业时，应当按国家颁发的有关爆破作业的法律法规，采取可靠的安全防范措施，确保电力设施安全，并征得当地电力设施产权单位或管理部门的书面同意，报经政府有关管理部门批准。"

（二）自然资源主管部门关于压覆矿产资源评估范围的规定

自然资源主管部门是建设项目压覆矿产资源的审批部门，在实施压覆矿产资源审批管理过程中，有的省级自然资源主管部门对建设项目压覆矿产资源范围作出相应规定。

河北省相关政策规定：建设项目压覆矿产资源范围的确定，涉及露天开采的应遵循相关行业规定，无行业规定或行业规定小于 300 米的，按建设项目用地边界外扩 300 米；涉及地下开采的按《建筑物、水体、铁路及主要井巷煤柱留设与压煤开采规范》（安监总煤装〔2017〕66 号）确定压覆范围。

浙江省相关政策规定：安全范围依据有关工程建设规范和灌溉用水库项目最高洪水位以内等规定确定，无规定或规定不明确的，建设单位可委托工程设计单位论证确定，不论证的，按照建设用地红线范围外推300米确定。

江苏省相关政策规定：建设项目压覆矿产资源的评估范围应不小于用地边界外推300米（根据矿山采矿安全爆破距离规范），行业规定保护范围大于300米的，按行业规定评估。

（三）相关技术规范和矿山开采方式、开采条件

从科学的角度，确定压覆范围时，应进行科学、严格的专业论证，不能简单、机械地以相关规定距离确定压覆范围。对于露天开采的矿产，应参考《有色金属采矿设计规范》《冶金矿山采矿设计规范》《爆破安全规程》等矿山开采设计规范确定压覆范围。对于地下开采的矿产，应参考《建筑物、水体、铁路及主要井巷煤柱留设与压煤开采规范》《有色金属采矿设计规范》《冶金矿山采矿设计规范》《煤炭工业矿井设计规范》等矿山开采设计规范确定压覆范围。进行专业论证时，还应充分考虑工程项目类型、压覆的矿种和开采方式、开采条件等具体情况。

二、建设项目压覆矿产资源时确定压覆范围的具体方式

实务中，针对不同建设项目压覆矿产资源的具体情形，通常根据实际情况采取以下几种方式确定压覆范围。

（一）通过建设项目压覆矿产资源评估确定压覆范围

137号文件规定，建设项目压覆重要矿产资源的，建设单位应根据有关工程建设规范确定建设项目压覆重要矿产资源的范围，委托具有相应地质勘查资质的单位编制建设项目压覆重要矿产资源评估报告。评估报告应明确压覆区边界拐点坐标、标高及面积，并估算出压覆的资源储量。建设单位编制完成压覆重要矿产资源评估报告后，应提交自然资源主管部门评审备案。经评审备案的评估报告作为申请压覆矿产资源审批的要件，是自然资源主管部门进行压覆重要矿产资源审批的依据。

一般来讲，经自然资源主管部门批准同意的压覆范围，可以作为项目建设单位对矿业权人进行压覆赔偿的依据。但是，实践中，有时双方未将经批

准的压覆范围作为赔偿依据，主要原因在于：一是有的压覆矿产资源评估片面强调为建设项目选址提供依据，未能从矿业权人角度出发综合分析经济、技术、安全等因素，使压覆范围不能准确反映项目建设导致矿产资源不能开发利用的实际范围；二是由于建设项目压覆矿产资源评估报告系由项目建设单位单方委托形成，加之有的项目建设单位和矿业权人之间缺乏沟通，矿业权人对压覆评估的真实性、客观性不予认可。

（二）项目建设单位和矿业权人协商确定压覆范围

通过协商方式确定压覆范围的情形主要有两种：一是建设项目压覆重要矿产资源的，矿业权人对建设单位单方委托评估确定的压覆范围不予认可；二是建设项目压覆非重要矿产资源的，一般无须开展压覆矿产资源评估和压覆审批工作，压覆范围由建设单位和矿业权人协商确定。

鉴于矿产资源压覆问题具有较强的专业性和复杂性，合理确定压覆范围往往需要专业机构科学、严格地进行论证。项目建设单位与矿业权人共同委托专业评估机构确定压覆范围，是实践中常见的方式。专业评估机构接受委托后，经过评估向委托人出具压覆影响评估报告（安全影响评估报告、相互影响评估报告等），形成对压覆范围的专业意见。

笔者认为，考虑到建设项目压覆矿产资源纠纷的复杂性，以及统筹兼顾矿产资源保护和项目建设的需要，项目建设单位和矿业权人双方应本着相互理解的原则，尽最大可能求同存异，达成共识。例如，有的建设项目直接压覆矿产资源范围虽然不大，但项目选址穿越矿产资源赋存的核心区域，可能导致矿区全部或大部分无法开发利用，此时建设单位应尽可能考虑调整工程选址；确实无法调整工程选址的，在确定压覆范围时应充分考虑到压覆影响区域。

（三）通过法院或仲裁机构的审理确定压覆范围

如果项目建设单位与矿业权人无法通过协商确定压覆范围，导致无法协商解决压覆赔偿事宜，矿业权人须通过提起诉讼或仲裁的方式审理认定压覆范围，进而认定压覆赔偿金额。法院认定压覆范围的方式通常有三种：

一是诉讼前项目建设单位与矿业权人已委托专业机构出具压覆影响评估报告，一方在诉讼中作为证据向法院提交，法院基于专业机构系双方共同委托等前提，对压覆影响评估报告的结论予以采信。

二是诉讼前一方单独委托专业机构出具了压覆影响评估报告，但在诉讼中对方提出充分理由予以反驳的，诉讼中法院可委托专业鉴定机构对压覆范围进行鉴定，根据鉴定意见最终认定压覆范围。

三是法院根据相关法律法规的规定，参考相关行政管理政策，基于案件事实情况，在审查当事人提交的专业论证文件等证据的基础上，行使自由裁量权，审理认定压覆范围。

三、矿业权人在确定压覆范围过程中依法维护自身权益的几点建议

压覆范围是评估确定压覆赔偿金额的前提，压覆范围的确定对于维护矿业权人合法权益至关重要。在确定压覆范围过程中，矿业权人应尽早了解建设项目有关信息，提前对压覆情况进行分析和预判，积极争取通过协商方式确定压覆范围，同时也应做好充分的诉讼准备工作。

（一）提早着手积极应对

一是要提前了解建设项目规划选址情况，对建设项目压覆矿产资源情况作出分析和预判。二是对于矿区范围内新查明的矿产资源储量，及时履行评审备案程序；新增资源储量不属于法定评审备案范围的，应争取通过自然资源主管部门审核等方式予以确认。三是积极参与压覆矿产资源评估过程，促使建设单位在确定压覆范围时从经济、技术、安全等角度综合全面论证。

（二）充分开展沟通协商

建设项目压覆重要矿产资源，矿业权人对压覆矿产资源评估结果予以认可的，双方直接根据压覆评估结果确定压覆范围。矿业权人对压覆评估结果不予认可的，应坚持在自然资源主管部门进行压覆审批前协商确定压覆范围，以掌握压覆赔偿工作的主动权。建设项目压覆非重要矿产资源的，应在项目

开工建设前协商确定压覆范围，防止建设项目开工后造成压覆的既成事实，给矿业权人后续维权增加难度和障碍。

（三）做好证据收集工作

为做好诉讼准备工作，矿业权人应重点从以下方面准备和收集证据：一是建设项目压覆审批有关材料，包括压覆重要矿产资源评估报告及评审意见书、评审备案证明，建设项目压覆矿产资源不可避免性论证材料，自然资源主管部门作出的批复文件等；二是建设项目用地审批材料，包括用地预审意见、项目选址意见书、用地批复等；三是矿山设计文件，包括矿产资源开发利用方案、初步设计等；四是矿业权人和建设单位签订的压覆意向书、压覆赔偿协议等；五是专业机构出具的关于压覆范围的论证文件，通常为压覆影响评估报告、安全影响评估报告、相互影响评估报告等。

第三节　法律关系性质认定

现有司法判例中，有的将矿产资源压覆赔偿纠纷案件定性为民事诉讼，有的定性为行政诉讼。压覆矿产资源赔偿到底是民事法律关系还是行政法律关系，直接决定矿业权人法律救济途径的选择，事关矿业权人诉讼权利、诉讼程序和赔偿标准。我们认为，压覆矿产资源纠纷属于民事法律关系，矿业权人和项目建设单位系平等民事主体。项目建设单位压覆矿产资源未给予相应赔偿的，通常形成侵权之债或合同之债，项目建设单位应承担民事赔偿责任。

一、压覆矿产资源纠纷属于民事法律关系，矿业权人和项目建设单位系平等民事主体

项目建设单位开展铁路、公路、工厂、水库、输电线路、油气管道、大型建筑物等工程项目压覆矿产资源时，项目建设单位和矿业权人之间的矛盾通常体现为，矿业权人先设的矿业权与项目建设单位后取得的建设用地使用权之间在一定空间和时间范围上形成的冲突。

对于建设项目压覆已设矿业权矿产资源的情形，我国现行矿产资源压覆行政管理制度中不涉及对矿业权的征收征用。建设项目是否压覆矿产资源，取决于建设单位和矿业权人之间的意思自治。一方面，项目建设单位开展建设项目选址工作时，是否会选择压覆某一矿业权，压覆位置如何确定，建设单位会结合地形地质条件、投资成本等各种因素综合衡量。另一方面，建设项目压覆重要矿产资源的，尽管自然资源主管部门从避免或减少压覆重要矿产资源、提高矿产资源保障能力角度进行压覆审批，但建设项目能否压覆矿业权，最终取决于矿业权人是否同意压覆。至于建设项目能否压覆非重要矿

产资源，则完全取决于矿业权人是否同意压覆。

《自然资源部对十三届全国人大三次会议第8524号建议的答复》（自然资人议复字〔2020〕053号）指出，矿业权人取得矿业权时，应按照规定向国家缴纳矿业权出让收益，国家作为矿产资源所有者的权益得到实现，此时体现矿产资源所有者与矿业权人之间的契约关系。矿业权人获得矿业权后，建设项目需要压覆区域内矿产资源的，此时矿业权人与建设项目实施主体属于平等民事主体之间的权利义务关系，不涉及国家矿产资源所有者，涉事双方应按照市场经济原则和法治精神协商解决。

司法实践中，人民法院将建设项目压覆矿产资源纠纷作为民事案件进行审理，案由通常确定为物权纠纷（探矿权纠纷、采矿权纠纷），或侵权责任纠纷（财产损害赔偿纠纷）。2016年最高人民法院公布的10起矿业权民事纠纷典型案例中，“云和县土岩岗头庵叶腊石矿与国网浙江省电力公司矿产压覆侵权纠纷案”即为建设项目压覆矿产资源纠纷。

综上，建设项目压覆已设矿业权矿产资源时，项目建设单位与矿业权人为平等民事主体，双方形成的矿产资源压覆纠纷属于民事法律关系。

二、矿业权属于法律明确规定的财产权，压覆矿产资源行为通常导致侵权纠纷或合同纠纷

（一）矿业权是我国法律明确规定的用益物权，属于财产权范畴

《矿产资源法实施细则》规定，探矿权是指在依法取得的勘查许可证规定的范围内勘查矿产资源的权利。采矿权是指在依法取得的采矿许可证规定的范围内开采矿产资源和获得所开采的矿产品的权利。

《矿业权出让转让管理暂行规定》（国土资发〔2000〕309号）第3条规定：“探矿权、采矿权为财产权，统称为矿业权，适用于不动产法律法规的调整原则。依法取得矿业权的自然人、法人或其他经济组织称为矿业权人。矿业权人依法对其矿业权享有占有、使用、收益和处分权。”

2007年颁布实施的《物权法》（已失效）明确将探矿权、采矿权作为用

益物权规定在了用益物权编中，其第123条规定："依法取得的探矿权、采矿权、取水权和使用水域、滩涂从事养殖、捕捞的权利受法律保护。"

《最高人民法院关于审理矿业权纠纷案件适用法律若干问题的解释》从司法角度对矿业权出让、转让、租赁、承包、抵押等流转方式进行了规制，体现了尊重矿业权用益物权属性，依法保护矿业权交易秩序和交易安全的司法价值取向。

2020年颁布的《民法典》沿袭了原《物权法》对探矿权、采矿权属于用益物权的规定，其物权编用益物权分编第329条规定："依法取得的探矿权、采矿权、取水权和使用水域、滩涂从事养殖、捕捞的权利受法律保护。"

从上述有关矿业权的法律法规及司法解释内容来看，我国法律体系中将矿业权定义为用益物权，矿业权人依法对其矿业权享有占有、使用、收益和处分权。矿业权作为矿业权人的一项重要财产，矿业权人既可以通过直接勘查开采矿产资源获得经济利益，也可以在市场上通过作价入股、对外转让、抵押融资等方式进行交易流转。

（二）压覆矿产资源行为通常形成侵权纠纷或合同纠纷

建设项目压覆矿产资源时，由于项目建设导致矿业权人矿区范围内的矿产资源无法开发利用，给矿业权人带来了财产损失，形成了矿业权人和项目建设单位之间的债权债务关系。民事法律领域中，债权债务关系包括侵权之债、合同之债、不当得利之债、无因管理之债等类型。基于压覆矿产资源行为的性质和特征，矿业权人和项目建设单位之间形成的债权债务关系有两种情形，一种是侵权之债，另一种是合同之债，分别形成侵权纠纷和合同纠纷。

1. 压覆行为导致侵权纠纷的情形。项目建设单位在未征得矿业权人同意情况下实施的压覆，构成了侵权行为，形成了侵权之债。因建设单位未履行压覆赔偿责任导致的诉讼，属于侵权责任纠纷。例如，在"日照宝鑫矿业资源有限公司、青连铁路有限责任公司财产损害赔偿纠纷案"［最高人民法院（2020）最高法民申962号］中，由于青连铁路公司在修路过程中未与宝鑫矿业公司就赔偿问题达成一致意见，且在未进行任何赔偿的情况下，即压覆占用了宝鑫矿业公司采矿权矿区范围，最高人民法院经审理认定，“宝鑫矿业公司案涉矿区采矿权益因青连铁路公司的压覆行为而受到影响，青连铁路公司应对此承担侵权责任”。

2. 压覆行为导致合同纠纷的情形。如果建设项目压覆行为事先征得了矿业权人同意，矿业权人和项目建设单位之间签订了压覆赔偿协议，双方之间即形成了合同之债。因建设单位未履行压覆赔偿协议导致的诉讼，属于合同纠纷。例如，在“山东高速集团四川乐自公路有限公司、荣县达源山实业有限公司合同纠纷案”［（2018）最高法民申 3754 号］中，基于山东高速集团与达源山公司已签订《乐自高速公路压覆矿补偿框架协议》，双方系因合同履行中产生争议引发诉讼，人民法院将该案件作为合同纠纷案件进行审理裁判。

综上，建设项目压覆矿产资源时，项目建设单位未经矿业权人同意实施压覆行为后，未履行压覆赔偿责任的，形成侵权纠纷；项目建设单位与矿业权人达成一致签订压覆赔偿协议后，未履行压覆赔偿协议的，形成合同纠纷。

三、压覆矿产资源侵权纠纷的法律构成要件分析

项目建设单位未经矿业权人同意的压覆行为构成侵权行为，由此导致的压覆矿产资源纠纷属于侵权纠纷。压覆矿产资源侵权纠纷中的责任认定适用《民法典》侵权责任编关于一般侵权责任的规定，即适用过错责任原则。成立过错侵权责任，需具备四个要件：加害行为、损害事实、因果关系、主观过错。现从侵权责任构成要件角度分析如下：

第一，项目建设单位对矿业权人实施了加害行为。由于矿业权设立在先，建设项目实施在后，根据民商事领域中的“保护在先原则”，矿业权人的财产权益受到法律的保护。建设项目压覆已设矿业权矿区范围，导致矿区范围内全部或部分矿产资源无法开发利用，属于项目建设单位对矿业权人实施的加害行为。

第二，产生了损害事实。探矿权和采矿权属于矿业权人的财产权，建设项目压覆矿产资源的行为，给矿业权人带来了财产损失。其中，建设项目压覆探矿权的，由于尚处于矿产资源勘查阶段，未进行矿山建设和生产，压覆导致的财产损失主要是探矿权价值损失。建设项目压覆采矿权的，由于矿产资源已进入开采阶段，压覆导致的财产损失不仅包括采矿权价值损失，还包括矿山投资形成的固定资产损失等。建设项目压覆矿区范围内部分矿产资源，导致矿区范围内剩余矿产资源虽然可以继续开采，但开采投资增加的，增加的投资也应纳入财产损失范围。

第三，压覆行为和损害事实之间存在因果关系。压覆矿产资源纠纷中，多数情况下项目建设单位的压覆行为直接导致矿区范围内的全部或部分矿产资源不能开发利用，压覆行为和损失事实之间的因果关系比较明显，属于一因一果的情形。也有的压覆矿产资源纠纷中，压覆行为和损害事实之间介入了其他条件，出现了多因一果的情形，此时须根据因果关系判断的有关规则进行分析认定。

第四，建设单位实施压覆行为时存在过错。民事侵权责任中的过错分为故意和过失。故意是指行为人预见到自己的行为会导致某一损害后果而希望或者放任该后果发生的一种主观心理状态，过失是指行为人因疏忽或者轻信而使自己未履行应有注意义务的一种心理状态。压覆矿产资源纠纷中，建设项目选址之前，建设单位已向自然资源主管部门查询了项目所在区域的矿业权设置情况，建设单位已知晓建设项目选址和已设矿业权矿区范围存在重叠。因此，建设单位实施压覆行为时能够预见自己的行为导致矿业权人的权利受到损害，其对这一后果持放任心态，因此项目建设单位实施压覆行为时存在明显的过错。

需要注意的是，在压覆矿产资源纠纷中，有的项目建设单位辩称建设项目已取得政府部门的审批文件，建设施工行为是合法的，不存在过错。这一观点混淆了项目审批合法性和压覆矿产资源合法性两个不同的概念和行为。建设项目取得了政府部门的审批，仅代表行政机关同意项目依法进行建设，不代表建设单位的建设行为可以侵害他人的合法权益。况且，在建设项目压覆重要矿产资源审批中，为保护矿业权人合法权益，自然资源主管部门将矿业权人同意压覆并签订压覆协议作为压覆审批的要件。工程项目实施过程中是否存在民事侵权，应根据民事侵权的法律构成要件进行认定，项目行政审批完备与否和压覆行为是否构成民事侵权没有法律上的关联。

第四节 诉讼主体的确定

建设项目压覆矿产资源纠纷的解决过程，是压覆矿产资源责任主体按照相应赔偿范围、赔偿标准，向矿业权人履行赔偿义务的过程，因此权利主体和责任主体的确定对解决压覆矿产资源纠纷至关重要。通常矿业权人属于主张压覆赔偿的权利主体，项目建设单位属于承担赔偿责任的义务主体。但实践中每个案件的具体情形不尽相同，矿产资源压覆赔偿诉讼主体如何确定，需要结合案件具体事实进行准确的法律分析判断。

一、压覆矿产资源纠纷中权利主体的确定

压覆矿产资源纠纷中，因建设项目压覆导致矿区范围内矿产资源无法开发利用的，通常矿业权人作为权利主体提起诉讼，要求项目建设单位承担赔偿责任。由于现实情况的复杂性，认定压覆矿产资源纠纷中的权利主体时，应结合实际情况依法进行分析判断。

案例 1：起诉时矿业权已转让的，压覆赔偿权利主体如何确定

A 公司拥有某花岗岩矿采矿权，因拟建高速公路项目从矿区穿过，建设单位和 A 公司就压覆赔偿事宜进行了多次协商，但未达成一致。建设单位在未经 A 公司同意的情况下，擅自在矿区范围内开工建设。之后，A 公司将采矿权转让给 B 公司，B 公司以采矿权人身份向法院提起诉讼，请求判令建设单位向其承担压覆赔偿责任。建设单位辩称 B 公司并非压覆时点的采矿权人，无权主张压覆赔偿。

笔者认为，本案中 B 公司是压覆赔偿的权利主体，有权向建设单位主张压覆赔偿。主要理由如下：第一，B 公司作为采矿权受让人，从 A 公司承继了合法有效的采矿权，具备权利主体资格。第二，建设单位在未经采矿权人

同意的情况下，擅自压覆采矿权矿区范围的行为构成侵权，截至B公司起诉时侵权状态仍在持续。第三，在B公司取得采矿权之前，建设单位并未和A公司就赔偿问题达成一致，更未向A公司支付过赔偿款。因此，B公司作为采矿权承继人，有权继续主张压覆赔偿。

案例2：起诉时探矿权已灭失的，原探矿权人能否主张压覆赔偿

C公司探矿权存续期间，因高速铁路项目从其探矿权核心区域穿过，导致该探矿权范围内全部资源储量不能开发利用，探矿权过期后被自然资源主管部门注销。因C公司和建设单位未能就压覆赔偿事宜达成一致，C公司遂向法院提起诉讼，请求判令建设单位向其赔偿探矿权损失。建设单位辩称案涉探矿权已灭失，C公司已非探矿权人，无权主张压覆赔偿。

笔者认为，C公司已依法取得探矿权，且通过投资勘查查明了矿产资源储量。高速铁路项目压覆了案涉探矿权范围内已查明的矿产资源，形成了侵权事实。由于探矿权勘查区块被压覆，导致C公司无法办理探转采手续，探矿权灭失和项目建设之间存在因果关系。因此，C公司作为被侵权人，有权向建设单位主张压覆赔偿。

案例3：矿业权人能否将索赔权利转让给他人行使

D公司取得某煤矿探矿权后，引入E公司开展合作勘查。合作勘查合同约定E公司承担全部勘查资金，探矿权在符合转让条件时变更至E公司（尚未变更），双方按照4∶6的比例享有勘查投资权益。因高速公路项目建设压覆该探矿权，D公司书面委托E公司全权负责处理压覆赔偿事宜，包括拥有签订赔偿协议和收取赔偿款的权利。因E公司和建设单位未能就压覆赔偿事宜达成一致，E公司遂向法院提起诉讼。D公司向法院出具情况说明，明确将压覆损失索赔权利转让给E公司享有，同意E公司以原告的身份提起诉讼。建设单位辩称E公司并非探矿权人，无权主张压覆赔偿。

笔者认为，我国法律允许债权人将债权全部或者部分对外转让。根据《民法典》第545条的规定，除了根据债权性质不得转让、按照当事人约定不得转让、依照法律规定不得转让的情形外，债权人可以将债权转让给第三人。本案中因建设项目压覆矿产资源所形成了矿业权人 D 公司和建设单位之间的侵权之债，该债权不存在禁止转让情形，故 D 公司有权将该债权转让给 E 公司，由 E 公司作为原告提起侵权赔偿之诉。根据 D 公司向 E 公司出具委托书及向法院出具情况说明的事实，足以认定 D 公司作出了将案涉债权转让给 E 公司的意思表示。因此，E 公司有权针对建设单位提起侵权赔偿之诉。

二、压覆矿产资源纠纷中责任主体的确定

压覆矿产资源纠纷中，因压覆行为系由项目建设单位所实施，通常建设单位应承担相应压覆赔偿责任。由于现实情况的复杂性，每个案件的具体情形不尽相同，认定压覆矿产资源纠纷中责任主体时，应结合案件具体情况依法进行分析判断。

案例 4：地方政府协助建设单位开展工作的，是否应承担压覆赔偿责任

F 公司拥有某大理石矿采矿权，因新建高速公路途经 F 公司矿区范围，造成部分矿产资源被压覆。按照省高速公路管理局与市政府签订的征地拆迁及地方工作责任书的约定，市政府负责协助业主做好主线压覆矿产资源的赔偿工作。后县政府按照市政府要求召集 F 公司召开压覆资源补偿协调会，协商确定了压覆资源赔偿方案。因后续赔偿工作陷入停滞，F 公司遂向人民法院提起诉讼，请求判令建设单位承担赔偿责任。建设单位辩称本案属于行政纠纷，应由县政府承担压覆赔偿责任。

笔者认为，压覆矿产资源纠纷属于民事法律关系，建设单位作为压覆矿产资源行为的实施主体，应向 F 公司承担压覆赔偿责任。虽然按照省高速公路管理局与市政府的约定，市政府负责协助做好压覆赔偿工作，市县两级政府也确实做了大量工作，但这些工作均为协助高速公路业主作出的，其性质不属于行政行为，不改变项目建设单位的民事责任主体地位。因压覆矿产资源的赔偿问题未得到解决，F 公司有权按照民事法律规定向建设单位主张赔偿责任。

案例5：项目业主变更后，压覆赔偿责任应由谁承担

G公司拥有某萤石矿采矿权，因铁路项目途经G公司采矿权矿区范围，造成矿区范围内的矿产资源被压覆。铁路建设期间，G公司就压覆赔偿事宜和建设单位进行了多次协商，但未能达成一致。铁路建成后，建设单位将项目移交给铁路客运公司进行运营管理，项目用地手续亦办理在铁路运营公司名下。为解决压覆赔偿问题，G公司向人民法院提起诉讼，请求判令建设单位和运营单位共同承担赔偿责任。铁路客运公司辩称己方属于后期运营单位，未实施压覆行为，不应承担压覆赔偿责任。

笔者认为，本案中压覆赔偿责任应由建设单位和运营单位共同承担。理由如下：建设单位在未经G公司同意、未对G公司进行压覆赔偿的情况下，擅自开工建设铁路工程，其行为构成侵权，应承担压覆赔偿责任。运营单位以自身名义办理了项目用地手续取得土地使用权，其作为土地使用权人是本案土地使用权和采矿权冲突的一方主体，且侵权状态在运营单位接管铁路后继续存在。因此，本案中建设单位和运营单位都是侵权行为的实施主体，应共同承担压覆赔偿责任。

案例6：工程指挥部未履行压覆赔偿承诺的，应如何确定诉讼被告

H公司拥有某石英岩矿采矿权，拟建高速公路项目从矿区范围内穿过。为解决压覆赔偿问题，工程指挥部多次和H公司进行沟通协商。为了顺利开工，工程指挥部向H公司出具了书面承诺，表示将在工程建设完成前妥善解决完毕压覆赔偿问题。因工程指挥部未按期履行承诺，H公司拟向人民法院提起诉讼。

本案中，H公司在确定诉讼被告时应从以下两个方面进行考虑：第一，工程指挥部是否具备诉讼主体资格。《民事诉讼法》规定，公民、法人和其他组织可以作为民事诉讼的当事人，其中“其他组织”包括依法设立并领取营业执照的法人的分支机构。本案中如果工程指挥部系依法设立并领取营业执照的法人分支机构，则具备诉讼主体资格。第二，即便工程指挥部具备诉讼主体资格，但由于其不具有独立法人资格，其民事责任最终应由其设立单位承担，H 公司可以将工程指挥部及设立该指挥部的法人单位列为共同被告。

三、关于依法准确把握压覆矿产资源纠纷诉讼主体的几点建议

准确把握压覆矿产资源纠纷的权利主体和责任主体，依法确定诉讼当事人，对压覆赔偿权利主体赢得压覆矿产资源诉讼、顺利取得压覆赔偿至关重要。

第一，要做好证据收集工作。一是围绕自身的权利主体资格，梳理矿业权有关材料并及时补强证据。如出现案例 2 中起诉时矿业权已灭失情形的，应通过政府部门出具有关书面证明、查询矿业权登记档案等方式，充分证明矿业权灭失系由建设项目压覆导致。二是围绕责任主体的确定，主动了解建设项目有关情况，收集项目审批、用地审批、项目施工等有关信息和材料，掌握项目立项主体、施工主体、土地使用权人等信息，并进一步查询核实建设单位设立的指挥部、项目部等是否具有诉讼主体资格。

第二，要把好压覆协议关。一是协议磋商过程中，应坚持将项目建设单位作为协商谈判对象，地方政府出面和矿业权人协商压覆赔偿的，应要求其明确授权委托关系。二是签订协议时，应要求将建设单位作为压覆协议中的赔偿责任主体。地方政府坚持要求和矿业权人签订压覆协议的，矿业权人即便基于实际考量同意签订，也应明确约定地方政府系受建设单位委托进行压覆赔偿，如果矿业权人在约定期限内未获得赔偿，有权继续向建设单位主张压覆赔偿等内容。

第三，要做好法律分析判断。一是权利主体方面，考虑是否存在矿业权人变更、侵权之债的转让等情形，准确把握和确定诉讼原告。二是责任主体方面，考虑是否存在共同侵权人，各方是否通过协议方式约定了债务承担、债务担保等情形，准确把握和确定诉讼被告。三是诉讼第三人方面，地方政府等主体参与压覆赔偿工作的，要根据有关主体在压覆赔偿过程中的角色和作用，确定是否申请增加第三人，以便充分查明案件事实。

第五节　赔偿标准的确定

建设项目压覆已设矿业权矿产资源的，建设单位应对矿业权人进行压覆赔偿。由于对矿业权性质以及矿产资源压覆纠纷认识不一，压覆赔偿又缺乏统一明确的标准，实践中压覆双方对赔偿标准认识不一、争议不断，司法机关对此也未形成完全统一的裁判标准。笔者认为，在建设项目压覆矿产资源赔偿问题上，应正确认识其法律关系性质，准确把握矿业权的用益物权属性，严格遵循物权保护原则和财产损害赔偿原则，以矿业权价值损失作为压覆赔偿标准。

一、实践中矿产资源压覆纠纷存在不同的赔偿标准

由于各方主体对矿业权性质以及矿产资源压覆纠纷认识不一，压覆赔偿又缺乏统一明确的标准，在实践中矿产资源压覆纠纷存在不同的赔偿标准。

（一）按照矿业权人的投资损失进行压覆补偿

137 号文件规定："建设项目压覆已设置矿业权矿产资源的，新的土地使用权人还应同时与矿业权人签订协议，协议应包括矿业权人同意放弃被压覆矿区范围及相关补偿内容。补偿的范围原则上应包括：1. 矿业权人被压覆资源储量在当前市场条件下所应缴的价款（无偿取得的除外）；2. 所压覆的矿产资源分担的勘查投资、已建的开采设施投入和搬迁相应设施等直接损失。"

江西、山东、河南、新疆等省区市，针对建设项目压覆矿产资源的补偿标准做了进一步规定，均将补偿标准限定为矿业权人的投资损失。例如，《江西省人民政府办公厅关于进一步规范省重点建设项目压覆矿产资源评估补偿工作的通知》（赣府厅字〔2013〕15 号）规定："省重点建设项目压覆

矿产资源的补偿内容，包括探矿权补偿和采矿权补偿两个方面：（一）探矿权以被压覆的矿区范围内探矿权价款、实际投入的勘查投资及其他相关投入为依据补偿；整个矿区或核心区域被压覆的，应按照取得该矿业权的全部投资为依据补偿。（二）采矿权补偿由直接损失、出让合同已缴价款组成。1. 直接损失的补偿。含所压覆矿产资源分担的勘察投资、已建的开采设施投入和搬迁相应设施等直接损失。矿山开采、加工开发等专用设备按市场评估价减去设备出让价给予补偿，通用设备按搬迁所产生费用给予补偿。2. 已缴价款补偿。按矿业权人被压覆资源储量在当前市场条件下所应缴的价款（无偿取得的除外）给予补偿。”

（二）按照矿业权人的实际投入加预期利润进行压覆赔偿

实际投入加预期利润的赔偿方式，是以矿业权人的实际投入为基础，同时考虑了勘查投资和采矿投资的行业利润。

《湖南省国土资源厅关于建设项目压覆矿产资源补偿有关问题的通知》（湘国土资发〔2013〕17 号）第 4 条规定，补偿内容和标准分以下两种情形：“1. 压覆国家出资并正在进行的地质勘查的探矿权或已探明资源储量矿产地的，原则上按经核实的工作量及现行预算标准计算的工作成本进行补偿。2. 压覆非国家出资矿业权的，原则上按以下补偿范围和标准进行补偿，具体补偿由双方协商确定。①被压覆范围矿业权的取得成本；②被压覆范围探矿权的勘查投资和行业投资平均利润；③被压覆采矿权开采投资加同类开采矿山行业投资平均利润减已获投资回报。”

湖南省高速公路集团有限公司、益阳市中才商贸有限公司侵权责任纠纷案［（2020）湘 01 民终 8255 号］中，长沙市中级人民法院认定：“压覆矿业权应当赔偿的损失主要包括所压覆矿产资源应分摊的已缴采矿权价款、被压覆范围矿业权的取得成本、压覆范围的直接损失、被压覆采矿权开采投资及同类开采矿山行业投资平均利润减已获投资回报、被压覆范围探矿权的勘查投资和行业投资平均利润。”

无论是按照矿业权人的投资损失进行补偿，还是按照矿业权人的实际投入加预期利润进行赔偿，均是以成本补偿为基本原则，未考虑矿业权作为财产权的实际价值。

（三）按照矿业权价值进行压覆赔偿

在市场经济条件下，矿业权价值指的是矿业权的市场价值。根据矿业权评估管理的有关规定，矿业权价值须由具有法定资质的矿业权评估机构独立评定估算形成。按照矿业权价值进行压覆赔偿，是指经过矿业权评估机构评估得出被压覆矿业权的价值，并以此作为确定压覆赔偿金额的依据。

《民事审判指导与参考》（2013 年第 3 辑）刊载的“侵害探矿权的损害赔偿问题”案例评析中，最高人民法院认为，“根据《侵权责任法》的相关规定，侵害探矿权的，应承担相应的侵权责任。对侵害探矿权的损害赔偿，应是对探矿权作为一种独立的用益物权财产价值的赔偿，而不是仅指对探矿实际投入直接损失赔偿”。最高人民法院在“大唐阿鲁科尔沁旗新能源有限公司与赤峰市中金矿业有限公司财产损害赔偿纠纷案”［（2019）内 04 民终 455 号］民事判决书中认定：“探矿权和采矿权均实行有偿取得制度，均属于用益物权。依法取得的探矿权受法律保护，探矿权作为一种用益物权，其具有自身的价值，不仅包括探矿权人对其取得《矿产资源勘查许可证》范围内矿产资源的占有、使用权，还应包括探矿权人对矿产资源的物权收益权。因此，对于探矿权这种用益物权的损害赔偿责任，应基于该种用益物权的财产价值来确定，即根据侵害探矿权的财产损失应按照损失发生时的市场价格或者其他方式计算。”

二、137 号文件并非压覆矿产资源赔偿的法定依据

有一种观点认为，在压覆矿产资源纠纷中，应当以原国土资源部发布的 137 号文件中规定的压覆补偿标准作为压覆矿产资源赔偿的法定标准。笔者认为，这一观点混淆了民事法律关系和行政法律关系的区别，违背了 137 号文件的制定初衷，不符合民事法律原则和法律规定。

第一，矿产资源压覆纠纷属于民事法律关系，原国土资源部作为行政机

关，无权对压覆赔偿这一民事法律问题作出强制性规定。

第二，137 号文件规定的压覆补偿标准，系从保护矿业权人财产权益角度提出的最低补偿标准，并未排除矿业权人依法获得公平合理的压覆赔偿的权利。《自然资源部对十三届全国人大三次会议第 8524 号建议的答复》（自然资人议复字〔2020〕053 号）中指出，矿业权人获得矿业权后，建设项目需要压覆区域内矿产资源的，此时矿业权人与建设项目实施主体属于平等民事主体之间的权利义务关系，不涉及国家矿产资源所有者，涉事双方应按照市场经济原则和法治精神协商解决。

第三，建设项目压覆矿产资源赔偿问题，性质属于物权损害赔偿问题。损害赔偿作为民事基本制度之一，唯立法机关通过法律形式方可予设定。原国土资源部 137 号文件仅是规范性文件，法律位阶较低，不能作为矿产资源压覆赔偿的法律依据。

最高人民法院在“广元市茂成商贸有限责任公司、兰渝铁路有限责任公司探矿权纠纷案”［（2017）最高法民终 494 号］民事判决书中认定，“关于 137 号文，是由国土资源部印发的关于进一步做好建设项目压覆重要矿产资源审批管理工作的管理性文件，强调的是相关行政管理部门的审批管理职责，不能直接作为处理民事主体之间民事权益纠纷的依据。且从该文件内容看，并没有排斥民事主体之间以签订协议的方式解决补偿问题”。这一认定从司法裁判角度对 137 号文件不能作为压覆矿产资源赔偿依据的理由作出充分阐释。

三、矿产资源压覆赔偿应当以矿业权价值作为赔偿标准

在建设项目压覆矿产资源赔偿问题上，应准确把握矿业权的用益物权属性，严格遵循物权保护原则和财产损害赔偿原则，对压覆赔偿标准作出客观公正的认定。

（一）矿业权属于依法应受保护的财产权

《民法典》第 329 条规定：“依法取得的探矿权、采矿权、取水权和使用

水域、滩涂从事养殖、捕捞的权利受法律保护。”

《矿产资源法》第 3 条规定，国家保护探矿权和采矿权不受侵犯，保障矿区和勘查作业区的生产秩序、工作秩序不受影响和破坏。

《矿产资源法实施细则》第 6 条第 1 款、第 2 款规定，探矿权是指在依法取得的勘查许可证规定的范围内勘查矿产资源的权利。采矿权是指在依法取得的采矿许可证规定的范围内开采矿产资源和获得所开采的矿产品的权利。

《矿业权出让转让管理暂行规定》（国土资发〔2000〕309 号）第 3 条规定：“探矿权、采矿权为财产权，统称为矿业权，适用于不动产法律法规的调整原则。依法取得矿业权的自然人、法人或其他经济组织称为矿业权人。矿业权人依法对其矿业权享有占有、使用、收益和处分权。”

在我国的法律框架体系中，矿业权是由矿产资源所有权派生出来的用益物权，矿业权人依法对其矿业权享有占有、使用、收益和处分的权利。矿业权作为矿业权人的法定财产权，应该得到法律的尊重和保护。

（二）压覆赔偿金额应按照压覆导致矿业权价值的损失金额来确定

《民法典》第 238 条规定：“侵害物权，造成权利人损害的，权利人可以依法请求损害赔偿，也可以依法请求承担其他民事责任。”第 1184 条规定：“侵害他人财产的，财产损失按照损失发生时的市场价格或者其他合理方式计算。”

最高人民法院民法典贯彻实施工作领导小组编辑出版的《中华人民共和国民法典理解与适用》一书中，针对《民法典》第 1184 条阐明：财产损害赔偿应当以全部赔偿为原则，计算财产损害，就是计算财产的直接损失和间接损失，然后实行全部赔偿。由于损失通常体现为侵害发生后被侵权人财产的市场价格的减少，因此，此处的按照市场价格计算应为根据财产的市场价值的减少来计算。

建设项目压覆已设矿业权矿产资源的，压覆行为的后果是矿区范围内矿产资源全部或部分无法开发利用，给矿业权人造成的财产损失是矿业权价值的减少或灭失，因此应按照压覆导致矿业权价值的损失金额来确定压覆赔偿金额。

第六节 赔偿范围的确定

建设项目压覆矿产资源纠纷中，压覆赔偿范围作为确定压覆赔偿金额的基础和依据，事关矿业权人的重大财产权益，是压覆双方争议的重要焦点。矿业权人应采取积极主动的举措，在厘清压覆事实的基础上，争取通过沟通协商方式确认压覆赔偿范围；无法通过沟通方式解决的，应及时采取诉讼或仲裁方式维护自身权益。

一、建设项目压覆矿产资源赔偿的常见范围

因建设项目压覆导致矿区范围内矿产资源无法开发利用的，矿业权人有权要求建设单位就压覆行为给其造成的财产损失进行赔偿。实践中，压覆矿产资源纠纷中的赔偿范围通常涉及以下方面：

一是矿业权价值损失。矿业权包括探矿权和采矿权。探矿权和采矿权属于矿业企业的核心资产。我国法律明确规定探矿权和采矿权属于用益物权，依法应受到保护。建设项目压覆造成矿区范围内全部矿产资源无法开发利用的，项目建设单位应对全部矿业权损失进行赔偿；建设项目压覆造成矿区范围内部分矿产资源无法开发利用的，应对被压覆部分的矿业权价值损失进行赔偿。

二是矿山开发投资形成的固定资产损失。矿业企业取得矿业权后，为进行矿产资源开发利用，通常需要投入资金办理土地使用权，建设厂房、矿山工程，购买生产设备，以及投资建设矿山道路、电力、供水、环保等基础设施，形成矿山生产运营所必需的固定资产。建设项目压覆导致矿山固定资产丧失利用价值的，建设单位应对矿业权人的固定资产损失进行赔偿。其中，建设项目仅压覆部分矿产资源，导致部分矿山固定资产丧失利用价值，或者

固定资产使用年限缩短的，应赔偿对应部分的固定资产损失。

三是因建设项目压覆导致矿山开采条件变化而增加的投资。建设项目压覆矿区范围内部分矿产资源时，对于压覆范围外的矿产资源，虽然能够继续开采，但矿区范围的缩小往往导致剩余资源的开采方式、开采顺序、技术及安全条件等发生了变化，需要变更矿山开采设计，增加建设投资。由于此项资金投入系由建设项目压覆所导致，建设单位应对采矿权人增加的投资进行赔偿。

四是建设项目压覆导致的停产停业损失。对于生产经营中的矿业企业，建设项目压覆可能导致矿山出现停产停业。对于矿业企业停产停业期间的损失，项目建设单位应予以赔偿。

五是劳动裁员损失。因压覆导致矿山生产规模缩小或矿山服务年限缩短，需要进行裁员和职工安置的，项目建设单位应向矿业权人赔偿相应劳动裁员损失。

六是搬迁费用。矿区范围内矿产资源被压覆无法开发利用时，矿山生产设备等资产中能够搬迁至其他矿山继续使用的，可通过搬迁方式减少资产损失和浪费。对于资产搬迁所产生的费用，应由项目建设单位承担。

二、压覆矿产资源赔偿范围认定中的典型案例

由于现实情况的复杂性，压覆矿产资源赔偿范围并无统一、绝对的标准。压覆双方确定压覆矿产资源赔偿范围时，应结合案件具体情况进行分析判断。

案例1：尚未缴纳完毕采矿权出让收益的采矿权，是否应全部纳入赔偿范围

A公司拥有某铁矿采矿权，因高速铁路项目从矿区穿过，建设单位委托专业机构出具了压覆重要矿产资源评估报告，查清了压覆范围和压覆煤炭资源储量，并得到了A公司认可。双方协商压覆赔偿过程中，建设单位认为，虽然压覆的资源储量已经过评审备案，但A公司尚未缴纳完毕采矿权出让

收益，不享有全部资源储量权益，不应对压覆范围内的全部资源储量进行赔偿。

笔者认为，本案中建设单位混淆了矿业权出让和矿产资源压覆两个不同的法律关系。采矿权人取得矿业权时，应按照规定向国家缴纳矿业权出让收益，此时体现矿产资源所有者与矿业权人之间的矿业权出让法律关系。采矿权人获得采矿权后，建设项目需要压覆区域内矿产资源的，建设单位应向采矿权人进行压覆赔偿，属于采矿权人与项目建设单位两个平等民事主体之间的权利义务关系。两个不同法律关系项下形成的不同的债权债务，应按照各自的程序、规则进行处理。采矿权人是否缴纳完毕采矿权出让收益，与出让收益征收政策、出让合同约定、矿产资源开采进度等因素有关，不能以此作为判断采矿权人是否有权主张压覆赔偿的依据。

案例 2：矿业企业的矿石加工设备是否属于赔偿范围

B 公司拥有某花岗岩矿采矿权，投资建设了矿山生产设施设备及配套石材加工厂，形成了生产、加工、销售一条龙的运作模式。因新建高速公路项目对 B 公司矿区范围形成压覆，B 公司要求建设单位对采矿权及矿山生产加工设备资产进行赔偿。建设单位只同意对采矿权及矿山开采形成的固定资产进行赔偿，认为加工厂并非矿山开采设施，不应纳入赔偿范围。

笔者认为，本案中是否应将配套加工厂纳入压覆赔偿范围，应从两方面进行考虑：一是加工厂是否属于 B 公司实施矿山开发过程中必须投资建设的内容，配套加工厂和矿山开采是否具有紧密的匹配性，是否属于 B 公司矿山的专属配套设施。二是 B 公司矿区内的矿产资源被压覆后，加工厂可否通过外购矿石的方式继续进行加工经营。如果配套加工厂的投资建设具有必要性和不可替代性，且矿山被压覆后加工厂无法继续经营面临关闭，则 B 公司的配套加工厂应纳入压覆赔偿范围。

案例 3：项目压覆导致的新建排土场工程造价是否应纳入赔偿范围

C 公司拥有某煤矿采矿权，新建高铁项目从 C 公司矿区范围内穿过，对部分矿产资源造成压覆。由于压覆导致剩余煤炭资源的工程设计、采矿排土等发生了变化，C公司需重新编制开采设计方案，重新规划建设排土场，产生了巨额新增建设投资。双方协商压覆赔偿过程中，对于排土场工程造价是否应纳入压覆赔偿范围产生了较大争议。

本案中，高铁项目压覆C公司矿区范围内部分矿产资源，对于压覆范围外的矿产资源，C公司虽然能够继续开采，但压覆导致剩余资源的开采方式发生了变化，需要变更矿山开采设计，并新增投资建设排土场。由于此项资金投入是由项目压覆所导致，建设单位应对C公司产生的排土场工程造价进行赔偿。

三、关于矿业权人合法合理主张压覆赔偿范围的建议

第一，提早做好准备工作。一是核实建设项目压覆导致的矿业企业财产损失范围，全面梳理财产损失清单。二是针对压覆导致的开采设计变化、投资增加等专业问题，进行深入分析论证，必要时委托专业机构出具咨询意见、设计文件等。三是收集整理矿业权及矿山项目相关基础材料，需要到有关政府部门申请调取的，通过沟通协调、申请政府信息公开等方式及时调取。

第二，积极主动沟通协商。首先，矿业权人应充分依据项目压覆导致矿山财产损失的事实情况，针对赔偿范围和建设单位开展沟通协商。协商过程中，可由双方共同委托专业机构对赔偿范围及金额开展分析论证及评估鉴定工作。其次，双方就压覆赔偿范围协商一致后，应尽快签订压覆赔偿协议固定协商成果，对压覆赔偿范围、赔偿金额的计算、赔偿主体、支付期限、违约责任、争议解决方式等进行明确约定。

第三，依法开展诉讼维权。一是在签订压覆赔偿协议时，根据自身实际情况，将争议解决方式约定为诉讼或仲裁。协商不成时，应及时提起诉讼或者仲裁进行维权。二是将压覆赔偿谈判过程中形成的评估鉴定报告等作为证据在诉讼、仲裁程序中提交，作为法院、仲裁机构审理认定赔偿范围的参考依据。三是充分收集整理有关证据材料。例如，对于案例2中加工厂

设备是否应纳入赔偿范围，矿业企业应从矿山开采及加工厂项目设计、项目审批建设、公司生产运营模式、外购矿石可行性等方面，收集能够证明矿山开采和加工厂具有紧密匹配性的证据材料。矿业权人自身无法取得的证据，需要申请法院、仲裁机构调查取证的，应在诉讼、仲裁程序中及时提出申请。

第七节　诉讼管辖的确定

管辖是民事诉讼活动的入口与起点，在整个民事诉讼进程中占有重要地位。判断案件是否应由人民法院管辖，进而确定具体管辖法院，是压覆矿产资源纠纷中需要解决的基础性问题，对案件的审理和裁判往往会产生重要影响。矿业权人应重视压覆矿产资源纠纷中的管辖问题，善于运用管辖规则维护自身合法权益。

一、压覆矿产资源纠纷中确定诉讼管辖的基本思路

压覆矿产资源纠纷中，应依据民事诉讼法律法规及司法解释的规定，根据案件事实情况，判断案件是否应由人民法院管辖，应由何地人民法院管辖，应由哪一级人民法院管辖。

（一）确定压覆矿产资源纠纷是否应由人民法院管辖

建设项目压覆矿产资源过程中，矿业权人和项目建设单位之间往往会围绕压覆赔偿问题产生争议，解决争议的方式包括协商、诉讼、仲裁等。实践中，协商方式是解决压覆矿产资源纠纷的首选方式，但由于压覆双方常常在压覆范围、赔偿标准、赔偿范围等方面存在较大分歧，通过协商方式解决压覆赔偿问题难度较大。

通过仲裁解决压覆矿产资源纠纷，是指项目建设单位和矿业权人达成协议，自愿将有关争议交给双方同意的仲裁机构进行裁决的方式。仲裁机构作出的仲裁裁决是终局的，具有法律上的强制性。

当压覆双方之间既无法协商解决压覆矿产资源纠纷，双方又不存在仲裁协议的情况下，矿业权人有权向有管辖权的人民法院提起诉讼，由法院依法审理和解决双方争议，并作出司法裁判。

（二）确定压覆矿产资源纠纷中的地域管辖

地域管辖，是指按照一定的标准确定同级而不同区域的人民法院受理第一审民事案件的分工和权限。压覆矿产资源纠纷通常属于侵权责任纠纷或民事合同纠纷，具体案件应根据纠纷类型依法确定地域管辖。

第一，压覆侵权纠纷的地域管辖。项目建设单位在未征得矿业权人同意情况下实施的压覆，构成了侵权行为，形成了侵权之债。因建设单位未履行压覆赔偿责任导致的诉讼，属于侵权责任纠纷。《民事诉讼法》第 29 条规定："因侵权行为提起的诉讼，由侵权行为地或者被告住所地人民法院管辖。"因此，矿业权人向项目建设单位主张民事侵权责任时，可向侵权行为地（被压覆矿产资源所在地），或者建设单位住所地有管辖权的人民法院提起民事诉讼。

第二，压覆合同纠纷的地域管辖。如果建设项目压覆行为事先征得了矿业权人同意，矿业权人和项目建设单位之间签订了压覆赔偿协议，双方之间即形成了合同之债。因建设单位未履行压覆赔偿协议导致的诉讼属于合同纠纷，确定管辖法院时分两种情形：一是双方可以根据《民事诉讼法》第 35 条的规定，在压覆赔偿协议中约定双方争议由被告住所地、合同履行地、合同签订地、原告住所地、标的物所在地等与争议有实际联系的地点的人民法院管辖。二是双方未约定管辖法院时，根据《民事诉讼法》第 24 条的规定，双方争议应由被告住所地或者合同履行地有管辖权的人民法院管辖。

（三）确定压覆矿产资源纠纷中的级别管辖

级别管辖，是指按照一定的标准划分上下级法院之间受理第一审民事案件的分工和权限。根据最高人民法院的有关规定，压覆矿产资源纠纷按照下列标准确定级别管辖：

1. 基层人民法院管辖范围：当事人住所地均在或者均不在受理法院所处省级行政辖区的，基层人民法院管辖诉讼标的额 5 亿元（不含）以下的一审案件；当事人一方住所地不在受理法院所处省级行政辖区的，基层人民法院管辖诉讼标的额 1 亿元（不含）以下的一审案件。

2. 中级人民法院管辖范围：当事人住所地均在或者均不在受理法院所处省级行政辖区的，中级人民法院管辖诉讼标的额5亿元（含）以上、50亿元（不含）以下的一审案件；当事人一方住所地不在受理法院所处省级行政辖区的，中级人民法院管辖诉讼标的额1亿元（含）以上、50亿元（不含）以下的一审案件。

3. 高级人民法院管辖范围：诉讼标的额50亿元（人民币）以上（包含本数）的一审案件。

二、压覆矿产资源纠纷诉讼管辖中的焦点问题分析

（一）压覆矿产资源纠纷是否适用不动产专属管辖

《矿业权出让转让管理暂行规定》第3条第1款规定，探矿权、采矿权为财产权，统称为矿业权，适用于不动产法律法规的调整原则。压覆矿产资源纠纷中，有的当事人主张建设项目压覆矿产资源引起的矿业权赔偿属于因不动产纠纷提起的诉讼，依据《民事诉讼法》第34条第1项规定，应由不动产所在地人民法院专属管辖。

笔者认为上述观点是错误的。《民事案件案由规定》中明确，只有因物权设立、权属、效力、使用、收益等物权关系产生的纠纷案件才属于物权纠纷。《最高人民法院关于适用〈中华人民共和国民事诉讼法〉的解释》第28条第1款规定："民事诉讼法第三十四条第一项规定的不动产纠纷是指因不动产的权利确认、分割、相邻关系等引起的物权纠纷。"除此以外的其他不动产物权纠纷及不动产债权纠纷，不适用专属管辖。压覆矿产资源纠纷属于因侵权行为引起的不动产债权纠纷，或者因履行压覆赔偿协议产生的合同纠纷，依法均不应适用不动产专属管辖。

（二）铁路工程压覆纠纷是否应由铁路运输法院专属管辖

《最高人民法院关于铁路运输法院案件管辖范围的若干规定》第3条规定："下列涉及铁路运输、铁路安全、铁路财产的民事诉讼，由铁路运输法院管辖：（一）铁路旅客和行李、包裹运输合同纠纷……（六）与铁路及其

附属设施的建设施工有关的合同纠纷；（七）铁路设备、设施的采购、安装、加工承揽、维护、服务等合同纠纷；（八）铁路行车事故及其他铁路运营事故造成的人身、财产损害赔偿纠纷；（九）违反铁路安全保护法律、法规，造成铁路线路、机车车辆、安全保障设施及其他财产损害的侵权纠纷；（十）因铁路建设及铁路运输引起的环境污染侵权纠纷；（十一）对铁路运输企业财产权属发生争议的纠纷。”据此，一种观点认为，铁路工程压覆矿产资源纠纷应由铁路运输法院管辖。笔者认为，这一观点是对上述条文和压覆矿产资源纠纷管辖规则的错误理解。

第一，压覆侵权纠纷不应由铁路运输法院管辖。《最高人民法院关于铁路运输法院案件管辖范围的若干规定》规定，应由铁路运输法院管辖的侵权纠纷包括：铁路事故造成的人身、财产损害赔偿纠纷，违法造成铁路线路等财产损害的侵权纠纷，以及铁路建设运输引起的环境污染侵权纠纷。压覆侵权纠纷与上述三类纠纷均无关联，显然不属于应由铁路运输法院管辖的侵权纠纷。

第二，压覆合同纠纷也不应由铁路运输法院管辖。《最高人民法院关于铁路运输法院案件管辖范围的若干规定》规定应由铁路运输法院管辖的七种合同纠纷均不涉及压覆赔偿协议问题。有一种观点认为，因履行压覆赔偿协议产生的纠纷，属于“（六）与铁路及其附属设施的建设施工有关的合同纠纷”，故应由铁路运输法院管辖。笔者认为，铁路项目压覆矿产资源是项目设计、审批、征占地、施工、运营等一系列行为导致的后果，工程施工仅是其中一个环节。况且，压覆赔偿和工程施工没有直接关联。民事诉讼中的专属管辖属于管辖规则中的例外情形，应依法严格限定其适用范围，在法律未作出明确规定的情况下，不宜随意作出扩大解释。因此，将压覆赔偿协议纳入“与铁路及其附属设施的建设施工有关的合同”范畴缺乏依据。

（三）压覆协议未约定履行地时，诉讼时如何确定合同履行地

有的矿业权人和建设单位签订压覆赔偿协议时，未对合同履行地进行约定，双方也未约定诉讼管辖法院。当双方发生争议时，矿业权人有权依据

《民事诉讼法》第 24 条的规定，向被告住所地或者合同履行地人民法院提起诉讼。此时，对合同履行地的判断，事关管辖法院的确定。实践中，一个常见的争议问题是，矿业权人主张压覆赔偿时，可否将己方住所地作为合同履行地，进而向己方住所地法院提起诉讼？

《民法典》第 511 条第 3 项规定，合同履行地点不明确，给付货币的，在接受货币一方所在地履行。《最高人民法院关于适用〈中华人民共和国民事诉讼法〉的解释》第 18 条第 1 款、第 2 款亦规定，合同约定履行地点的，以约定的履行地点为合同履行地。合同对履行地点没有约定或者约定不明确，争议标的为给付货币的，接收货币一方所在地为合同履行地。据此，在压覆协议未约定合同履行地的情况下，由于矿业权人的诉讼请求是要求建设单位支付压覆赔偿金，争议标的为给付货币，矿业权人为接受货币一方，因此矿业权人所在地应为合同履行地。

三、关于依法运用诉讼管辖规则维护自身合法权益的建议

在解决压覆矿产资源纠纷过程中，矿业权人应重视诉讼管辖问题，善于运用管辖规则维护自身合法权益。

第一，在压覆赔偿问题准备阶段，要对管辖问题进行初步分析。提前了解和熟悉管辖规则，结合案件实际对诉讼和仲裁的利弊进行衡量，选择切合实际的争议解决方式。如选择诉讼方式，须根据案件诉讼标的额、双方住所地等情况，初步圈定可供选择的管辖法院。

第二，在签订压覆赔偿协议时，对争议解决方式和管辖地点进行妥当约定。一是要根据民事诉讼法律的规定约定管辖法院，避免出现管辖条款无效的情形。二是要争取作出对己方有利的管辖约定。如果双方暂时无法就管辖问题达成一致，压覆赔偿协议中可以暂不约定管辖条款，待后续进行补充约定或者矿业权人起诉时依法确定管辖。

第三，在压覆矿产资源诉讼过程中，要依法维护自身权益。一是要综合衡量确定有利的管辖法院，如矿业权人拟提出的诉讼标的额大体介于基层法

院和中级人民法院的管辖分界点时，可以根据管辖法院确定具体诉讼标的额。二是出现有的法院无管辖权而擅自立案管辖，有的法院有管辖权而不予依法立案等情形时，应通过提出管辖权异议、上诉等法律手段进行权利救济。三是对于被告通过提出管辖权异议等方式拖延诉讼时间的，应依法提出反驳意见，督促法院尽快驳回管辖权异议申请，尽快开展案件审理。

PART 05

第五部分

非法采矿罪辩护要点

引　言

矿产资源是国家自然资源的重要组成部分，也是国家安全的重要保障，我国对矿产资源的开发利用实施严格的行政许可制度。近年来，随着各地在生态环境和资源领域开展专项整治，大量无证开采、越界开采等非法采矿行为被追究刑事责任，但由于矿产资源开采的专业性、复杂性和监管的特殊性，非法采矿罪的正确认定需要充分考量罪与非罪、罪轻罪重、责任分担、证据采信等诸多问题。因此，辩护律师在非法采矿罪辩护过程中，不仅要掌握一般刑事案件的辩护技能，还必须熟练运用矿产资源开发管理法律政策，有效结合地质勘查、矿山开采、储量管理等方面专业知识和专家意见，针对具体案件作出精准、有效的辩护。本部分，笔者将结合多个非法采矿刑事案件辩护的实务经验以及近几年对非法采矿罪的系统研究，从责任人员、矿产资源属性、无证开采与越界开采、鉴定结论、矿产品的数量与价格、合法项目工程施工与非法采矿的界限等多个角度对非法采矿罪辩护要点加以论述。

第一节　责任人员的认定

在非法采矿犯罪中，单位犯罪是一种常见的表现形态。根据《刑法》的规定，单位犯非法采矿罪的，对单位判处罚金，并追究其直接负责的主管人员和其他直接责任人员的刑事责任。笔者认为，正确认定非法采矿单位犯罪中的责任人员，需要结合单位有关人员的身份角色、主观心态、实际作用等因素，在全面收集分析证据的基础上综合判定。

一、单位犯罪中“直接负责的主管人员”“其他直接责任人员”的有关规定

《刑法》及相关司法解释中并无非法采矿单位犯罪中如何认定“直接负责的主管人员”“其他直接责任人员”的直接规定，但1994年《最高人民法院研究室关于如何理解“直接负责的主管人员”和“直接责任人员”问题的复函》、2001年《全国法院审理金融犯罪案件工作座谈会纪要》、2015年《最高人民法院、最高人民检察院关于办理危害生产安全刑事案件适用法律若干问题的解释》（法释〔2015〕22号）、2019年《最高人民法院、最高人民检察院、公安部、司法部、生态环境部关于办理环境污染刑事案件有关问题座谈会纪要》等文件中对单位犯罪中的“直接负责的主管人员”“其他直接责任人员”进行了明确具体的规定。

参照上述文件的规定，笔者认为非法采矿单位犯罪中的“直接负责的主管人员”是指对非法采矿单位犯罪起决定、批准、组织、策划、指挥、授意等作用的人员，“其他直接责任人员”是指在直接负责的主管人员的指挥、授意下具体执行、积极参与实施非法采矿单位犯罪的人员，上述两类人员在非法采矿单位犯罪中都属于责任人员，区别在于两者在单位犯罪实施过程中

的身份地位和职责分工不同。

二、非法采矿单位犯罪中几类典型人员的刑事责任认定分析

矿山开采具有专业性和复杂性，矿山企业特别是大型矿山企业内部具有较为明确的管理层级和职责分工，不同矿山企业的内部管理情况也不尽相同，因此认定非法采矿单位犯罪中的责任人员需要具体情况具体分析。

（一）法定代表人是否应在非法采矿单位犯罪中承担责任

第一，法定代表人是代表单位行使职权的负责人，根据《公司法》的规定，法定代表人按照公司章程的规定，由代表公司执行公司事务的董事或者经理担任。法定代表人的身份决定了其在非法采矿单位犯罪中可能被认定为“直接负责的主管人员”。

第二，法定代表人对单位犯罪不知情的，不应认定为“直接负责的主管人员”。非法采矿罪属于故意犯罪，“明知”是责任人员构成犯罪的主观要件。实践中，法定代表人对单位非法采矿行为不知情的情况并不鲜见，其原因包括：一是有的矿山企业法定代表人仅是挂名登记，未实际参与公司经营管理；二是按照矿山企业内部管理分工，有的法定代表人并不负责矿山开采实际管理；三是有的矿山企业法定代表人囿于专业知识、工作经验等因素，虽然参与矿山生产管理，但对非法采矿的事实并不知情。

第三，法定代表人在对单位非法采矿行为知情的情况下，其在单位犯罪中的作用可能有以下情形：一是法定代表人未参与单位非法采矿行为；二是法定代表人虽然参与了非法采矿行为，但未起到决定、批准、组织、策划、指挥等作用；三是法定代表人参与了非法采矿行为，并起到了决定、批准、组织、策划、指挥等作用。笔者认为，只有在第三种情形下，才能将法定代表人认定为非法采矿单位犯罪中的“直接负责的主管人员”。

在认定非法采矿单位犯罪中非法定代表人的总经理、副总经理等高级管理人员的责任时，一般也应按照上述内容进行综合考量。

（二）矿长是否应在非法采矿单位犯罪中承担责任

第一，不同矿山企业中矿长的身份角色是不同的。有的企业中矿长负责矿山全面经营管理，属于公司高级管理人员，矿长有可能在非法采矿单位犯罪中被认定为“直接负责的主管人员”；有的企业中矿长仅对矿山生产技术负责，不属于公司高级管理人员，则矿长可能被认定为非法采矿单位犯罪中的“其他直接责任人员”。

第二，从主观方面讲，如果矿长不知道单位存在非法采矿行为，当然不能在非法采矿单位犯罪中承担责任。一般来讲，矿长作为对矿山生产和安全负全面责任的人员，对矿山开采实际情况应是了解的，因此通常是知道单位存在的非法采矿行为的。但实践中也存在矿长对非法采矿行为不知情的情况，例如，有的公司主要领导有意越过矿长，直接授意施工人员进行非法采矿；有的矿长履职不到位，未发现公司其他人员组织实施的非法采矿行为等。

第三，矿长在对单位非法采矿行为知情的情况下，其在单位犯罪中的作用可能有以下情形：一是矿长虽然知道单位存在非法采矿行为但自己没有实际参与的；二是矿长对单位非法采矿行为明确提出反对意见，但在反对无效的情况下仍然按照领导要求参与了非法采矿行为；三是矿长在领导的指挥、授意下具体执行、积极参与单位非法采矿行为；四是矿长在单位非法采矿行为中起决定、组织、指挥的作用。笔者认为，第一种情形，矿长不应承担责任；第二种情形，矿长是否需要承担责任还需要结合其他条件认定，比如收入是否与非法采矿经营所得挂钩等；对于第三种、第四种情形，矿长可能会被认定应承担责任，区别在于第三种情形属于单位犯罪中的“其他直接责任人员”，第四种情形可能会被认定为单位犯罪中的“直接负责的主管人员”。

此外，在认定非法采矿单位犯罪中副矿长、矿长助理等人员的责任时，一般也应参照上述内容进行综合考量。

（三）采矿技术人员是否应在非法采矿单位犯罪中承担责任

第一，采矿技术人员属于矿山企业一般工作人员，在非法采矿中的角色肯定不属于“直接负责的主管人员”，但其是否属于“其他直接责任人员”，需要在查清事实基础上谨慎认定。

第二，从主观方面讲，采矿技术人员承担刑事责任的前提是对单位非法采矿行为是明知的。实践中，有的采矿技术人员虽然按照单位指令参与了一定非法采矿行为，但始终被单位蒙在鼓里，不知道单位实施非法采矿的真实情况，不能认定其有主观的明知。

第三，在采矿技术人员对单位非法采矿行为知情的情况下，还需查明采矿技术人员是否发挥了较大作用。如果采矿技术人员在单位非法采矿中积极参与，发挥了较大作用，如为公司实施越界开采行为绘制图纸，直接指挥施工人员到矿区范围以外进行开采，可能会被认定为非法采矿单位犯罪中的“其他直接责任人员”。参照《全国法院审理金融犯罪案件工作座谈会纪要》“在单位犯罪中，对于受单位领导指派或奉命而参与实施了一定犯罪行为的人员，一般不宜作为直接责任人员追究刑事责任”之规定，如果采矿技术人员仅仅是执行命令，履行正常工作职责，则一般不应将其认定为责任人员。

（四）矿山开采施工人员是否应在非法采矿单位犯罪中承担责任

在非法采矿单位犯罪中，有的矿山企业安排单位内部施工人员进行开采作业，更多的则是雇用外部施工人员。由于开采施工人员对犯罪的支配力较弱，无论是内部还是外部施工人员，一般不应作为直接责任人员追究刑事责任。理由如下：

第一，开采施工人员只是按照单位指令从事工作，矿山开采的地点、时间、开采方式等事项一般均由单位具体安排，开采施工人员仅是提供操作机器开采矿石等一般性劳务。

第二，开采施工人员在提供开采作业服务过程中，对于矿山企业采矿许可证是否有效存续，是否存在越界开采行为等，一般并不清楚，现实中也无法期待其对矿山企业的开采合法性进行甄别。

第三，即使施工人员知道存在非法采矿行为，因其属于被雇用的角色，也需要查明施工人员是否参与利润分成或领取高额固定报酬。25 号文件规定，对受雇佣为非法采矿、破坏性采矿犯罪提供劳务的人员，除参与利润分成或者领取高额固定工资的以外，一般不以犯罪论处。

三、正确认定非法采矿单位犯罪中责任人员的几点建议

一是在全面收集证据基础上综合判定。办案人员应结合案件具体情况，针对相关人员的责任认定问题全面收集证据，在综合分析的基础上加以判定。例如，为查清法定代表人是否实际参与非法采矿，应充分调查收集公司内部关于非法采矿的股东会决议、董事会决议、总经理办公会会议纪要，以及公司管理层对于非法采矿施工、结算、销售等有关环节的签批文件等。

二是充分考虑期待可能性。只有当一个人具有违法行为的期待可能性时，才有可能对其予以谴责。在非法采矿单位犯罪中，应根据行为人的具体状况判断期待可能性的有无及大小。例如，作为单位一般工作人员，一般难以期待其冒着失业的风险违抗单位领导的指令、纠正单位违法行为，认定这类人员责任时不应强人所难。

三是坚持刑法谦抑性原则。刑法作为惩治犯罪的手段，是法律的最后一道防线，应本能地保持适用的谨慎。对非法采矿单位犯罪中“直接负责的主管人员”“直接责任人员”的认定应当持慎重态度，避免不当扩大化适用。对于仅挂名而未参与公司经营管理的法定代表人，对于未实际参与非法采矿行为的矿长，对于受单位指派完成未明显超出职责范围任务的采矿技术人员，以及其他虽涉及非法采矿但未起到较大作用的公司人员，不宜认定为单位犯罪中的责任人员。

第二节 矿与非矿的界定

非法采矿罪的犯罪对象是矿产资源，但在采矿作业中，并非所有采出的岩石都是矿产资源，符合矿产资源标准的称为“矿石”，不符合矿产资源标准的称为“废石”。所以，在非法采矿刑事案件中，界定开采的对象属于“矿石”还是“废石”，是区分非法采矿罪与非罪以及据以定罪量刑的重要标准。实践中，应从矿产资源概念内涵和外延出发，根据矿产资源管理法律法规政策及行业规范，并结合司法鉴定意见、行政主管机关意见等，对具体案件中开采作业对象是否属于“矿产资源”作出准确认定。

一、非法采矿刑事案件中界定“矿产资源”的主要标准和依据

在非法采矿刑事案件中，界定开采对象是否属于“矿产资源”，应从以下三个方面进行综合判断：

第一，“矿产资源”须是天然形成的。《矿产资源法实施细则》规定，矿产资源是指由地质作用形成的，具有利用价值的，呈固态、液态、气态的自然资源。其中，天然性是矿产资源的重要特征，只有天然形成的物质才有可能是矿产，经过后天加工、提炼等方式形成的物质不属于矿产资源。因此，作为非法采矿罪的犯罪对象，必须具有天然性。

第二，“矿产资源”须在国家规定的矿种范围内。《矿产资源法实施细则》规定，矿产资源的矿种和分类见该细则所附《矿产资源分类细目》，新发现的矿种由国务院地质矿产主管部门报国务院批准后公布。《矿产资源分类细目》将矿产资源分为四大类，分别是能源矿产（煤、煤成气、石煤等 11 种），金属矿产（铁、锰、铬等 59 种），非金属矿产（金刚石、石墨、磷等 92 种）和水气矿产（地下水、矿泉水、二氧化碳气等 6 种）。截至目前，经

国务院公布的矿种已有173个。因此，作为非法采矿罪的犯罪对象，必须在国家规定的173个矿种范围内。

第三，“矿产资源”应具备开发利用价值。“矿产资源”是一个专有概念，判断涉案物质是否属于矿产资源，不是仅依据该物质组成成分中是否包含矿物质进行判断，而是需要满足产出形式、数量和质量可以预期最终开采是技术上可行、经济上合理的，具备开发利用价值。《矿产资源法实施细则》中将“具有利用价值”作为认定矿产资源的一项标准。

矿产资源勘查开发管理中，矿产工业指标是圈定矿体和估算资源储量的依据，达到工业指标要求的矿石被纳入矿产资源储量管理和开采许可管理；未达到最低工业指标要求的矿石，则不被认定为法律意义上的矿产资源，不纳入矿产资源管理范畴，特殊情况除外。例如，依据《煤、泥炭地质勘查规范》，煤炭最高灰分为40%，最高硫分为3%，根据煤炭种类的不同，对最低煤层厚度、最低发热量也有具体要求；依据《铁、锰、铬矿地质勘查规范》《超贫磁铁矿勘查技术规程（暂行）》等，超贫磁铁矿边界品位为6%。

二、非法采矿刑事案件中涉及“矿产资源”界定的典型案例分析

在非法采矿刑事案件辩护过程中，可以充分利用矿产工业指标的相关规定，对犯罪嫌疑人所开采的岩石是否属于“矿产资源”进行界定，最终实现不能认定犯罪嫌疑人构成非法采矿罪的辩护目的。

案例1：开采超过最高灰分标准的煤炭是否构成非法采矿罪

A公司拥有某煤矿采矿权。煤矿开采期间，A公司超越采矿许可证规定的矿区范围，对矿区周边的边角煤炭资源进行了开采回收。后来司法机关认为A公司的越界开采行为涉嫌非法采矿，拟追究其刑事责任。经鉴定，A公司越界开采的煤炭中的灰分含量为46%，高于煤炭最高灰分标准。

案例2：开采低于边界品位的铁矿石是否构成非法采矿罪

2012年3月，B村民委员会组织施工机械和人员从该村河西大坝一带开采铁矿石。后来司法机关认为该村民委员会的行为涉嫌非法采矿，拟追究其

刑事责任。经鉴定，该村民委员会开采的矿石中磁性铁的品位为2.7%，低于磁性铁边界品位。

案例3：开采未达到工业指标的高岭土是否构成非法采矿罪

2014～2016年，自然人王某在未取得采矿许可证的情况下，在本村后山荒地开采高岭土矿，并运往自己经营的原料加工场加工后对外销售。司法机关认为王某的行为涉嫌非法采矿罪，聘请鉴定机构对涉案高岭土进行司法鉴定。鉴定机构出具的鉴定意见认定样品中有害组分Fe_2O_3、TiO_2含量偏高，未达到高岭土矿的工业指标。但司法机关认为王某开采方式简单，开采成本低，开采的矿石仍具有经济价值，拟追究其刑事责任。

笔者认为，上述三个涉嫌非法采矿案例中的开采对象均未达到矿产工业指标要求，开采行为均不构成非法采矿罪。理由如下：

第一，矿产工业指标是界定"矿石"与"废石"的标准。《煤、泥炭地质勘查规范》规定煤炭最高灰分为40%，案例1中A公司越界开采的煤炭中灰分含量已达46%；《超贫磁铁矿勘查技术规程（暂行）》规定磁性铁边界品位为6%，案例2中B村民委员会开采的矿石中磁性铁的品位仅为2.7%；《高岭土、膨润土、耐火粘土矿产地质勘查规范》规定高岭土矿石中Fe_2O_3含量应小于2%、TiO_2含量应小于0.6%，案例3中王某开采的高岭土矿石中Fe_2O_3、TiO_2含量高于上述指标。可见，上述三个案例中的开采对象均未达到矿产工业指标要求，不属于法律意义上的矿产资源，不属于非法采矿的犯罪对象。

第二，低于矿产工业指标的岩石不属于矿产资源开采许可管理范畴。由于上述案例中的岩石均低于矿产工业指标要求，该类岩石不会被矿产资源管理部门纳入开采许可管理，矿产资源管理部门不会针对该类岩石颁发采矿许可证。非法采矿罪惩罚的是未取得采矿许可证擅自采矿的行为，由于矿产资源管理部门不会针对低于工业指标的岩石颁发采矿许可证，因此开采该类岩石的行为不存在构成"未取得采矿许可证擅自采矿"的事实前提。

第三，判断涉案矿石是否具有开发利用价值，是否属于矿产资源，应严格遵循相应法律法规及行业规范，司法机关无权擅自认定。案例3中，司法机关委托鉴定机构出具的鉴定意见载明涉案高岭土未达到高岭土矿的工业指标。鉴定意见属于专业性、科学性较强的证据，除非具有相反证据推翻鉴定意见，或者鉴定意见存在不得作为定案依据的法定情形，司法机关不应随意否定该鉴定意见。该案中，司法机关仅以王某开采成本低、能盈利为理由，认为涉案矿石具有经济价值，进而认为王某构成非法采矿罪，属于主观臆断，没有合法依据。

三、非法采矿案件中正确界定“矿产资源”的建议

一方面，要尊重矿产资源管理法律法规及行政机关的专业判断。非法采矿罪属于行政犯，行政犯以违反行政法的前置性规定为前提，行政犯构成要件符合性的判断要依赖行政法的规定，没有行政法依据的一般不应认定为犯罪。界定开采对象是否属于“矿产资源”时，司法机关应以矿产资源管理法律法规及行业规范为依据，同时尊重行政机关在其专业领域的执法判断。根据矿产资源管理法律法规及行业规范判断涉案物质不属于矿产资源的，矿产资源主管部门未将开采对象纳入开采许可管理范围，未将开采行为纳入行政处罚范围的，司法机关不应认定构成非法采矿罪。

另一方面，要借助司法鉴定、专家意见进行辨别认定。矿产资源行业具有较强的专业性和复杂性，为充分查明非法采矿罪案件中的有关事实，我国法律法规规定了具体司法鉴定程序要求。司法机关应按照有关规定委托专业机构进行司法鉴定，针对涉案物质是否属于《矿产资源法实施细则》目录中规定的矿产资源，是否达到矿产工业指标等形成鉴定意见；必要时，听取具有地质矿产方面专业知识的人对鉴定意见或有关专门性问题发表的意见，在此基础上对矿与非矿作出正确认定。

第三节 越界开采的认定

越界开采是指采矿权人超出采矿登记管理机关批准的矿区范围开采矿产资源的行为。我国《刑法》将越界开采作为非法采矿罪的一种表现形式予以处罚。实践中，不同矿业企业越界开采行为的产生原因、表现方式、行为后果不尽相同，需要司法机关在正确理解相关法律法规的基础上，充分考量越界开采的各种主客观因素，对越界开采的罪与非罪、罪轻罪重作出准确认定。

一、非法采矿刑事案件中认定越界开采的法律依据分析

《矿产资源法实施细则》规定，采矿权是指在依法取得的采矿许可证规定的范围内，开采矿产资源和获得所开采的矿产品的权利。“采矿许可证规定的范围”即矿区范围，是一个由三维坐标构成的立体空间区域。矿业企业依法取得的采矿许可证上，通常会载明允许开采的矿区面积、拐点坐标和开采深度（标高）。

《国土资源部办公厅关于认定超越矿区范围采矿法律适用问题的复函》（国土资厅函〔2007〕231号）指出，根据《矿产资源开采登记管理办法》第32条“本办法所称矿区范围，是指经登记管理机关依法划定的可供开采矿产资源的范围、井巷工程设施分布范围或者露天剥离范围的立体空间区域”的规定，在采矿登记管理机关批准的矿区范围（由拐点坐标和开采深度圈定的立体空间区域）内开采矿产资源的，不属于超层越界开采。换言之，越界开采是指超出矿产资源主管部门划定的矿区范围开采矿产资源的行为。

我国《刑法》将越界开采作为非法采矿罪的一种重要表现形式予以处罚。《刑法》第343条规定，非法采矿罪是指违反矿产资源法的规定，未取

得采矿许可证擅自采矿，擅自进入国家规划矿区、对国民经济具有重要价值的矿区和他人矿区范围采矿，或者擅自开采国家规定实行保护性开采的特定矿种，达到情节严重的行为。25号文件第2条规定，超越许可证规定的矿区范围或者开采范围的，应当认定为《刑法》第343条规定的“未取得采矿许可证”。

总结起来，我国法律规定的越界开采违法行为有以下三种形态：一是擅自超越许可证规定的矿区范围或者开采范围开采矿产资源的行为；二是擅自进入国家规划矿区、对国民经济具有重要价值的矿区开采矿产资源的行为；三是擅自进入他人矿区范围开采矿产资源的行为。

二、非法采矿刑事案件中涉及越界开采问题的典型案例分析

（一）矿业企业在矿区范围内的超层开采是否构成非法采矿罪

案例1：A公司拥有某煤矿采矿权，矿区范围标高为－500～－1500米。按照经评审备案的矿产资源储量报告，以及经审查的矿产资源开发利用方案，矿区范围内允许开采的煤层由上至下为1号、2号、3号煤层，开采深度为－500～－1100米。A公司在开采作业过程中，擅自将开采范围延伸至－1300米。

笔者认为，针对A公司超越3号煤层进入－1100米标高以下开采作业的行为，应从以下两个层面进行认定：

第一，根据矿产资源管理法律法规及《刑法》、25号文件的规定，非法采矿罪所规制的越界开采行为是擅自超越许可证规定的矿区范围开采矿产资源的行为。A公司的开采范围虽然超出了经矿产资源主管部门审批的煤层范围和开采设计范围，但未超出采矿许可证规定的矿区范围，不构成法律意义上的越界开采。

第二，A公司作为煤矿采矿权人，其有权开采的矿产资源种类为煤炭，A公司在矿区范围内－1100米标高以下的开采行为是否构成非法采矿，需要根据该范围内的矿产资源赋存情况进行判断：如果矿区范围内－1100米标高

以下赋存的资源种类仍然是煤炭，则A公司开采的仍是采矿许可证规定的矿种，不构成非法采矿；如果矿区范围内－1100米标高以下赋存的主矿种为煤炭，同时还共生或伴生有其他矿种，则A公司开采煤炭和共伴生矿种的行为也不构成非法采矿；如果矿区范围内－1100米标高以下赋存有其他矿种，且不属于煤炭的共伴生矿种，则A公司超出开采设计范围开采其他矿种的行为构成非法采矿。

（二）越界开采零星边角资源的行为是否构成非法采矿罪

案例2：B公司拥有某花岗岩矿采矿权。在B公司矿区范围的外部还存在零星花岗岩边角资源。B公司为了对边角资源进行综合回收，已向矿产资源主管部门申请办理采矿权扩界手续，并已缴纳了边角资源储量对应的矿业权价款。由于B公司矿山开采施工已推进至边角资源区域，如果不一并开采边角资源，后续将无法再单独进行开采，为此B公司在尚未办理完扩界手续的情况下对边角资源进行了开采。

笔者认为，B公司越界开采边角资源的行为不构成非法采矿罪，理由如下：

第一，越界区域矿产资源属于B公司矿区周边的零星边角资源，B公司在开采该边角资源之前，已经申请且正在办理扩界手续，其越界开采行为是基于自身能够取得开采区块采矿权的合理预期，不具有盗采矿产资源的主观故意。

第二，按照矿产资源开采技术和开采时序，如果B公司不及时对该边角资源进行开采，该部分资源将永久无法开采，势必造成国家矿产资源的浪费，因此，从开采技术、资源回收利用、经济效益等方面综合考虑，B公司的开采行为具有合理性和必要性。

第三，B公司已按照国家有关规定缴纳了边角资源储量对应的矿业权价款，完成了矿业权有偿处置，其开采行为没有损害矿产资源国家所有者权益。

（三）经相邻矿业权人同意开采相邻矿区矿产资源是否构成非法采矿罪

案例3： C公司和D公司均为拥有铁矿采矿权的矿业企业，两家公司的铁矿矿区范围相互毗邻。C公司取得采矿权后很快投入生产经营，D公司则出于项目融资等原因一直未能正式投产。双方经协商达成协议，D公司同意将其和C公司矿区毗邻的部分矿体交由C公司开采，C公司按照每吨原矿40元的标准向D公司支付费用。

笔者认为，C公司经D公司同意开采其矿区内矿产资源的行为不构成非法采矿罪，具体分析如下：

第一，根据《矿产资源法》和《刑法》的有关规定，“擅自进入他人矿区范围采矿”属于非法采矿行为。C公司是在和D公司协商一致的情况下，经D公司同意进入其矿区范围内采矿，C公司并非擅自进入他人矿区范围采矿。

第二，C公司和D公司之间通过签订开采协议，实际上建立起矿山承包开采的法律关系，属于民事主体之间的意思自治行为，不涉及刑法意义上的越界开采。

（四）过失导致的越界开采行为是否构成非法采矿罪

案例4： E公司和F公司均为拥有煤炭采矿权的矿业企业，两家公司的煤矿矿区范围相互毗邻。E公司开采施工至双方煤矿矿区交界处时，因为施工队伍测量失误，E公司越界开采了F公司矿区内部分煤炭资源。

笔者认为，对于E公司越界开采的行为性质和法律责任，应从以下方面进行分析：

第一，客观方面，E公司在未经F公司同意的情况下开采了F公司矿区范围内的矿产资源，属于“擅自进入他人矿区范围采矿”行为。

第二，主观方面，非法采矿罪属于故意犯罪，主观故意是采矿行为人构成犯罪的主观要件。E公司开采F公司矿区内部分煤炭系测量失误导致，属于过失行为，E公司不具有非法采矿的主观故意，因此不构成非法采矿罪。

第三，E公司的越界开采行为给F公司造成了财产损失，虽然E公司不需要对此承担刑事责任，但其行为仍然构成民事侵权，应依法向 F 公司承担侵权赔偿责任。

三、非法采矿刑事案件中正确认定越界开采法律责任的建议

第一，正确理解越界开采的法律含义。尽管《矿产资源法》《刑法》对矿区范围、越界开采的概念进行了明确界定，但由于矿产资源开采的专业性、复杂性，实践中对越界开采的含义进行错误理解的情况时有发生。为此，需要有关人员充分熟悉和准确把握矿产资源管理法律法规，避免因错误理解法律导致对案件作出错误定性。例如，25 号文件中将越界开采表述为“超越许可证规定的矿区范围或者开采范围”，实践中有的办案人员错误理解此处“开采范围”和“矿区范围”的含义，进而认为“矿区范围”并非认定越界开采的唯一标准。事实上，上述司法解释中的“开采范围”仅系针对河道采砂开采范围进行的专门描述，由于河道采砂许可证上通常只载明平面坐标，称为“开采范围”更为准确。

第二，综合考量越界开采行为是否具有实质违法性。一是考察矿业企业实施越界开采行为时，其申请办理越界区域采矿权登记手续的进展情况，以及缴纳越界区域矿业权价款（出让收益）情况，进而判断其是否实质违反了矿产资源开采管理秩序，是否损害了矿产资源国家所有者权益。二是从法益恢复角度，查明矿业企业实施越界开采行为后，是否及时取得了越界区域的采矿许可证，是否纠正和消除了越界开采行为。三是考量越界开采行为是否具有社会正确性，通过社会正确性排除违法性。上述案例 2 中，如果 B 公司不及时对边角资源进行开采，该部分资源将永久无法开采。B 公司越界开采矿产资源实现了综合回收，对国家、企业和个人都是有利的，应该认定该行为具有社会正确性。

第三，充分考虑矿业企业实施越界开采的主观有责性。一是查明矿业企业是否存在非法采矿的主观故意。无论是不同矿区之间上下层的垂直相邻还是地平面之间的水平相邻，往往会发生由于测量失误等认识错误导致的越界

开采，此时矿业企业不具有主观故意，不构成非法采矿。二是查明企业实施越界开采的动机。非法采矿罪主要打击和处罚的是盗采矿产资源行为，采矿行为人是以盗采国家矿产资源为目的，而实践中很多企业的越界开采是在办理扩界手续过程中发生的，与单纯的盗采行为存在本质区别。三是查明矿业企业未能办理越界开采区域采矿手续的原因。对于办理采矿权扩界手续过程中实施的越界开采行为，需要考虑企业未能及时办理完毕扩界手续的主客观原因，分析企业自身存在的过错，同时考虑行政机关等外部主体是否存在责任以及责任大小。

第四节　无证开采的认定

我国实行矿产资源开采许可管理制度，取得采矿许可证是矿业企业合法采矿的前提。《刑法》明确规定了无证采矿符合法定条件的构成非法采矿罪，对行为主体处以刑罚。但无证开采行为在现实中情形非常复杂，造成无证开采的原因可能是多方面的。不能简单地将“未取得采矿许可证”作为入罪标准，而应结合无证开采的具体事实，根据非法采矿罪认定标准依法予以认定。

一、无证开采是否构成非法采矿罪的认定标准

从传统犯罪构成要件理论分析，认定无证开采构成非法采矿罪必须同时满足以下几方面要求：

1. 犯罪客观方面，行为人实施的无证开采行为须属于《刑法》第343条规定的非法采矿行为，包括未取得采矿许可证擅自采矿，擅自进入国家规划矿区、对国民经济具有重要价值的矿区和他人矿区范围采矿，擅自开采国家规定实行保护性开采的特定矿种。对于如何认定“未取得采矿许可证”，25号文件进一步明确了以下五种情形：（1）无许可证的；（2）许可证被注销、吊销、撤销的；（3）超越许可证规定的矿区范围或者开采范围的；（4）超出许可证规定的矿种的（共生、伴生矿种除外）；（5）其他未取得许可证的情形。

2. 犯罪客体，非法采矿罪所保护的法益是国家对矿产资源开采的管理制度及对矿产资源的保护制度，无证开采行为须达到严重侵害法益的程度才可能构成非法采矿罪。

3. 犯罪主体，单位和个人均可以成为非法采矿罪主体。

4. 犯罪主观方面，非法采矿罪主观方面只能是故意，即行为人明知自己的行为违反法律规定，为追求非法牟利的目的无证擅自开采。

近些年较为流行的犯罪成立三阶层理论认为，成立犯罪需要具备三个要件：构成要件符合性、违法性、有责性。根据三阶层理论，在认定行为人无证开采行为符合《刑法》第343条规定的入罪条件的基础上，还需要判断该行为是否存在违法性阻却事由，以及行为人对该违法行为是否应当承担责任。

无论按照犯罪构成四要件论还是犯罪成立的三阶层论，非法采矿罪都不是简单只要有无证开采行为就可以认定为犯罪，而是必须对《刑法》规定的非法采矿罪进行实质理解，根据《刑法》的基本原则、《刑法》条文的具体规定与目的，结合无证开采事实进行系统的、综合的判断，才能正确认定无证开采的罪与非罪。

二、无证开采涉嫌非法采矿罪典型案件分析

案例1：昨日招商引资座上宾，今日非法采矿阶下囚

某县政府通过招商引资引进A公司开发辖区内一处芒硝矿，约定待A公司完成项目建设投资后，县政府为A公司办理采矿许可证。A公司按约投资建设了矿山和加工厂，并办理了项目各项审批手续，除未取得采矿许可证外，矿山开发其他条件均已具备。县政府未能如期为A公司办理采矿许可证，但承诺协调上级机关为A公司办理采矿许可证，要求A公司先行进行矿山开采和加工。此后数年间，A公司一边申请办理采矿许可证，一边进行矿山开采经营，依法缴纳税费，并获得了地方政府给予的多项奖励和荣誉。后司法机关认为，A公司的无证开采行为构成非法采矿罪。

本案中，考量A公司无证开采的责任承担问题需要注意以下情形：

第一，县政府多次向A公司承诺协助办理采矿许可证，并且要求A公司先行进行矿山开采经营，A公司是基于对政府的信任并且按照政府的指令才进行的无证采矿行为。

第二，除采矿许可证外，A 公司的矿山建设和矿石加工项目均取得项目建设所需的合法审批手续。

第三，A 公司在矿山开采过程中多次申请办理采矿权登记。

第四，A 公司依法缴纳了采矿权价款、矿产资源补偿费、资源税等矿产资源开发的全部税费，并且一直接受政府部门的监管。

综上，A 公司无证开采的主要责任在于政府，A 公司没有非法采矿的主观故意，不符合犯罪成立的有责性要件，不应当被认定为构成非法采矿罪。

案例 2：企业具备采矿证办理要件，政府原因导致无证开采

B 公司于 2006 年以空白区申请在先方式取得煤炭探矿权，之后投资勘查获得资源储量并进行了评审备案，2008 年 B 公司取得了矿产资源管理部门划定矿区范围批复，开始办理探矿权转采矿权手续。同时，按照当地煤炭资源配置政策要求，B 公司投资建设了煤炭转化项目。由于当地煤炭资源配置政策变化，B 公司的煤炭转化项目因不符合政策要求而未被政府认可。由于矿产当地资源管理部门将建设煤炭转化项目作为办理采矿权的前置条件，在 B 公司已经具备办理采矿权登记法定要件的情况下，数年间未能办理采矿权。在此期间，在 B 公司煤矿项目已建成的情况下，政府同意 B 公司一边进行生产经营，一边寻找符合条件的煤炭转化项目企业进行合作重组，并向 B 公司收取了相应税费。后司法机关认为，B 公司的无证开采行为涉嫌构成非法采矿罪。

笔者认为，本案中 B 公司不构成非法采矿罪，主要理由如下：

第一，B 公司已具备办理采矿权登记的全部法定要件，因行政机关在法律规定之外增设行政许可条件，导致 B 公司未能取得采矿许可证，B 公司不具有主观过错。

第二，B 公司系在政府支持下实施无证开采，并履行了缴纳税费等义务，B 公司不具有非法采矿的主观故意，不具有无证开采违法性认识的可能性。

第三，B 公司没有实质性违反矿产资源开采许可管理制度，其无证开采和实践中常见的偷采、盗采国家矿产资源行为有本质区别，不属于矿产资源主管部门依法真正应该打击和处罚的对象。

案例 3：矿权延续申请未批准，矿证到期后开采被追责

C 公司拥有煤矿采矿许可证，因当地政府实施矿产资源整合，C 公司被确定为矿产资源整合主体，整合周边矿产资源。按照矿产资源整合方案，矿产资源主管部门重新划定了矿区范围，进行储量核实、采矿权价款评估处置等工作。资源整合期间，C 公司采矿许可证即将到期，C 公司向矿产资源管理部门申请办理采矿权延续，但被告知矿产资源整合期间不予办理延续手续。整合完成后，矿产资源管理部门向 C 公司颁发了新的采矿许可证。后司法机关认为，C 公司在采矿权到期后开采矿产资源属于非法采矿行为，涉嫌构成非法采矿罪。

笔者认为，本案中 C 公司不构成非法采矿罪，主要理由如下：

第一，采矿权延续属于法定权利，C 公司作为采矿权人，在采矿权到期前已依法提出延续申请，对于采矿权过期不负有主观过错。

第二，矿产资源整合并非不予办理采矿权延续的法定理由，矿产资源主管部门不予办理延续登记，属于行政违法行为。

第三，C 公司后续及时取得了采矿许可证，采矿权过期后开采的矿产资源均在新采矿许可证载明的许可开采范围内，即便之前的开采行为存在程序性瑕疵，也已经得到了治愈。

案例 4：政策变化致使延续延期，政府违规企业被追刑责

D 矿山原为个体工商户，拥有合法采矿许可证。采矿许可证到期之前，D 矿山向矿产资源管理部门申请采矿权延续登记，但根据新政策要求，采矿权人应具有独立法人资格，为此 D 矿山投资人注册成立了 E 公司，E 公司通过延续审批取得了新的采矿许可证，但新的采矿许可证的颁发日期与原采矿许可证到期日相差 1 年之久。采矿权延续期间，D 矿山一直进行开采作业。后司法机关认为，在 D 矿山采矿许可证已到期、E 公司尚未取得新的采矿许可证期间，矿山处于无证开采状态，涉嫌构成非法采矿罪。

本案中，认定 E 公司构成非法采矿罪存在重大瑕疵：

第一，采矿权延续属于法定权利，D矿山已依法申请办理采矿权延续，未在法定期限内办理延续登记是因为政策变化，并不是采矿权人的过错。

第二，根据采矿权延续的相关政策规定，延续后的采矿许可证有效期起始期限与原采矿许可证到期日相衔接。矿产资源管理部门颁发的新采矿许可证期限未和旧证衔接属于违反政策行为，应当视为E公司取得采矿许可证期限自原采矿许可证到期之日起。

第三，E公司在采矿权延续期间的采矿作业，不属于法律和司法解释规定的“未取得采矿许可证”情形，且E公司始终在自己的矿山内进行开采作业。

综上，E公司在采矿权申请延续期间进行采矿，不属于法律规定的“未取得采矿许可证擅自采矿”的情形，不应当被认定构成非法采矿罪。

案例5：多种资源共伴生，综合利用惹官司

F公司持有煤矿采矿许可证，该煤矿同时共伴生高岭土矿，矿产资源管理部门在出让采矿权过程中，未将高岭土矿纳入出让矿种进行管理，采矿许可证载明的矿种仅是煤。后当地矿产资源管理部门通过会议纪要方式，明确F公司可以利用煤矿共伴生的高岭土矿，并按照实际动用储量缴纳采矿权价款。F公司在开采煤炭的同时开采了共伴生的高岭土矿，并且按照政府部门要求缴纳了采矿权价款、矿产资源补偿费、资源税等税费。后司法机关认为F公司开采高岭土矿的行为涉嫌构成非法采矿罪。

笔者认为，本案中F公司不构成非法采矿罪，主要理由如下：

第一，F公司开采的高岭土矿系主矿种煤的共伴生资源，《矿产资源法》明确规定，在开采主要矿产的同时，对具有工业价值的共生和伴生矿产应当综合开采、综合利用。

第二，F公司拥有合法的煤矿采矿许可证，高岭土矿作为煤矿的共伴生资源，按照法律规定不需要单独办理采矿许可证，25号文件明确规定开采共生、伴生矿种不属于“未取得采矿许可证”的情形。

第三，当地矿产资源主管部门同意F公司开采煤炭同时开采高岭土矿，并且收取了采矿权价款和有关税费，开采行为系在政府监督和管理下进行。

三、关于依法正确界定无证开采罪与非罪的建议

（一）准确把握立法原意

我国1979年《刑法》未规定矿产资源犯罪，1997年《刑法》修订时，基于对矿产资源保护和开发秩序认识的深化，专门规定了非法采矿罪和破坏性采矿罪。非法采矿罪的立法目的，是惩罚行为人为了牟取非法利益，逃避矿产资源管理部门监管，私挖滥采、盗采、恶意越界开采行为。但对于在政府及部门监管下的无证开采行为，其无证的原因可能是多方面的，行为人虽然是无证开采，但其并不一定属于私挖滥采、盗采、恶意越界开采，主观上未必有牟取非法利益的目的。上述案例中的无证开采行为人均是合法矿业企业，其所实施的采矿行为均没有规避政府监管、获取非法利益的目的，将这样的行为认定为非法采矿罪并不符合立法原意，人为扩大了非法采矿罪的适用范围。

（二）坚持罪刑法定原则

我国《刑法》第3条规定："法律明文规定为犯罪行为的，依照法律定罪处刑；法律没有明文规定为犯罪行为的，不得定罪处刑。"罪刑法定原则是我国刑法的基本原则，在认定非法采矿罪过程中，对于法律和司法解释没有明文规定为犯罪行为的，不能定罪处刑。案例4中，E公司在采矿权延期期间的采矿作业不属于法律和司法解释规定的"未取得采矿许可证"情形，不满足非法采矿罪的构成要件。案例5中，F公司开采伴生矿产资源，符合矿产资源法律法规的规定，并且在25号文件中明确规定开采共、伴生矿种的不属于未取得采矿许可证的情形，不能认定F公司存在"未取得采矿许可证擅自采矿"的行为，其行为不构成非法采矿罪。

（三）坚持"有责性"标准

"没有责任就没有刑罚"，这是现代刑法的一项基本原则。刑法中的责任

要素，包括故意、过失、目的与动机、责任能力、期待可能性、违法性认识的可能性等。《刑法》第 16 条规定："行为在客观上虽然造成了损害结果，但是不是出于故意或者过失，而是由于不能抗拒或者不能预见的原因所引起的，不是犯罪。"犯罪成立三阶层论明确把"有责性"作为犯罪成立要件之一。

实践中，无证开采的原因，可能是行为人为牟取不法利益私挖滥采，也可能是矿产资源管理部门违法行政的结果，还可能是采矿许可证管理存在问题等。在认定非法采矿罪的过程中，如果只看到企业客观实施了无证采矿行为，不考虑企业对于无证开采行为是否有责任、责任大小，那么最终认定的结果的客观性、公平性是难以令人信服的。案例 1 中，A 公司没有非法采矿的故意，在十多年的开采和加工生产过程中，一直依法缴纳各种税费。A 公司实施无证采矿行为是基于政府的要求和对政府的信任，政府亦多次承诺给办理采矿许可证，无证采矿行为的主要责任应由政府承担。所以，A 公司并不符合犯罪成立"有责任"要件，不构成非法采矿罪。

第五节　鉴定意见的审查和质证

一、鉴定意见是对非法采矿行为定罪处罚的重要证据

司法鉴定，是指在诉讼活动中鉴定人运用科学技术或者专门知识对诉讼涉及的专门性问题进行鉴别和判断，并提供意见的活动。鉴定意见作为《刑事诉讼法》规定的八类证据之一，在刑事案件事实认定方面发挥重要作用。

非法采矿刑事案件中，对非法开采的矿产品价值及造成矿产资源破坏的价值进行认定，是对非法采矿行为定罪量刑的前提和重要依据。实践中，由于一些非法采矿行为发生时间久远、直接证据已灭失等，往往难以通过现有证据直接确定非法开采的矿产品价值及造成矿产资源破坏的价值，办案机关在侦查、审查起诉乃至审判阶段需要委托鉴定机构进行专业鉴定，才能对非法开采的矿产品价值及造成矿产资源破坏的价值予以认定。为此，最高人民法院、原国土资源部有关文件对非法采矿刑事案件中非法开采的矿产品价值及造成矿产资源破坏的价值如何鉴定进行了规定，明确了委托鉴定主体、鉴定意见出具主体、鉴定程序等事项。

需要强调的是，非法采矿刑事案件中的鉴定意见仅是鉴定机构受办案机关委托对案件专业问题提供的参考依据，而不是对案件事实得出的结论。人民法院审理非法采矿刑事案件时应依法对鉴定意见进行审查认定，对于合法、真实的鉴定意见，依法予以采信；对于存在瑕疵的鉴定意见，依法进行补正；对于非法的鉴定意见，依法予以排除。

二、非法采矿刑事案件中鉴定意见的合法性要点分析

（一）委托鉴定的主体

除自然资源部门将涉嫌非法采矿案件移送公安机关时一并提供的鉴定结

论之外，刑事诉讼中涉及的鉴定应由办案机关委托进行。非法采矿刑事案件中，在侦查阶段，公安机关通常会根据案件需要委托鉴定机构对非法开采的矿产品价值等专门性问题进行鉴定；案件进入审查起诉阶段的，检察机关认为鉴定意见需要补正或不具备合法性的，可以将案件退回侦查机关进行补充鉴定或重新鉴定，也可以直接委托鉴定机构进行补充鉴定或重新鉴定；案件进入审判阶段的，人民法院根据案件审理需要，也有权委托补充鉴定或重新鉴定。

（二）鉴定意见出具的主体

根据原国土资源部、最高人民法院、公安部等部门文件的规定，非法采矿刑事案件中涉及非法开采的矿产品价值等专门性问题需要鉴定的，应由省级以上人民政府国土资源主管部门根据办案机关的委托，出具非法采矿中非法开采的矿产品价值等专门性问题的鉴定结论。省级以上国土资源主管部门受理后，有条件自行鉴定的，委派承办人员进行鉴定并按照规定期限提出鉴定报告；没有条件自行鉴定的，委托专业技术机构进行鉴定并按照规定期限提出鉴定报告。省级以上国土资源主管部门设立非法采矿、破坏性采矿造成矿产资源破坏价值鉴定委员会，负责审查有关鉴定报告并提出审查意见。审查通过的，省级以上国土资源主管部门即行出具鉴定结论。

涉及矿产品单价认定的，办案机关应另行委托价格认证机构出具价格认定结论，并作为鉴定材料提供给省级以上人民政府国土资源主管部门。

（三）鉴定程序

省级以上国土资源管理部门接到书面鉴定委托后进行审查并决定是否受理。经审查不同意受理的，将有关材料退回；需要补充情况或者材料的，应及时提出要求。

同意受理后，有条件自行鉴定的，自受理之日起 30 日内委派承办人员进行鉴定并提出鉴定报告。案情复杂的可以适当延长，但最长不得超过 60 日。没有条件自行鉴定的，委托专业技术机构进行鉴定并按照上述期限提出鉴定报告。

鉴定报告形成后，由鉴定委员会负责人召集组成人员进行审查。审查时，鉴定委员会组成人员必须达到2/3以上，以听取鉴定情况汇报并对有关材料、数据、鉴定过程与方法审查等方式进行。审查通过的，本级国土资源主管部门即行出具鉴定结论并交予委托单位。未能通过的，应说明意见及理由。

（四）鉴定检材

检材是鉴定人作出鉴定意见的基础和前提。非法采矿刑事案件中，检材的合法性主要体现在以下方面：一是检材来源须合法。例如，办案机关提供给鉴定机构的矿产资源储量报告应经过评审备案，矿产资源开发利用方案、矿山初步设计文件应经过主管部门审查；办案机关提供给鉴定机构的讯问笔录应符合规范要求，有瑕疵的笔录内容已得到补正。二是鉴定对象和检材应具有一致性。笔者经办的一例案件中，鉴定机构根据当事人非法开采区域的空间范围对开采资源量进行估算时，其使用的矿产资源储量报告是侦查机关提供的毗邻区块的矿产资源储量报告，而不是开采区域的储量报告，鉴定对象和检材不具有一致性，因此得出的鉴定意见不具有可信性。三是检材的取得、保管、送检、接收、使用、退还等环节应符合鉴定操作规范。例如，对于非法采矿现场的长度、高度的测量，应经过当事人现场确认，未经确认的不能作为认定开采矿石量的依据。

（五）鉴定依据的标准和规范

矿产资源勘查开采具有较强的专业性和科学性，需要严格遵守有关标准和规范。鉴定机构对非法开采的矿产资源量进行估算时，也要遵守矿产资源勘查开采有关标准和规范。主要包括：一是在认定矿与非矿方面，应遵守矿石工业指标要求，达到工业指标要求的矿石才能被纳入矿产资源储量估算范围；二是在储量核实方面，应遵守储量管理法律政策、《固体矿产地质勘查规范总则》、《固体矿产勘查工作规范》及具体矿种的地质勘查规范等；三是在采出量计算方面，应遵守矿山开采设计文件等有关规定。

三、如何对非法采矿鉴定意见开展有效审查和质证

（一）有针对性提出律师意见

辩护律师应根据矿产资源勘查开采、刑事诉讼、司法鉴定等方面法律法规及规范，结合案件进展、辩护策略，针对鉴定意见存在的鉴定主体、鉴定程序、依据标准等方面的合法性问题提出律师意见。鉴定意见明显违法的，可提出非法证据排除申请，并视情况向办案机关申请重新鉴定；鉴定意见存在合法性瑕疵，可能对当事人产生不利后果的，可向办案机关申请补充鉴定。

（二）申请专家辅助人出庭

《刑事诉讼法》规定，公诉人、当事人和辩护人、诉讼代理人可以申请法庭通知有专门知识的人出庭，就鉴定人作出的鉴定意见提出意见。专家辅助人是帮助辩护律师对鉴定意见进行专业审查和质证的重要伙伴，辩护律师应积极申请专家辅助人出庭。其作用在于：一方面，非法采矿鉴定中的专业问题超出了律师的专业范围，辩护律师依靠自身专业能力很难从专业角度说服法官，专家辅助人出庭有利于专业、客观地向法庭阐明有关专业问题，特别是在庭审中直观、简明扼要地指出鉴定意见中存在的问题；另一方面，在鉴定人出庭的情况下，专家辅助人和鉴定人当庭对质，以专业对专业的方式全面深入查清鉴定意见中存在的问题，为辩护律师的有效辩护奠定坚实的基础。

（三）申请鉴定人出庭

《刑事诉讼法》规定，公诉人、当事人或者辩护人、诉讼代理人对鉴定意见有异议，人民法院认为鉴定人有必要出庭的，鉴定人应当出庭作证。经人民法院通知，鉴定人拒不出庭作证的，鉴定意见不得作为定案的根据。为了向法庭充分揭露鉴定意见中存在的合法性问题，达到排除非法证据的目的，辩护人可以积极向法庭申请通知鉴定人出庭。同时，辩护人应提前做好应对鉴定人出庭的准备工作：一方面，做好询问提纲，就拟询问鉴定人的问题提

前谋划；另一方面，庭前就鉴定意见涉及的专业疑难问题向专家辅助人请教，庭上做好发言配合。

（四）积极开展调查取证

尽管《刑事诉讼法》明确规定办案机关应全面调取证明当事人有罪、无罪、犯罪情节轻重的各种证据，但是实践中部分办案人员抱着有罪思维，侧重于调取有罪证据，对于当事人无罪或者罪轻的证据则怠于收集和调取。为维护当事人合法权益，保证案件公正审理，辩护律师应积极开展调查取证工作。

一是辩护律师发现对于能够证明当事人无罪或者罪轻的材料，但是侦查机关没有进行收集、调取，以及在侦查、审查起诉期间公安机关、人民检察院收集的证明当事人无罪或者罪轻的证据材料未提交的，辩护律师有权申请人民检察院、人民法院调取。

二是在办案机关未依法调取对当事人有利证据的情况下，辩护律师经有关单位和个人同意，可以向它们收集与本案有关的材料，并作为证据提交。虽然刑事诉讼法未赋予辩护人委托鉴定的法定权利，但必要时辩护律师也可以自行委托专业机构对专门性问题进行鉴定，以达到查清事实、排除非法证据等效果。

第六节　矿产品数量的认定

一、非法采矿刑事案件中认定开采矿产品数量的方式

非法采矿罪的犯罪对象是矿产资源。矿产资源，是指由地质作用形成、具有利用价值，呈固态、液态、气态的自然资源。司法机关对行为人定罪处罚的重要依据是非法开采的矿产品数量，以及由此形成的矿产品价值。矿产品是具有经济可采性的矿产资源，经过一系列开发利用活动实际开采出来的部分，矿产品和矿产资源并不能直接画等号。非法采矿刑事案件中，不仅需要查明行为人实施了非法开采矿产资源的行为，还要对其开采的矿产品数量进行认定，在此基础上认定非法开采的矿产品价值。

司法实务中，认定非法开采矿产品数量的方式有以下几种：

第一，非法开采出的矿产品尚未销售，处于堆放或库存状态的，办案机关可直接委托专业机构对非法开采的矿产品进行现场测量称重。此种情形下认定非法开采矿产品数量的方式较为简单。

第二，非法开采出的矿产品已销售，能够查找到过磅单、统计表、销售凭证等销售记录材料的，办案机关可通过审查销售记录材料的方式认定非法开采的矿产品数量。此种情形下办案机关通常会委托司法会计鉴定机构，针对销售记录材料进行鉴定并出具鉴定意见。

第三，证明非法开采矿产品数量的直接证据已灭失，但犯罪嫌疑人在讯问中对非法开采矿产品数量进行了供述的，可将犯罪嫌疑人供述作为证据。但只有犯罪嫌疑人供述，没有其他证据的，不能认定犯罪嫌疑人有罪和处以刑罚，需要结合其他证据综合认定非法开采的矿产品数量。

第四，证明非法开采矿产品数量的直接证据已灭失，但非法开采行为

造成的采坑区域能够确定的，办案机关可以依法委托鉴定机构，依据地质勘查、矿山开采相关标准和规范，采取地形测绘、地质调查等手段，同时结合该区域以往地质资料、矿山设计资料等，对非法开采的矿产品数量进行认定。

二、鉴定机构认定非法开采矿产品数量的主要程序和重点问题

实践中，通过现场堆放矿产品的测量称重或者开采记录、销售记录证明非法采矿数量相对容易，而办案机关委托地质矿产领域专业的勘查、设计、开采机构进行鉴定，通过圈定开采范围，运用相关技术标准、规范、准则计算非法开采矿产品数量的，则存在鉴定程序的运用和具体专业问题的认定，具有较强的专业性和复杂性，需要辩护律师重点关注。

（一）确定非法采矿的具体范围

认定非法采矿具体范围时，如果采坑还存在，鉴定机构针对办案机关提供的非法开采区域范围，结合犯罪嫌疑人的供述及证人的指认，针对非法开采区域开展地形测绘、测量、地质调查，确定矿山岩石开采前后体积变化，圈定非法开采具体空间范围。针对非法开采的采坑已经回填的，鉴定机构除了测绘、测量外，还必须运用矿产资源勘查中物化探等专业的勘查技术手段，圈定非法采矿的具体空间范围。

实践中，有的犯罪嫌疑人关于开采区域范围的供述并不准确，有的证人关于开采区域范围的指认存在虚假陈述，有的鉴定机构未完全按照地质勘查规范等规定开展测绘、测量、地质调查，导致鉴定机构认定的非法开采的矿产品数量不客观、不真实。

（二）估算非法开采区域的矿产资源储量

在确定非法采矿具体范围的基础上，鉴定机构依据该区域的矿产资源储量报告确定矿体和矿石的相关数值，按照地质勘查中储量估算的规范、准则等技术标准，估算出非法开采区域的矿产资源储量。

实践中，有关的办案机关将未经评审备案的储量报告，以及开采范围周

边区域的地质报告作为鉴定材料提供给鉴定机构，导致鉴定机构估算的矿产资源储量不可信。

（三）扣除非法开采区域历史形成的采空区

有的矿山历史上存在多次采挖行为，在犯罪嫌疑人实施非法采矿行为之前，该区域内已形成了历史采空区。对此，在估算非法开采区域资源储量时，应对犯罪嫌疑人非法开采之前形成的采空区内矿产资源储量进行扣除。

例如，A公司非法采矿案中，早在A公司实施非法采矿行为之前，检察机关指控的非法开采区域内已经存在相当数量的采空区，这些采空区显然不应当归于A公司非法开采的范畴。并且，该区域以往的地质报告中明确记载，该矿山存在采空区，且地处老矿区，从20世纪50年代开始就有村民挖掘。然而，检察机关并未查清A公司非法开采区域的历史采空区情况，笼统地将之全部计入A公司非法开采的范围，由此计算出的非法开采矿产品数量无疑是错误的。

实践中，由于非法采矿行为发生时间久远、调取相关证据难度较大等，有的办案机关在未查明非法开采区域历史采空区的情况下，即委托鉴定机构对非法开采的矿产品数量进行认定，导致鉴定机构认定的非法开采矿产品数量多于犯罪嫌疑人实际开采量。

（四）考虑矿产资源可信度系数

由于矿产资源储量的不确定性，专业机构在评估认定资源量时，需对资源量中地质可靠程度较低的部分，采用可信度系数进行调整。《国土资源部关于采矿权评估和确认有关问题的通知》（国土资发〔2002〕271号）明确规定，对于推测的和预测的资源量，视矿山企业利用情况、设计利用情况，分别选取资源量的可信度系数参与计算。资源量可信度系数取值范围为0.5~0.8。

例如，B公司非法采矿案中，非法开采区域所在矿区的矿产资源储量报告记载，矿区内保有煤炭资源量1400万吨，其中控制的经济基础储量（122b）420万吨，推断的内蕴经济的资源量（333）980万吨，即内蕴经济的资源量（333）占总资源量的70%。经鉴定机构估算，非法开采区域的资源量为280万吨，鉴定机构按照推断的内蕴经济的资源量（333）占比70%的标准，对可信度系数取值0.8，进而估算出非法开采区域的资源储量为240.7万吨。

（五）在资源储量的基础上计算可采储量

矿产资源开采过程中会产生开采损失量，因此实际采出量必然小于矿产资源储量。矿产资源管理中通常使用开采回采率（采出的矿石占矿石储量的百分比）这一概念界定矿产资源开采损失。在非法采矿案件中，应将矿产资源储量乘以回采率计算出可采储量，据此认定非法开采的矿产品数量。

以煤炭资源为例，《生产煤矿回采率管理暂行规定》（国家发展和改革委员会令第17号）、《煤矿回采率计算方法及要求》、《煤炭工业露天矿设计规范》（GB 50197—2015）等规定及规范中，对煤炭资源开采回采率进行了规定。矿山建设生产过程中，煤矿企业按照上述规定及规范，根据矿山实际情况，在矿产资源开发利用方案、初步设计等文件中确定煤矿回采率，并报主管部门审查。认定煤炭企业非法开采矿产品数量时，应将煤炭资源储量乘以回采率计算出可采储量，据此认定非法开采的矿产品数量。

实践中，有的办案人员由于不熟悉地质矿产行业的特点和规律，对矿产资源可信度系数、回采率的概念不予认可，要求鉴定机构认定非法开采矿产品数量时不予考虑可信度系数和回采率。

三、如何针对矿产品数量的认定问题提供有效律师辩护

第一，依据地质矿产领域专业规定进行精准辩护。非法开采矿产品数量的认定，涉及地质勘查、储量估算、可信度系数、回采率等诸多专业概念，律师辩护工作必须建立在正确理解和运用专业知识的基础上。辩护律师在辩护过程中，应重点审查的事项包括鉴定机构实施的勘查和测量工作是否符合地质勘查规范等要求，估算矿产资源储量所依据的储量报告是否真实可靠、是否经过了评审备案，认定资源储量时是否考虑了地质可靠程度、选取的可

信度系数是否合规，计算可采储量时是否扣减了开采损失、回采率的选定是否合规等。在此基础上，针对鉴定意见中依据的储量报告、可信度系数、回采率和可采储量等专业问题发表充分的辩护意见，以便于合法合理确定非法开采矿产品数量。

第二，运用刑事证据规则进行有效辩护。一是督促办案机关全面调查收集证据。辩护律师及当事人发现办案机关未依法调取对自身有利证据时，应及时向办案机关提交有关证据线索，并申请办案机关调取有关证据。二是鉴定机构对非法开采的矿产品数量进行认定后，辩护律师应对鉴定意见进行全面审查，针对鉴定意见存在的问题及时提出异议，必要时提出补充鉴定申请或重新鉴定申请。三是针对存疑证据提出按照有利于被告原则处理。在辩护过程中，针对不同鉴定机构出具的鉴定意见中关于非法开采的矿产品数量认定不一致，犯罪嫌疑人和证人证言关于非法开采矿产品数量的陈述不一致，作为鉴定材料的不同地质资料之间内容相互矛盾等情形进行充分分析论证。

第三，借助助力律师辩护。一是根据案情需要聘请地质矿产行业、刑法领域的权威专家，针对矿产品数量认定中涉及的专业问题进行专题论证，出具专家论证意见，对律师辩护形成有力支撑。二是申请专家辅助人出庭，由专家辅助人专业、客观地向法庭阐明有关专业问题，揭露鉴定意见中存在的问题；同时，在鉴定人出庭的情况下，专家辅助人和鉴定人当庭对质，以专业对专业的方式全面深入查清鉴定意见中存在的问题。三是必要时辩护律师可以建议当事人委托或者自行委托专业机构、专家人员，依据当事人提供的有关材料对非法开采的矿产品数量进行单方认定，形成专业结论，对办案机关的鉴定意见进行反驳和否定，以达到查清事实、排除非法证据等效果。

第七节　矿产品价格的认定

在非法采矿刑事案件中，非法开采的矿产品价值达到法定的标准是对非法采矿行为定罪处罚的重要前提。确定非法开采的矿产品价值，往往又需要先认定非法开采的矿产品数量和矿产品价格。因此，对非法开采的矿产品价格的认定，是非法采矿刑事案件中调查取证的重要内容，当然也是律师在辩护中要重点关注的。

一、非法采矿案件矿产品价格认定中的重点问题

有的非法采矿案件中办案机关能够直接通过矿产品销售记录、财务凭证等证据认定矿产品价格，但实践中更多的情形是非法采矿行为发生时间久远、直接证据已灭失，难以直接查明矿产品的实际销售价格。对此，办案机关应委托价格认证机构依照法定程序对非法开采的矿产品进行价格认定。实践中应重点关注以下方面问题：

（一）价格认定程序

根据价格认定有关规定，办案机关委托价格认证机构对非法开采的矿产品价格进行认定的，应出具价格认定协助书。价格认证机构应当按照办案机关所在的行政区域，分级受理价格认定。价格认定人员应当在办案机关的协助和参加下，对价格认定对象进行实物查验、核实或者勘验，必要时要求办案机关通知非法采矿涉案当事人到场。对重大、疑难的价格认定事项，价格认证机构认为必要或者办案机关提出申请，价格认证机构可以通过听证、座谈等方式，听取办案机关、相关当事人、专家对价格认定事项的意见。价格认证机构出具价格认定结论后，办案机关对价格认定结论有异议的，可在收到价格认定结论之日起60日内，向上一级价格认证机构提出复核。涉案当事

人对价格认定结论有异议的，可以向办案机关提出复核申请，由办案机关按程序提出复核。

非法采矿刑事案件中，矿产品价格认定程序中应注意的问题包括：有的价格认证机构在实物查验、现场勘验时未核实清楚有关事实，也未要求办案机关通知涉案当事人现场指认，导致有关事实认定不清；有的价格认定事项中存在疑难复杂以及争议较大的问题，但价格认证机构未听取办案机关、相关当事人、专家的意见；有的价格认定结论出具后，办案机关未及时通知相关当事人，剥夺和影响了当事人行使申请复核以及重新认定、补充认定的权利等。

（二）价格认定对象

非法采矿刑事案件中，价格认定对象是行为人非法采出的矿产品，价格认证机构根据办案机关确定的价格认定对象开展价格认定工作。实践中应注意：

一是价格认定对象应为案涉当事人非法采出的矿产品，在非法采出的矿产品已经灭失不能作为认定标的时，应当将在非法开采区域同一矿层取样的矿石作为认定标的；或者以和非法采出的矿产品具有相同或者相似质量特征的矿石作为认定标的，而不能随意以周边区域他人采出的矿产品作为价格认定的标的。

二是涉案矿产品中存在不同化学成分、工业类型、品级等质量特征的，应对非法采出的矿产品进行分类，分别开展价格认定。

三是价格认定对象应为行为人非法采出的原矿，而非经选矿或其他加工过程后的矿石，亦非经过长途运输、二次交易后的矿产品。

（三）价格认定基准日

价格认定有关规定中并未明确价格认定基准日的确定标准，非法采矿刑事案件中，价格认定基准日通常确定为矿产品实际采出或者销售的时间。实践中应注意：

一是有的案件中非法开采矿产品发生的时间分散，例如，开采行为分别发生在一年的多个月份，办案机关未根据开采或者销售数量分别认定同一年中不同月份的矿产品价格，而是笼统地要求价格认证机构按照年度或者多个年度的平均矿产品价格进行认定，导致价格认定结论不准确，特别是在矿产品价格波动较大时会导致价格认定结果严重失实。

二是有的案件中由于非法采矿发生时间久远，查证非法开采时间难度较大，办案机关在未深入调查取证的情况下，向价格认证机构提供了不准确的基准日。

二、非法采矿刑事案件中矿产品价格认定的典型案例分析

案例1：价格认证机构按照当地煤炭最高热值标准对涉案煤炭矿产品进行价格认定

A公司涉嫌非法采矿罪一案中，办案机关为了确定A公司非法开采的煤炭价格，委托价格认证机构进行价格认定。由于办案机关未向价格认证机构提供涉案煤炭的热值标准，价格认证机构经过市场调查了解到当地煤炭热值最高不超过5500千卡/千克，遂按照5500千卡/千克热值标准出具了价格认定结论。但实际上依据已有资料能够确定案涉煤炭的热值为4200千卡/千克左右，在销售价格上与5500千卡/千克的煤炭相去甚远。

本案中，办案机关在委托开展价格认定之前，未对A公司开采的煤炭矿产品进行质量检测。价格认证机构接受委托后，未进行现场勘验，未核实清楚价格认定对象的质量情况，其选取的价格认定对象是当地最高热值煤炭矿产品，而非A公司开采的矿产品，属于价格认定对象错误。价格认证机构针对错误对象作出的价格认定结论，显然不能作为认定涉案矿产品价格的依据。

案例2：价格认定过程中未考虑涉案煤炭中含有过火煤

B公司因越界开采煤炭资源涉嫌非法采矿罪，在案证据显示在其越界开采的煤炭资源中，有一部分煤炭属于过火煤，该过火煤价格远低于正常煤炭矿产品价格。办案机关为确定B公司非法开采的矿产品价格，委托价格认证

机构进行价格认定。但办案机关未向价格认证机构提供有关过火煤数量、质量等材料，价格认证机构进行价格认定过程中未进行现场勘验，亦未采纳当事人提出的补充过火煤有关材料的意见，最终出具的价格认定结论中未体现过火煤价格。

本案中，在案证据已证明 B 公司开采的煤炭资源中包含了过火煤。但办案机关未查明过火煤数量、质量等情况就委托了价格认定。价格认证机构既未进行现场勘查，也未要求办案机关补充材料，更未听取采纳当事人意见，导致价格认定结论未体现过火煤价格，鉴定结论失实。

案例 3：价格认定基准日与非法采矿的发生时间不符，导致过高认定矿产品价格

2015 年 1 月至 2016 年 6 月，C 公司在未取得采矿许可证的情况下擅自开采铁矿资源，后被公安机关以非法采矿罪立案侦查。办案机关为确定 C 公司开采的铁矿石价格，委托价格认证机构对矿产品进行价格认定。办案机关出具的价格认定协助书中要求对认定对象在 2015 年、2016 年的市场价格进行认定。价格认证机构接受委托后，将案涉铁矿石 2015 年年度平均市场价和 2016 年年度平均市场价作为认定结论。由于 2016 年全年铁矿石价格快速上涨，价格认证机构出具的价格认定结论中的铁矿石价格明显高于非法采矿期间的实际价格。

本案中，办案机关委托进行价格认定时，未将价格认定基准日和非法开采期间准确对应。价格认证机构进行价格认定时，既未向办案机关核实准确的价格认定基准日，也未在价格认定结论中载明 2015 年、2016 年具体月份的矿产品价格，而是直接以年度平均价作为认定结论，导致认定结果失实。

案例 4：价格认证机构将经过运输和洗选后的矿产品价格认定为非法开采的矿产品价格

D 公司在未办理河道采砂许可证的情况下，在某河段进行采砂活动。D 公司使用吸砂船采出砂石后，雇用他人的运输船，将砂石运输至岸上集中清洗和分选后进行销售。司法机关在追究A公司非法采砂刑事责任过程中，委托价格认证机构对非法开采的矿产品进行价格认定。价格认证机构在进行价格认定过程中，采用市场法，参照当地经过运输和洗选后的砂石价格对涉案矿产品价格作出了认定。

本案中，办案机关委托鉴定的目的是确定非法开采的矿产品价格。价格认证机构出具的价格认定结论，不仅包含非法开采的矿产品价格，还包含因运输、清洗和分选行为导致的矿产品价格增值部分，超出了委托认定的范围，鉴定结果不能作为认定非法开采矿产品价格的依据。

三、如何针对矿产品价格认定过程及其结论进行有效辩护

第一，协助当事人积极参与价格认定过程。当事人发现价格认定人员和认定事项有利害关系等情形的，应申请价格认定人员回避。价格认定人员对矿产品进行实物检验或者勘验时，当事人应积极参与，进行现场指认和确认。价格认证机构进行资料收集、市场调查时，当事人应及时提供有利于己方的有关证据。针对价格认定过程中的疑难、争议问题，应积极申请听证和发表意见。当事人收到价格认定结论后，如果发现价格认定结论存在违法违规情形，可以提请办案机关向上一级价格认证机构提出复核。

第二，充分开展调查取证。实践中，价格认证机构对矿产品价格作出错误认定的，往往是由于办案机关未及时、充分提供相关材料，案例1中价格认证机构按照当地煤炭最高热值标准对涉案煤炭作出价格认定，案例2中价格认定过程中未考虑涉案煤炭中含有过火煤因素，都和办案机关提供的材料不充分有很大关系。为此，辩护律师发现有助于价格认定的材料线索时，可申请人民检察院、人民法院调取，或者经有关单位和个人同意后自行收集，然后提交给办案机关作为价格认定的依据材料。

第三，运用刑事证据规则进行有效辩护。一是辩护律师针对价格认定结论的真实性、合法性、关联性提出质证意见。结合证据情况和辩护策略，提出非法证据排除申请，或者提出重新认定、补充认定申请。二是根据案情需

要申请法庭通知专家辅助人出庭，就价格认定结论提出专业意见，达到推翻价格认定结论或者启动重新、补充认定的目的。三是根据案情需要申请法庭通知价格认定人员出庭，对价格认定的依据、过程及结论进行说明。律师和专家辅助人对价格认定人员进行有针对性的询问，达到充分揭露价格认定结论的错误、排除非法证据的目的。

第八节　合法项目工程施工与非法采矿的界限

我国实行矿产资源开采许可管理制度，开采矿产资源须经矿产资源主管部门批准，颁发采矿许可证，没有采矿许可证而进行矿产资源开采的，属于无证开采情形，达到法定标准的会被认定构成非法采矿罪，被追究刑事责任。但现实中有部分合法项目在工程施工过程中，会附带产生采出矿石的结果，这些合法项目工程施工和非法采矿有本质的区别，不能随意将合法项目施工采出矿石的行为认定为非法采矿行为。

一、合法项目工程施工与非法采矿的主要区别

除采矿行为能开采出矿石外，正常的项目工程施工也存在动用矿产资源储量、开采出矿石的现象，比如，隧道施工中必然会产生砂石、煤矿的灭火工程必然动用煤炭资源储量采出煤炭等。虽然项目工程施工会开采出矿石，但工程施工本身不属于矿山开采行为，工程施工中动用矿产资源储量和采矿行为有本质区别。实践中，有时办案机关将合法项目的工程施工采出矿石的行为定性为非法采矿，实际上混淆了合法项目工程施工与非法采矿的界限。

第一，合法项目工程施工具有目的正当性。合法项目施工目的是由项目性质决定的，项目施工最终是为了实现项目目标，比如矿山地质环境恢复治理项目，施工目的是通过实施治理工程恢复矿山地质环境，减少矿产资源勘查开采活动造成的矿山地质环境破坏，促进矿产资源的合理开发利用和经济社会、资源环境的协调发展，项目施工不以采出矿石销售获利为目的。非法采矿的目的非常明确，就是以开采出矿石进行销售获利为目的，其目的不具有正当性。

第二，合法项目工程施工的依据具有确定的合法性。是否履行了项目审

批手续是判断合法项目施工和非法采矿的重要依据。实践中常见工程施工涉及动用矿产资源储量的项目，比如基础设施建设项目的隧道施工、水库建设项目的库容施工、煤矿的灭火项目工程施工、矿山地质环境恢复治理项目施工、土地整治项目的工程施工、河道疏浚项目的工程施工等，这些工程施工如果作为合法的项目，均应取得合法的项目审批手续。以煤矿的灭火工程项目为例，按照灭火工程管理相关规定，煤田火灾治理一般包括火区勘查、火区灭火规划、灭火工程专项设计、灭火工程施工、竣工验收及后期管理等阶段。在不同的阶段，均存在一定的审查、审批手续，如内蒙古自治区规定火区详细勘查报告需要专家组审查后由自治区发改委、煤炭工业主管部门批复，煤田火区专项设计由自治区发改委牵头会同有关部门批复，煤矿火区专项设计由自治区煤炭工业主管部门牵头会同有关部门批复。如果打着上述项目的的幌子，实际上没有项目合法审批手续，在施工过程中动用矿产资源储量，以采出矿石进行销售获利为目的的，就属于非法采矿行为。

第三，合法项目工程施工过程中采出矿石的结果具有必然性。因为矿产资源赋存位置的不可移动性，在项目工程施工范围内如果赋存矿产资源，那么施工过程中必然会动用该矿产资源储量，采出相应矿石量。比如，河道疏浚工程，必然会采出河砂；剥挖隔离方法实施的煤矿灭火工程，必然要动用煤炭资源储量；矿山地质环境恢复治理工程中如果涉及削坡减荷的，必然要采挖出相应的矿石。所以说合法项目施工过程中动用矿产资源储量采出矿石是个必然的结果，属于施工的附属品。如果在合法项目施工过程中超出规划设计的施工范围、施工方法或者施工期限，导致本不应被动用的矿产资源储量被动用，这时开采出矿石的行为就可能被认定为非法采矿行为，因为采出矿石的行为超出合法项目施工的范围，不具有必然性。

针对合法项目施工过程中涉及动用矿产资源储量的合法性问题，相关法律政策也有明确的规定。1998 年《国土资源部关于开山凿石、采挖砂、石、土等矿产资源适用法律问题的复函》（国土资函 190 号，已失效）规定：建设单位因工程施工而动用砂、石、土，但不将其投入流通领域以获取矿产品营利为目的，或就地采挖砂、石、土用于公益性建设的，不办理采矿许可证，不缴纳资源补偿费。2006 年《最高人民法院行政审判庭关于在已取得土地使用权的范围内开采砂石是否需办理矿产开采许可证问题的答复》（〔2006〕行他字第 15 号）明确：参照《国土资源部关于开山凿石、采挖砂、石、土等矿产资源适用法律问题的复函》（国土资函 190 号，已失效）的解释，水电站建设单位因工程施工而在批准用地的范围内采挖砂、石、土，用于水电站大坝混凝土浇筑工程的，无须办理矿产开采许可证及缴纳资源补偿费。2019 年《自然资源部关于探索利用市场化方式推进矿山生态修复的意见》（自然资规〔2019〕6 号）规定：对地方政府组织实施的历史遗留露天开采类矿山的修复，因削坡减荷、消除地质灾害隐患等修复工程新产生的土石料及原地遗留的土石料，可以无偿用于本修复工程；确有剩余的，可对外进行销售，由县级人民政府纳入公共资源交易平台，销售收益全部用于本地区生态修复，涉及社会投资主体承担修复工程的，应保障其合理收益。

二、合法项目工程施工动用矿产资源储量涉嫌非法采矿典型案例分析

案例 1：企业实施矿山环境治理工程，依约销售工程砂石

某县政府为对辖区内一处废弃矿区进行生态环境治理，通过政府采购方式确定 A 公司为矿山环境治理施工单位。县政府授权国土资源局与 A 公司签订了施工合同，约定 A 公司承担矿山环境治理工作，同时对施工产生的矿石进行销售处理，用于抵顶工程款。A 公司在县国土资源局监督下，按照施工方案完成了矿山治理工程，并通过了县国土资源局组织的验收。后司法机关认为，A 公司没有采矿许可证，擅自将施工产生矿石对外销售的行为构成非法采矿罪。

案例 2：企业实施煤田火区治理工程，超出批准范围灭火

B 公司为某煤矿探矿权人，因该煤矿煤层赋存浅、露头多、易自燃，存在多处着火点。政府按照煤矿火区管理的规定，要求 B 公司自行出资对火区

着火点进行治理。B 公司为实施火区治理项目，先后完成了火区勘查，火区治理方案编制审批，临时用地、工程用水、环境保护措施等行政审批手续。B 公司实施火区治理过程中，按照火区专项设计规定的范围进行施工，采出部分煤炭资源并进行销售。后司法机关认为，B 公司灭火工程施工过程中采挖煤炭资源并进行销售牟利的行为构成非法采矿罪，因政策并未明确规定 B 公司灭火工程采挖出的煤炭可以自行销售。

案例 3：企业实施道路工程建设，擅自销售工程砂石

某镇政府计划修建一条农村公路，通过招标方式确定 C 公司为施工单位。C 公司和镇政府签订了工程施工合同，并办理了项目审批手续。C 公司进行道路工程施工过程中，将施工产生的砂石一部分用于本工程项目，另一部分进行了对外销售。后司法机关认为，C 公司在未办理采矿许可证的情况下，擅自采挖并销售砂石的行为构成非法采矿罪。

笔者认为，上述三个案例均属于合法项目工程施工动用矿产资源储量的行为，不构成非法采矿罪。理由如下：

第一，上述项目工程施工行为均具有正当目的，不存在非法采矿的主观故意。案例 1 中矿山环境治理工程施工的目的是修复矿山生态环境；案例 2 中煤田火区治理工程施工的目的是消除煤田着火点，保护煤炭资源，保护生态环境，便于煤矿开采作业；案例 3 中农村道路工程施工的目的是提升农村基础设施水平。三家公司项目施工的目的是实现各自的项目目标，主观上与采矿的目的是获取矿产资源是截然不同的。

第二，上述项目施工行为均不属于开采矿产资源行为，非法采矿罪的客观方面不成立。无论是实施矿山环境治理工程、煤田火区治理工程，还是农村道路建设工程，其行为性质均为工程施工，而非以矿产资源为对象的开采行为。工程施工过程中动用矿产资源是工程施工中的必要环节，产生的矿石属于施工的附属品，与开采矿产资源行为具有本质区别。

第三，上述项目均为合法审批项目，施工行为具有合法依据。A 公司矿山环境治理工程获得了政府批准，A 公司和国土资源局签订了施工合同；B

公司煤田火区治理工程办理了火区勘查、火区治理方案编制审批，临时用地、工程用水、环境保护措施等各项审批手续；C公司通过政府招标方式成为道路工程的施工单位，并依法办理了公路项目建设审批手续。

第四，非法采矿罪的刑事评价范围是开采行为本身，采出矿石的销售行为不影响非法采矿罪与非罪的界定。合法项目工程施工采出矿石是否进行销售与非法采矿认定无必然关系。案例3中，在C公司实施的道路工程不构成非法采矿罪的前提下，C公司销售矿石行为是否合法合规，涉及政府部门对工程砂石销售行为的行政管制要求，以及项目工程各方的协议约定，不能因C公司销售了矿石就认定其非法采矿。案例2中，在B公司自行出资进行灭火工程采挖出煤炭具有目的正当性和结果必然性的前提下，其自行销售符合行业惯例，并不具有违法性。

三、对合法项目工程施工涉嫌非法采矿案件辩护的几点建议

（一）全面做好证据调查收集

在调查取证的方式上，一方面，辩护律师要督促办案机关全面调查收集证据。辩护律师发现办案机关未依法调取对当事人有利证据时，应及时向办案机关提交证据线索，并申请办案机关调取有关证据。另一方面，在办案机关未依法调取对当事人有利证据的情况下，辩护律师经有关单位和个人同意，可以向他们收集与本案有关的材料。在调查取证的内容上，要从项目工程全流程管理出发，全面收集项目工程实施的背景材料，项目工程各项行政审批手续材料，工程组织实施过程中的施工合同、施工图纸、施工日志、竣工验收文件等有关材料，以及能够证明工程施工效果的其他有关材料。

（二）深入开展法律分析论证

一是依据项目工程管理专业规定进行分析论证。针对煤田灭火工程，国家能源局印发了《煤田火灾灭火规范》等文件，内蒙古自治区出台了《关于加强煤田（煤矿）火区专项治理工作的实施意见》（内政字〔2007〕234号)、《内蒙古自治区治理煤田（煤矿）火区管理办法》（内煤局字〔2009〕

620号）等文件。对于其他各类项目工程，有关行政机关也都出台了相应的管理规定。律师辩护过程中，应结合项目工程施工实际情况，深入研究有关管理规定，从专业角度对施工行为的合法性提出律师意见。二是从犯罪构成要件出发进行分析论证。结合涉案工程施工的目的，论证行为人不具有非法采矿的主观故意；根据工程施工的具体情况和施工效果，论证工程动用矿产资源储量的必然性，施工单位不存在非法采矿行为；结合涉案工程审批监管情况，论证工程施工行为不具有刑事违法性。

（三）充分发挥专家辅助作用

一是针对案件办理过程中的疑难问题、争议焦点问题，辩护律师可以视情况建议办案机关委托矿政管理、地质矿产、工程建设、刑法等领域专家，对案件有关问题进行分析论证，形成专业意见供办案机关参考。二是根据案情需要，辩护律师及当事人可以聘请有关专家针对案件涉及的争议问题进行专题论证，出具专家论证意见，对律师辩护形成有力支撑。三是辩护律师申请专家辅助人出庭，由专家辅助人专业、客观地向法庭阐明有关专业问题，帮助法官对案件涉及的专业性问题进行正确理解，达到公正裁判的目的。

第九节　违法所得的认定

司法机关办理非法采矿刑事案件时，不仅要对非法开采行为责任主体定罪处罚，还要对其违法所得予以追缴或责令退赔，可见违法所得具体数额认定事关当事人重大财产利益。但我国现行法律及司法解释并未对非法采矿罪中违法所得认定作出具体规定，实践中的非法采矿案件具体案情又千差万别，辩护律师应当结合案件具体事实和情节，通过专业和有针对性的辩护，促使办案机关对违法所得作出合理合法的认定，维护被告人的合法权益。

一、非法采矿刑事案件中违法所得认定的依据分析

《刑法》第64条规定，犯罪分子违法所得的一切财物，应当予以追缴或责令退赔。当前我国尚无明确的法律法规对刑事犯罪中违法所得的认定予以统一规范。刑法学界存在净利原则、总额原则等不同观点。《最高人民法院研究室关于非法经营罪中“违法所得”认定问题的研究意见》中认为，我国司法机关对于违法所得认定适用“获利说”原则，但也有例外，这种例外应当有法律、司法解释的明确规定。刑事司法实务中，有关司法解释对于违法所得的认定形成了两类不同的规定：

第一类规定认为，违法所得是指获利金额，即以违法生产、销售获得的全部收入，扣除其直接用于经营活动的合理支出后剩余的金额。例如，《最高人民法院研究室关于非法经营罪中“违法所得”认定问题的研究意见》认为，非法经营罪中的“违法所得”应当是指获利数额。《最高人民法院关于审理生产、销售伪劣产品刑事案件如何认定“违法所得数额”的批复》（法复〔1995〕3号，已失效）中明确，“违法所得数额”是指生产、销售伪劣产品获利的数额。《最高人民法院关于审理非法出版物刑事案件具体应用法

律若干问题的解释》（法释〔1998〕30号）规定，“违法所得数额”是指获利数额。《最高人民法院、最高人民检察院关于办理内幕交易、泄露内幕信息刑事案件具体应用法律若干问题的解释》（法释〔2012〕6号）规定，“违法所得”是指通过内幕交易行为所获利益或者避免的损失。

第二类规定认为，违法所得是指通过实施犯罪直接、间接产生、获得的任何财产，无须扣除生产、销售成本。例如，《最高人民法院、最高人民检察院、公安部关于办理非法集资刑事案件适用法律若干问题的意见》（公通字〔2014〕16号）规定，向社会公众非法吸收的资金属于违法所得。以吸收的资金向集资参与人支付的利息、分红等回报，以及向帮助吸收资金人员支付的代理费、好处费、返点费、佣金、提成等费用，应当依法追缴。《最高人民法院、最高人民检察院关于办理环境污染刑事案件适用法律若干问题的解释》（法释〔2023〕7号）规定，“违法所得”是指实施犯罪行为所得和可得的全部违法收入。

对于非法采矿罪中违法所得认定问题，我国现行法律及司法解释未作出具体规定。参考有关刑法学说、司法观点、司法解释，笔者认为应从以下三个方面把握非法采矿罪中的违法所得认定标准：第一，原则上非法采矿罪中违法所得认定应适用“获利说”，扣除行为人的合理支出，因为获利是非法采矿的主要犯罪动机，获利数额能够相对准确地反映非法采矿行为的社会危害性，以此标准认定违法所得更符合罪刑相当的原则；第二，具体案件中应考量犯罪情形和特征，对恶意盗采矿产资源行为和合法矿山项目中的无证开采行为区别对待；第三，识别成本支出的性质，行为人为实施非法采矿犯罪行为所进行的支出不应扣除，具有中立性、并非附属于犯罪行为的合理支出则应予以扣除。

二、非法采矿罪中违法所得认定典型案例分析

案例1：认定违法所得时应否扣除已缴矿业权价款

A公司拥有某金矿探矿权，并投资建设了金矿采选项目，在尚未取得采

矿许可证的情况下，A公司擅自对已查明的矿产资源进行了开采并对外销售。同时，A公司按照矿产资源管理部门要求，根据矿业权价款评估结果缴纳了全部矿业权价款。后司法机关认为A公司无证开采行为构成非法采矿罪，拟追究其刑事责任。在司法机关认定违法所得过程中，A公司提出应将其已缴纳的矿业权价款作为合理支出予以扣除。

案例2：认定违法所得时应否扣除已缴税费

B公司拥有某煤矿采矿权。在B公司矿区范围的外部存在未设置矿业权的公共井田。B公司实施煤炭开采过程中，超出矿区范围对公共井田内的煤炭资源进行了开采，将界内和界外开采的煤炭一并进行了销售，并按照政府部门要求缴纳了资源税、增值税等各项税费。后司法机关认为A公司的越界开采行为构成非法采矿罪，拟追究其刑事责任。在司法机关认定违法所得过程中，B公司提出应将其已缴纳的各项税费作为合理支出予以扣除。

案例3：认定违法所得时应否扣除环境治理和土地复垦支出

C公司拥有某铁矿探矿权并已探明资源储量，为办理探矿权转采矿权登记，C公司编制了矿产资源开发利用方案、矿山地质环境保护与土地复垦方案等文件。其间，C公司实施了矿产资源开采行为，同时按照矿山地质环境保护与土地复垦方案投入资金进行了采坑回填、边坡治理及植被恢复。因当地出台了矿山转型升级政策，该铁矿由于储量规模未达到要求无法办理采矿许可证。后司法机关认为C公司无证开采行为构成非法采矿罪，拟追究其刑事责任。在司法机关认定违法所得过程中，C公司提出应将矿山环境治理及土地复垦支出作为合理支出予以扣除。

笔者认为，上述三家公司关于认定违法所得时应扣除有关支出的主张应予采纳。理由如下：第一，三家公司的采矿行为并非恶意盗采国家矿产资源行为。A公司已取得探矿权并已建成矿山采选项目，B公司拥有采矿权和合法煤矿项目，C公司已取得探矿权并启动采矿权登记。三家公司的采矿行为均是建立在合法矿山项目的基础上，其采矿行为的目的是通过生产经营获利，其合理支出理应扣除。第二，三家公司主张扣除的支出均不属于为实施非法采矿犯罪行为所进行的支出，支出行为本身具有中立性、独立性。第三，A公司缴纳矿业权价款的行为属于履行矿业权有偿处置义务，B公司缴纳有关税费的行为属于履行纳税义务，C公司进行采坑回填、边坡治理及植被恢复的行为属于履行矿山环境治理和土地复垦义务，上述行为均具有合法依据。

三、针对非法采矿刑事案件中违法所得认定进行有效辩护的建议

为了促使办案机关全面客观掌握非法采矿案件有关事实，正确适用法律政策，对矿山企业合理支出予以扣除，合法合理认定违法所得金额，辩护律师可以重点从以下方面开展辩护工作。

（一）全面开展调查取证工作

一是辩护律师应指导涉案当事人积极自行查找收集有关证据材料，对于已灭失的有利材料，争取通过申请有关单位或个人出具证明等方式进行补正。二是辩护律师发现办案机关未依法调取对当事人有利证据时，应及时向办案机关提交证据线索，并申请办案机关调取有关证据。三是在办案机关未依法调取对当事人有利证据的情况下，辩护律师经有关单位和个人同意，可以向他们收集与本案有关的材料。

（二）充分做好法律政策分析

一是梳理总结有关刑法学说、司法观点、司法解释、司法裁判案例等，结合案件具体事实形成有利于当事人的法律意见。二是必要时聘请刑法专家对涉案违法所得认定问题进行专题论证，出具专家论证意见，对律师辩护形成有力支撑。三是充分研究司法机关打造法治营商环境、保障涉案企业合法经营权益的有关刑事司法政策，将刑事司法政策内容和案件具体事实有机结合进行分析论证。

（三）与办案机关进行有效沟通

一是辩护律师应尽早介入案件，向办案机关充分阐明涉案违法所得如何认定的法律观点，引导办案机关充分调取证明非法采矿行为特点、矿山项目

情况、企业合理支出等方面的证据材料。二是鉴于矿产资源开发的专业性、复杂性，辩护律师可以采取专题交流、提供参考材料、邀请办案人员实地走访等方式，使办案人员能够充分熟悉违法所得认定中应考虑的各种因素。三是鉴于有的非法采矿刑事案件中违法所得金额巨大，甚至产生一个案件搞垮一个企业的后果，辩护律师可以协助企业和办案机关、有关主管部门等进行沟通交流，恰当运用刑事司法政策，促使办案机关在认定违法所得时兼顾惩治犯罪和保障企业持续经营。

第十节　法益保护原则的适用

根据《刑法》中的法益保护原则，犯罪的本质是对法益的侵害。一个行为只有侵害了刑法所保护的法益，才有可能构成犯罪。认定非法采矿罪时，不仅要看开采行为是否属于无证开采等形式要件，还应结合无证开采的背景原因、具体事实、性质情节等，从法益保护角度进行分析认定。

一、认定非法采矿罪应考虑开采行为是否侵害了法益

根据《刑法》第343条及相关司法解释，结合矿产资源开采管理有关规定，笔者认为非法采矿罪所保护的法益是以开采许可为核心的矿产资源开发管理秩序，以及矿产资源国家所有者权益或者他人的矿业权权益。无证开采行为只有侵害了非法采矿罪所保护的法益时，才可能构成非法采矿罪。

司法实践中，有的非法采矿案件案情较为简单，属于典型的私挖滥采、盗采矿产资源行为，这类行为明显侵害了非法采矿罪所保护的法益。但有的无证开采行为是在合法矿山项目实施中发生的，无证开采的背景原因、现实情形较为复杂，认定是否侵害法益时应从以下方面进行分析：

第一，行为人办理采矿权各项前置审批手续情况。采矿权申请人在取得矿产资源管理部门颁发的采矿许可证之前，须完成多项前置审批手续。采矿许可证的取得，是行政机关与采矿权申请人多阶段、多步骤、多个行为共同作用的结果，采矿许可证并不能承载矿产资源开采许可管理的全部内容。非法采矿刑事案件中，不能简单地以有无采矿许可证作为判断罪与非罪的绝对标准，而应审查各项前置审批手续办理情况，立足于整个开采管理制度对无证开采行为进行分析。

第二，开采行为是否取得了政府部门的同意。矿山开采是国家强监管领

域，政府及有关部门的批准和同意是企业能够实施开采行为的重要前提。由于采矿权手续办理时间周期较长，有的地方政府为了招商引资、发展经济，允许企业边生产边办理采矿手续，边建边批、边采边批甚至成为一些地方的惯例。企业出于对政府的信赖而实施无证开采的，并且是在政府矿政管理部门监管下实施的，并未侵害矿产资源开发管理秩序，其信赖利益应受保护。非法采矿刑事案件中，应调查核实政府及有关部门是否曾批准、支持企业实施无证开采，是否曾对企业的无证开采行为进行过制止，据此分析企业开采行为是否违反了政府管理要求。

第三，矿山项目审批建设情况。新建矿山项目一般要经过项目审批、建设施工、竣工验收等程序。矿山项目管理和采矿权管理虽然属于相对独立的管理条块，但两者在程序上往往存在交叉和互为前置的情形。例如，有的地区自然资源主管部门在办理建设项目用地预审手续时，要求矿山企业须提供划定矿区范围批复；基于矿种的特殊性或者地方产业政策要求，自然资源主管部门在办理采矿权登记手续时，要求矿山企业须取得政府主管部门的项目批准文件。通过考察矿山项目的审批建设情况，有助于辨别企业的开采行为属于盗采矿产资源还是合法项目中的无证开采，有助于分析判断矿山企业无证开采的背景、原因和情节。

第四，行为人是否缴纳了矿业权价款（出让收益）。1996 年修订的《矿产资源法》及有关行政法规确立了矿业权有偿取得制度，矿山企业无偿占用国家出资探明矿产地的，应缴纳矿业权价款。2017 年国家推行矿产资源权益金制度改革，将矿业权价款调整为矿业权出让收益，其性质属于矿产资源所有权人向矿业权人收取的有偿使用收入。非法采矿刑事案件中，应查明行为人缴纳矿业权价款（出让收益）情况，据此分析国家所有者权益是否受到了侵害。

由于采矿权办理程序复杂、周期较长，无证开采行为在不同案件中的背景原因、表现形式不尽相同，办案机关应全面查明具体案件中无证开采有关的各项事实，充分结合矿产资源开采管理制度规定进行法律分析，对无证开采行为是否侵害了非法采矿罪所保护的法益作出正确的认定。

二、认定非法采矿罪应进行法益衡量

法益保护原则要求界定罪与非罪时应进行法益衡量，如果一个侵害法益的行为是为了救济更优或者同等价值的法益，则产生了违法性阻却事由，一般来讲该行为不构成犯罪。矿产资源开采行为往往涉及开采管理制度、国家或者他人的矿产资源权益、资源合理利用和保护、保障生产供应等多个利益。有的无证开采行为虽然违反了矿产资源开采管理制度，但该行为却同时保护了其他重要利益，实践中至少存在以下几种特殊情形：

一是越界开采边角资源。有的采矿许可证规定的矿区范围和矿床范围并不完全一致，矿区范围划定不尽合理，部分边角资源位于矿区范围以外。按照《矿产资源法》的规定，对于矿区范围以外的边角资源，采矿权人无权开采。但是，基于矿业权设置要求、开采技术及开采经济性等原因，在开采矿区范围内矿产资源时如果不对边角资源一并开采，未来该部分资源可能将无法单独开采，势必造成国家矿产资源的浪费。因此，越界开采边角资源的行为，一方面违反了矿产资源开发管理秩序，另一方面却避免了煤炭资源浪费，实现了资源的合理开发利用。

二是压覆矿产资源抢救性开发。铁路、公路、工厂、大型建筑物等工程有时会压覆一定规模的矿产资源，并导致该部分矿产资源无法开发而失去利用价值。在工程压覆不可避免时，从保护矿产资源、避免资源浪费角度，有必要在不影响工程的情况下尽可能将拟被压覆的矿产资源提前开采出来。对于尚未设置采矿权的压覆区域，由于采矿权设置程序较为复杂，时间周期较长，要求企业在取得采矿许可证后再实施开采可能无法实现抢救性开发的目的。为此，实践中有的企业在征得政府及有关部门同意后，赶在工程压覆之前对矿产资源实施了开采。这种抢救性开发行为，一方面违反了矿产资源开发管理秩序，另一方面却避免国家矿产资源浪费，实现了资源开发和工程建设的协调进行。

三是已建成矿山项目尚未取得采矿许可证。以煤矿开发为例，由于煤矿建设项目管理和采矿权管理属于相对独立的管理条块，实践中有的煤矿已建成并完成了联合试运转，但尚未取得采矿许可证。此时，如果联合试运转结束后停产等待采矿许可证办理，可能会给已建成的煤矿造成一系列隐患，包括积水涌入引发水害事故，造成人员伤亡和资产损失；煤炭氧化造成自燃，引发火灾事故；瓦斯积聚并涌入工作面，造成瓦斯超限甚至发生瓦斯爆炸事故等。因此，已建成煤矿实施的无证开采行为，一方面违反了矿产资源开采管理秩序，另一方面却有利于排除煤矿安全隐患，保障煤矿资产安全。

对于上述存在多个法益且相互冲突的情形，即便无证开采行为侵害非法采矿罪所保护法益，也不能直接认定其构成非法采矿罪，还应根据案件具体事实进行充分的法益衡量。只有无证开采行为所侵害的法益优于所保护的法益时，该行为才可能构成非法采矿罪。

三、认定非法采矿罪应贯彻恢复性司法理念

近年来，司法机关日益重视恢复性司法理念，关注行为人对已被其损害的法益的恢复和弥补，在刑事案件中积极采用恢复性司法手段，避免刑罚的过多适用，亦符合刑法谦抑性原则。从法益保护角度，恢复性司法的依据在于法益的恢复，即侵害法益的行为发生后，行为人通过自主有效的事后行为，将已受到损害的法益予以恢复。当前检察机关大力推动涉案企业合规改革，对于积极实施合规建设并达到检察机关要求的涉案企业，检察机关可以依法作出不批捕、不起诉的决定，这是践行恢复性司法理念的具体举措。

根据恢复性司法理念，在非法采矿刑事案件中，行为人实施无证开采行为后，能够及时依法取得开采区域范围的采矿许可证的，不宜按照非法采矿罪追究刑事责任。具体分析如下：

第一，矿产资源管理部门向矿山企业颁发采矿许可证，意味着企业有权开采矿区范围内的矿产资源。由于之前无证开采的矿产资源位于采矿许可证载明的矿区范围内，颁证行为说明该部分矿产资源获得了开采许可，开采行

为的合法性得到了追认。

第二，按照矿产资源管理法律法规的规定，企业取得采矿许可证的前提是缴纳完毕矿业权价款（出让收益），或者按照采矿权出让合同约定履行了分期缴纳义务。因此，行为人取得采矿许可证，说明其已按规定完成了矿业权有偿处置，矿产资源国家所有者权益已得到实现。

第三，非法采矿罪属于行政犯，行政犯并非违背社会伦理道德的行为，而是为满足特定的行政管理需要才设定，对行政犯的追责应注重行政目的的实现和市场主体权利保障之间的平衡。企业实施无证开采行为后，依法及时办理了采矿许可证，缴纳了矿业权价款（出让收益）的，说明矿产资源开发管理秩序和国家所有者权益都得到了维护，无论从社会危害性还是刑事违法性角度，都已不再具有对行为人课以刑事处罚的必要性。

第四，非法采矿罪的立法目的，是惩罚行为人为了谋取非法利益，逃避矿产资源管理部门监管，私挖滥采、盗采矿产资源的行为。矿山企业办证期间的开采行为，通常没有盗采矿产资源、获取非法利益的目的，其行为性质有别于恶意盗采行为。无证开采行为人能够及时依法取得采矿许可证的，司法机关应作出有别于恶意盗采行为的处理，这体现了司法的能动性，是遵循立法目的准确认定犯罪的要求。

律师办理非法采矿刑事案件时，应坚持法益保护原则，对证据材料进行深入细致的审查，积极挖掘有利于当事人的证据，尽可能全面客观地还原无证开采有关情况，做好事实之辩；从犯罪构成要件出发，结合刑法原理、立法目的、法律及司法解释的规定，对无证开采行为的法益侵害问题深入论证分析，做好法律之辩；依据矿产资源开发管理法律政策，有效结合地质勘查、矿山开采等方面专业知识和专家意见，从专业角度对法益侵害的认定提供支撑，做好专业之辩。通过事实之辩、法律之辩、专业之辩，促进非法采矿案件的公正审理和判决，有效保护当事人合法权益。

PART 06

第六部分

非法占用农用地罪辩护要点

引　言

矿产资源开发必须占用土地，矿业用地是一种特殊的用地类型。由于我国土地使用权和矿权审批两条线，矿地矛盾长期存在。地方各级政府受制于土地管理制度本身的缺陷和新增建设用地指标的限制，对矿业用地的监管较为宽松。部分地方政府甚至默许、鼓励矿业权企业违法使用土地。这就导致矿山企业自身对合法合规用地的认识不够，违法用地现象十分普遍。近年来，随着生态文明建设的深入，各级政府不断提高耕地、林地、草地等农用地的保护水平，加大对违法占地案件的查处力度，强化土地行政执法中涉嫌土地犯罪案件移送工作衔接，导致矿山企业因非法占用农用地被追究刑事责任的案件数量大幅攀升。但由于土地资源赋存的特殊性、非法占地的现实复杂性和土地管理的专业性，非法占用农用地刑事案件中存在罪与非罪、罪轻罪重、责任分担和证据采信等诸多疑难争议问题。在非法占用农用地罪辩护过程中，辩护律师需要熟练运用土地资源开发利用管理法律政策，有效结合面积测量、破坏程度、土地审批等方面的专业知识，针对具体案件作出精准、有效的辩护。本部分，笔者将根据多个非法占用农用地案件辩护的实务经验，结合近几年对非法占用农用地罪的系统研究，从责任主体、地类认定、占地面积确定、农用地毁坏程度鉴定、有责性等多个方面对非法占用农用地罪的辩护要点进行论述。

第一节 责任主体的认定

在非法占用农用地犯罪中，除自然人作为主体犯罪外，单位犯罪是一种常见的表现形态。根据《刑法》的规定，单位犯非法占用农用地罪的，对单位判处罚金，并追究其直接负责的主管人员和其他直接责任人员的刑事责任。对于单位犯罪，既要处罚单位本身，又要处罚其中具有直接责任的自然人。笔者认为，在单位犯非法占用农用地罪的情形下，正确认定责任人员范围，需要考虑行为人身份、行为和责任等多种因素，按照审慎的原则综合认定。

一、单位犯罪中责任人员认定的主要标准

我国《刑法》第 31 条虽然规定了单位犯罪的处罚原则，但对于“直接负责的主管人员”和“直接责任人员”未做明确界定。为了进一步规范司法机关对于单位犯罪中责任人员的认定，《最高人民法院研究室关于如何理解“直接负责的主管人员”和“直接责任人员”问题的复函》《全国法院审理金融犯罪案件工作座谈会纪要》《最高人民法院、最高人民检察院、海关总署关于印发〈办理走私刑事案件适用法律若干问题的意见〉的通知》《最高人民法院、最高人民检察院关于办理危害生产安全刑事案件适用法律若干问题的解释》《最高人民检察院关于办理涉互联网金融犯罪案件有关问题座谈会纪要》《最高人民法院、最高人民检察院、公安部印发〈关于办理非法集资刑事案件若干问题的意见〉的通知》《最高人民法院、最高人民检察院、公安部、司法部、生态环境部关于办理环境污染刑事案件有关问题座谈会纪要》等司法解释和政策文件中就“直接负责的主管人员”与“直接责任人员”的认定问题做了相应规定。

虽然上述规定关于责任人员具体表述有所区别，但从中仍然能够看出一些共性的逻辑，即应通过对一些因素的考量来界定“直接负责的主管人员”

和“其他直接责任人员”。笔者认为，结合上述文件中规定的考量因素，单位犯罪中责任人员的认定首先应从身份、行为和作用三个方面加以判断，且这三个方面必须同时具备，缺一不可。

第一，“直接负责的主管人员”和“其他直接责任人员”应是单位的内部人员，在形式上可以是单位的正式职工也可以是单位的聘任或雇佣人员。虽然理论界对于追究单位犯罪中特定自然人刑事责任的理论根据存在诸多学说，但对于追究单位犯罪中特定自然人刑事责任的理由却基本一致，即认为单位只是法律拟制的人，其犯罪意志是单位中的一些成员的集体意志，其犯罪行为是通过单位中的一些自然人来实施的。因此，直接负责的主管人员和直接责任人员等自然人应当对自己决定实施的单位的犯罪活动承担刑事责任。所以，单位犯罪中责任人员的认定应首先进行身份要素的判断，即只有单位的内部人员方可认定为“直接负责的主管人员”或“其他直接责任人员”。若单位外部的人员参与了相应的犯罪行为并在单位犯罪中起到了重要作用，则应考虑共同犯罪的适用，而非将其认定为单位犯罪的责任人员。

第二，“直接负责的主管人员”和“其他直接责任人员”应实施了参与单位犯罪的行为。单位犯罪中的直接责任应当是行为责任，而非身份责任，不能仅仅以某人具有单位负责人的身份，就将其认定为单位犯罪的责任人员。《最高人民法院研究室关于如何理解“直接负责的主管人员”和“直接责任人员”问题的复函》中关于“单位的领导人如果没有参与单位走私的组织、决策、指挥，或者仅是一般参与，并不起决定作用的，则不应对单位的走私罪负刑事责任”的规定，就明确体现了这一观点。此外，《全国法院审理金融犯罪案件工作座谈会纪要》《最高人民法院、最高人民检察院、公安部、司法部、生态环境部关于办理环境污染刑事案件有关问题座谈会纪要》中对关于“直接负责的主管人员”的规定实质上也是对行为类型的列举。因此，单位内部人员能否被认定为单位犯罪的责任人员应以其实际参与了单位犯罪为必要条件。即使是对犯罪事项享有决策权的人员，若其未参与单位犯罪，也不应将其认定为单位犯罪的责任人员。

第三，“直接负责的主管人员”应是参与单位犯罪并起决定或支配作用的内部人员，“其他直接责任人员”应是参与单位犯罪并起重要或较大作用的内部人员。《最高人民法院研究室关于如何理解“直接负责的主管人员”和“直接责任人员”问题的复函》规定，仅是一般参与，并不起决定作用的单位领导人不应对单位犯罪承担刑事责任。《全国法院审理金融犯罪案件工作座谈会纪要》规定，其他直接责任人员是在单位犯罪中具体实施犯罪并起较大作用的人员；受单位领导指派或奉命而参与实施了一定犯罪行为的人员，一般不宜作为直接责任人员追究刑事责任。《最高人民法院、最高人民检察院、海关总署关于印发〈办理走私刑事案件适用法律若干问题的意见〉的通知》规定：“对于受单位领导指派而积极参与实施走私犯罪行为的人员，如果其行为在走私犯罪的主要环节起重要作用的，可以认定为单位犯罪的直接责任人员。”由此可见，并非所有参与单位犯罪的单位成员均应被认定为单位犯罪的责任人员，还需要通过其在单位犯罪中所起的作用进行具体甄别。

二、单位犯非法占用农用地罪情形下几类典型人员的分析

根据《刑法》第342条之规定，非法占用农用地罪是指自然人或者单位违反土地管理法规，非法占用耕地、林地等农用地，改变被占用土地用途，数量较大，造成耕地、林地等农用地大量毁坏的行为。实践中，行为人非法占地的类型多样、情况复杂，所以，对非法占用农用地单位犯罪中责任人员的认定应在遵循基本认定标准的基础上，结合犯罪情形的特殊性进行具体分析。

（一）法定代表人是否属于责任人员的认定

《公司法》规定，公司法定代表人依照公司章程的规定，由董事长、执行董事或者经理担任。由于这些人员往往属于公司的经营管理者，导致司法实践中有观点认为，只要认定单位犯罪就当然地将法定代表人作为“直接负责的主管人员”予以追究。如前所述，笔者认为法定代表人是否作为责任人员的认定，也应综合考量身份、行为、作用以及责任等要素，结合具体案情进行具体判断。

第一，法定代表人是否属于“直接负责的主管人员”，取决于法定代表

人是否实际参与了单位犯罪。实践中，违法占地行为的实施往往不需要法定代表人进行决策，公司主管领导、项目负责人等依据自身权限决定以公司名义实施违法占地行为的情形并不鲜见。此种情形下，法定代表人实际上并未参与单位的犯罪行为，不应追究其刑事责任。此外，由于各种原因，“挂名法定代表人”的现象在实践中较为常见，例如，有的大型集团公司要求集团副总担任下属企业的法定代表人，但并不参与实际管理；有的企业投资人委托其父母、兄弟姐妹等近亲属担任法定代表人等。此时，“挂名法定代表人”同样由于缺少行为要件而不能被认定为单位犯罪的责任人员。

第二，非法占用农用地罪属于故意犯罪，单位犯罪中法定代表人承担刑事责任要以其对犯罪行为具有主观故意为要件。如果法定代表人不知道单位实施非法占地行为的真实情况，不知道自己的行为是单位犯罪的重要环节，就不应追究法定代表人的刑事责任。实践中，法定代表人作为公司的管理者，对具体业务的实施流程未必了解，特别是对于一些投资关系复杂的大型公司，法定代表人可能是投资人根据公司章程委派的，对于生产经营中的具体事项未必知晓。此种情形下，即便法定代表人参与了单位犯罪，也不能据此认定其为单位犯罪的责任人员。

第三，单位犯罪的最终目的是获取利益，在判断法定代表人所起作用时，应将其是否在单位犯罪中获利作为重要的考量因素。如果法定代表人通过领取高额薪酬、行使利润支配权等方式在单位犯罪中获得了利益，则说明其在单位犯罪活动中发挥组织领导作用的可能性较大。相反，如果法定代表人仅是挂名而未在公司领取薪酬，或者薪酬收入跟单位犯罪行为没有任何关系，则应结合其他证据慎重认定法定代表人的责任。

需要注意的是，实践中项目负责人或具体业务人员实施违法占地行为后才向法定代表人汇报的情形并不少见，若法定代表人在知晓单位犯罪行为后未予制止，此种情形下法定代表人是否应承担刑事责任？《最高人民法院、最高人民检察院、公安部、司法部、生态环境部关于办理环境污染刑事案件有关问题座谈会纪要》规定：“为了单位利益，实施环境污染行为，并具有下列情形之一的，应当认定为单位犯罪……单位实际控制人、主要负责人或者授权的分管负责人得知单位成员个人实施环境污染犯罪行为，并未加以制止或者及时采取措施，而是予以追认、纵容或者默许的……”据此，有人认为只要法定代表人存在事后默许行为的，就应当认定为单位犯罪的责任人员。笔者并不赞同这种观点，因为在犯罪行为已经实施终了或者单位成员汇报后未再继续实施犯罪的情形下，不能仅因法定代表人对行为人实施的违法占地行为未作表态就将其认定为“直接负责的主管人员”。

在认定非法占用农用地单位犯罪中非法定代表人的总经理、副总经理等高级管理人员的责任时，一般也应按照上述标准进行综合考量。

（二）业务管理部门人员是否属于责任人员的认定

单位犯罪的具体实施往往是由业务管理部门人员在上级领导的安排、命令、指使下，以完成本职工作的形式开展的。此种情形下，业务管理部门人员具备参与单位犯罪的外在形式，因此还需要从作用和责任方面做进一步的分析判断。

第一，只有在单位犯罪中起重要或较大作用的业务主管部门人员才能被认定为“其他直接责任人员”。单纯履行本职工作的行为在行为性质上具有中立性，即该业务行为可由他人代为实施、可通过其他方式产生相同的后果。而且该业务行为与惯常的业务行为没有本质上的差异，因此，单纯履行本职工作的人员不应被认定为单位犯罪的责任人员。

第二，只有在业务管理部门人员对其自身行为属于单位犯罪组成部分具有明确认知，其自身意志与单位犯罪意志具有一致性的情形下才能将其认定为“其他直接责任人员”。在单位犯非法占用农用地罪时，要求相关业务管理部门人员明知自己根据单位要求所实施的行为是非法占用农用地的犯罪行为，并且积极促进或者放任这种行为的发生。如果行为人不知道自己执行的是单位的犯罪意志，或不认为自己的行为是犯罪行为，则不应当追究其刑事责任。实际上，《最高人民法院、最高人民检察院、海关总署关于印发〈办理走私刑事案件适用法律若干问题的意见〉的通知》中关于“受单位领导指派而积极参与实施走私犯罪行为的人员，如果其行为在走私犯罪的主要环节起重要作用的，可以认定为单位犯罪的直接责任人员”的规定已体现了对行为人意志因素的要求，即要求行为人存在“积极参与”犯罪的情形。

需要注意的是，假设业务管理部门人员对其实施的行为构成犯罪是有所认知的，其是否一定应被认定为单位犯罪的责任人员呢？笔者认为，一般而言，业务人员对于单位交办的工作并不具有自主性，其实施业务行为并不是基于自身的意愿，而是由于其本身具有相应的工作职责，应单位的要求而实施，具有明显他决性。因此，在此情形下即使业务人员明知其业务行为属于非法占用农用地的犯罪行为，但考虑到其所处的立场，应当根据期待可能性理论排除其刑事责任。

（三）施工作业人员是否属于责任人员的认定

根据《刑法》第342条之规定，非法占用农用地罪在行为上表现为非法占用农用地并改作他用的行为。实践中，具体实施非法占地行为存在占地单位内部员工进行施工作业以及将施工工程承包给外部人员两种情形。笔者认为，具体施工作业人员因其行为属于受指派，不具有自主性，在具体犯罪行为中起不到主要作用，一般也不会被认定为直接责任人员。特别需要指出，在外部人员进行施工作业的情形下，由于其不是犯罪单位的内部成员，不具有身份要件，无论其是否知晓犯罪行为的存在，都不应将其认定为单位犯罪的责任人员。当然，不能完全排除其在知晓并参与实施了非法占用农用地犯罪行为的情形下，被认定为单位犯罪的共犯的可能性。

三、关于非法占用农用地罪中责任人员认定的辩护建议

第一，从身份、行为、作用三个方面入手，全面搜集有利证据。虽然《刑事诉讼法》明确规定办案机关应全面调取证明当事人有罪、无罪、犯罪情节轻重的各种证据，但是实践中部分办案人员往往抱着有罪思维，侧重于搜集有罪证据，对于当事人无罪或者罪轻的证据则怠于收集、调取或者在庭审中不予出示。为维护当事人合法权益，保证案件公正审理，辩护律师在阅

卷时应从身份、行为、作用三个方面对案卷进行全面审阅，查找对当事人有利的证据，还应与当事人进行充分沟通，全面搜集办案机关未收集、调取的能够证明当事人不是单位内部人员，未参与犯罪行为，或者不起决定、支配作用等方面的证据材料。

第二，从主观认识角度，论证当事人不具有有责性。“没有责任就没有刑罚”是近代刑法的一个基本原理。如前所述，作为单位构成要素的责任人员的意志具有双重特征：从属性和独立性，而之所以要求其对单位犯罪行为承担刑事责任，就在于其意志的相对独立性。如果在决策或者实施非法占用农地过程中，单位成员的意志主要体现的是从属性，其对单位犯罪行为的内容、性质和法律后果等没有明确的认知和判断，则不应当对单位犯罪行为承担责任。例如，在集体决策实施单位犯罪的场合，有些决策机构成员往往只是基于公司的决策机制单纯地履行表决义务，其对于单位犯罪事项并不知情或者缺乏认知能力，此种情形下由于缺乏责任要件不应将其认定为单位犯罪的责任人员。再如，相关业务部门人员虽然客观上参与了单位犯罪，但若其对所实施的行为属于犯罪行为没有明确认知，则不能被认定为单位犯罪的责任人员。

第三，合理利用期待可能性理论进行辩护。所谓期待可能性，是指根据具体情况，有可能期待行为人不实施不法行为而实施其他适法行为。期待可能性的理论认为，如果不能期待行为人实施其他适法行为，就不能对其进行法的非难，因而不存在刑法上的责任。例如，《全国法院审理金融犯罪案件工作座谈会纪要》中就规定，受单位领导指派或奉命而参与实施了一定犯罪行为的人员，一般不宜作为直接责任人员追究刑事责任。因此，应重点从当事人所处的角色、地位以及其岗位职责等方面进行辩护。

第二节　地类认定

我国土地管理法律规定，通过编制土地利用总体规划确定土地用途，将土地分为农用地、建设用地和未利用地三大类。《刑法》第 342 条规定，非法占用农用地罪的犯罪对象为农用地，只有违反土地管理法规，非法占用农用地的行为才可能构成本罪。因此，行为人所占用的土地属于何种用途以及该用途是否属于农用地的范围，是判断罪与非罪的关键因素。如何界定农用地的范围，如何具体认定行为人所占土地的用途地类，系非法占用农用地案件中首先要解决的问题。

一、关于农用地范围的界定

《刑法》第 342 条规定，非法占用农用地罪的犯罪对象为“耕地、林地等农用地”，其对于“农用地”的界定采用的是非穷尽式列举的表述。《土地管理法》第 4 条规定，“农用地是指直接用于农业生产的土地，包括耕地、林地、草地、农田水利用地、养殖水面等”，同样采取的是非穷尽式列举的表述。由此可见，我国法律对于“农用地”的外延范围实际上并没有明确规定，这就需要参照土地管理的相关政策规定和管理实践来加以认定。

《土地管理法》所规定的农用地、建设用地和未利用地属于法定的土地三大用途地类。在土地管理实践中，为了便于土地利用和管理，土地相关管理部门在三大用途地类基础上对土地用途做了更为具体的分类。比如，2001 年原国土资源部印发试行的《土地分类》（国土资发〔2001〕255 号）中统一了城乡土地分类的标准，将农用地划分为耕地、园地、林地、牧草地以及其他农用地。2007 年原国家质量监督检验检疫总局、原中国国家标准化管理委员会发布《土地利用现状分类》（GB/T 21010—2007），又于 2017 年修订实施了《土地利用现状分类》（GB/T 21010—2017），该标准将土地利用现状划分为一级地类 12 个，二级地类 73 个，并明确将 23 个二级地类划入农用地范畴，其中包括耕地、林地、草地和园地 4 个一级地类项下的 17 个二级地类，以及交通运输用地项下的农村道路，水域及水利设施用地项下的水库水面、坑塘水面、沟渠，其他土地项下的设施农用地、田坎等 6 个二级地类（见表 6）。所以，从农用地范围界定的角度讲，虽然法律条文对农用地规定是非穷尽的列举方式，但农用地的概念并不是开放或者不确定的，土地管理的政策及技术标准对农用地范围的规定是明确且具体的，应当作为界定农用地范围的依据。

表 6　农用地土地利用现状分类

类型编码	类型名称
0101	水田
0102	水浇地
0103	旱地
0201	果园
0202	茶园
0203	橡胶园
0204	其他园地
0301	乔木林地
0302	竹林地
0303	红树林地
0304	森林沼泽
0305	灌木林地
0306	灌丛沼泽
0307	其他林地
0401	天然牧草地

续表

类型编码	类型名称
0402	沼泽草地
0403	人工牧草地
1006	农村道路
1103	水库水面
1104	坑塘水面
1107	沟渠
1202	设施农用地
1203	田坎

二、关于农用地地类认定的标准

虽然农用地的范围是明确的，但在土地管理法律政策和实践中，土地行政主管部门基于土地用途管制制度的需要，一般还将土地用途区分为现状用途和规划用途；有的时候通过土地调查确定的土地现状用途和土地实际利用现状也不相符。所以，在认定占用的土地用途地类时，到底是依据规划用途还是依据现状用途来确定？在现状用途和实际利用现状不相符的情况下，如何认定农用地的地类也是争议较多的问题。

（一）非法占用农用地案件应根据现状地类认定被占用土地用途

在我国的土地管理实践中，土地行政主管部门一般将土地用途分为规划用途和现状用途，即规划地类和现状地类。所谓现状地类，是指土地的现时用途，即基于某一时点的土地利用现状所确定的土地类型。所谓规划地类，是指土地利用总体规划（国土空间规划）确定的土地在规划期内的未来用途。

有时现状地类和规划地类是一致的，比如某宗耕地现状地类被确定为旱地，规划期内国土空间规划确定的用途仍然为旱地，这表明按照国土空间规划，该宗耕地在规划期内没有变更用途的设定，不能依据规划将其改为其他用途；有时现状地类和规划地类是不一致的，比如，某宗耕地现状地类被确定为旱地，规划期内国土空间规划确定的用途是采矿用地，这表明按照国土空间规划，该宗耕地在规划期内已经规划为采矿用地，政府可以依据规划按照法定程序将其用途变更为采矿用地，用于矿山开发建设。

正是由于地类存在现状地类和规划地类的区别，在非法占用农用地案件中到底按照哪种地类来认定，有时会成为案件争议焦点问题。笔者认为，非法占用农用地案件中农用地的认定应当以现状地类为标准，而非土地的规划地类。具体理由如下：

第一，根据《刑法》第343条的规定，非法占用农用地罪的客观行为表现为违反土地管理法规，非法占用农用地并改作他用。由此可见，本罪所要保护的法益实质上是农用地的特定用途以及农用地用途改变的管理秩序。我国土地用途管制制度的核心是严格控制农用地转为建设用地，农用地转为建设用地必须在符合土地利用总体规划和年度计划的前提下，经过有权机关审批，即通常所说的农转用审批。《土地管理法》第44条第3款规定，在土地利用总体规划确定的城市和村庄、集镇建设用地规模范围内，为实施该规划而将农用地转为建设用地的，需经有权机关依法审批。据此，农转用审批中的“建设用地”显然属于规划地类，那么其中的“农用地”只能是现状地类，否则在逻辑上存在矛盾。

第二，根据《土地管理法》的规定，土地的规划用途是政府根据国民经济和社会发展规划、国土整治和资源环境保护的要求以及当地的土地供给能力和各项建设对土地的需求，对未来一定时期内土地的利用、治理、保护在空间上、时间上所作的安排和布局。土地规划用途的实现需要依法履行相应的审批程序，未履行法定审批程序，即使符合土地规划用途，仍然会构成违法占地。例如，《土地管理法》第77条第1款中规定，符合土地利用总体规划但未经批准而非法占地的，由县级以上人民政府土地行政主管部门责令退还非法占用的土地，没收在非法占用的土地上新建的建筑物和其他设施。

第三，非法占用农用地罪属于行政犯，“违反土地管理法规”是构成本罪的前提条件，即构成本罪的客观行为必然属于行政法上的违法行为。据此，笔者认为，对于本罪中农用地的认定，应当参照行政机关查处违法占地时所采用的认定依据。根据原国土资源部于 2014 年发布的《国土资源违法行为查处工作规程》（已失效），违法用地占用地类的认定，应当以现状地类为依据进行判定。

需要注意的是，虽然规划用途不能作为认定地类的依据，但考虑到规划用途是国家对土地未来如何使用的一种安排，符合规划的占地行为相较于不符合规划的占地行为而言，其对法益的侵害程度较小。我国《土地管理法》第 77 条中就以占地行为是否符合土地利用总体规划为标准规定了不同的行政处罚措施，这表明立法者也认为两种占地行为在危害程度上是有区别的。鉴于此，司法机关在量刑时应当将行为人所占用土地的规划用途作为考量因素。

（二）现状地类与土地实际用途不一致时，应以实际用途作为地类认定依据

从《土地利用现状分类》中关于耕地、林地等农用地的含义可以看出，现状地类的分类依据是土地的自然属性及其实际利用状态，如“水田指用于种植水稻、莲藕等水生农作物的耕地，包括实行水生、旱生农作物轮种的耕地”。但实践中，由于耕地保护面积总量、占补平衡、生态恢复指标等各种因素的影响，自然资源主管部门在进行土地调查时，存在不按照土地的自然属性和实际利用状态来确定现状地类的情形。此外，囿于调查技术、调查方法以及其他影响因素，土地调查结果也不可能保证百分之百准确。因此，土地的现状地类与土地的实际用途不一致的现象在实践中并不少见。如笔者办理的一起案件中，案涉土地经自然资源主管部门认定，其现状地类为天然牧草地（以天然草本植物为主，用于放牧或割草的草地），但经现场查勘，该地块从自然属性来看，应属于未利用地中的裸岩石砾地，地表上没有也不可能有草本植物生长，而且当地牧民一直以来也未将该地块用于放牧而是长期处于未利用状态。

对于上述情形，笔者认为司法机关应当以占地行为发生时的土地实际用

途作为认定地类的依据，对所占用土地实际用途为非农用地的，不应按照本罪追究行为人的刑事责任。

首先，如前所述，本罪所保护法益的实质是农用地的特殊用途。在土地管理中认定土地用途应当以土地的自然属性为前提，例如，将一宗土地认定为耕地，前提是该宗土地在地表形态、土壤质量、有效土层厚度、盐渍化程度、水文状况等诸多自然要素方面具备植物种植和生长条件，如果将一宗不具备耕作条件的土地认定为耕地，实际上背离了耕地保护的目的。所以，在现状地类认定为农用地，但实际该宗土地的自然属性决定其用途不可能作为农用地使用，实际用途也不是农用地的情形下，行为人的占用行为并不会侵害刑法所保护的“农用地特殊用途”的法益，该占用行为不具有实质上的违法性。司法机关在认定本罪时，不能保护“纸面上”的农用地，应当基于“以事实为依据”的基本原则，认定行为人占用的土地属于非农用地，不能以非法占用农用地罪进行定罪量刑。

其次，自然资源主管部门根据其职责对现状地类所做的认定意见，在刑事诉讼中也仅是一份证据，而我国《最高人民法院关于适用〈中华人民共和国刑事诉讼法〉的解释》中明确规定，任何证据只有经当庭出示、辨认、质证等法庭调查程序查证属实后，才能作为定案的根据。这意味着该类认定意见是需要通过法定程序进行查证的，并不能因为其是有权机关作出的认定而例外。因此，在有证据能够证明现状地类认定所依据的土地调查数据与实际现状不符，即土地调查数据存在错误的情形下，应当以土地的实际用途为依据来认定地类，否则不符合《刑事诉讼法》及其司法解释所确立的刑事证据审查与认定规则。

三、关于现状地类认定的主体和方法

（一）现状地类认定的主体

2018 年国家机构改革之前，我国的耕地和林地、草地分属于不同的行政主管部门管理，土地、林业和草原行政主管部门依据各自职责，按照不同的技术标准对土地进行分类管理，导致实践中对于同一块土地地类认定相互矛盾，认定主体争议较大。

在 2018 年国家机构改革之后，关于地类认定主体是明确的。《深化党和国家机构改革方案》和自然资源部、国家林草局“三定”中规定，森林、草原、湿地等自然资源调查职责已统一整合至自然资源部，由自然资源部统一工作部署、统一分类标准、统一调查底图并统一成果发布。《土地管理法实施条例》和《土地调查条例》规定，土地的现状地类属于土地调查的内容之一，这就意味着现状地类的认定需要以土地调查结果为依据。《土地调查条例》第 10 条和第 26 条也规定，土地调查的组织实施以及调查成果的保存、管理、开发、应用和为社会公众提供服务等工作均由国土资源主管部门负责。据此，从行政机关的职权划分来看，理应由自然资源主管部门对现状地类进行认定。

需要注意的是，司法实践中经常会遇到由办案机关委托司法鉴定机构对地类进行认定的情况，但笔者认为，这种做法缺少法律依据。首先，如前所述，土地调查和土地类别的认定依法属于自然资源主管部门的职责范围，由鉴定机构对地类进行认定显然与之相悖。其次，《司法鉴定程序通则》中明确规定，司法鉴定机构应当在本机构司法鉴定业务范围内开展鉴定工作。而实践中对地类进行鉴定的司法鉴定机构，其业务范围往往并不包含土地类别的认定。

（二）现状地类认定的方法

根据土地管理职责权限和司法鉴定的相关规定，笔者认为，在刑事案件办理过程中的地类认定应当属于行政机关鉴定的范畴。在非法占用农用地案件办理过程中，办案机关应当委托县级以上自然资源主管部门对行为人所占用土地的地类出具认定意见。至于自然资源主管部门应当如何认定，笔者认为，可参照《国土资源违法行为查处工作规程》（已失效）中关于违法用地占用地类判定的规定，由自然资源主管部门将行为人所占用土地的界址范围或者勘测定界坐标数据套合到占地行为发生上一年度土地利用现状图或者土地利用现状数据库上，对照标示的现状地类进行判定。

但司法实践中还应注意以下两种特殊情形下现状地类的认定问题：

一是按照上述方法认定的现状地类为农用地，但有审批或登记文件能够证明占地行为发生前，该地块已完成农转用审批或已办理土地使用权登记的，《国土资源违法行为查处工作规程》中有明确规定，即“违法用地发生时，该用地已经批准转为建设用地的，应当按照建设用地判定”。

二是按照上述方法认定的现状地类为农用地，但占地行为发生后完成农转用审批或土地使用权登记的。根据《国土资源违法行为查处工作规程》的规定，地类认定的时点应当是“违法行为发生时”，因此，占地行为发生后完成农转用审批或土地使用权登记的，并不影响土地现状地类的认定。但结合《国土资源违法行为查处工作规程》中“立案前违法状态已经消除的，可以不予立案”以及“行政处罚告知书下发前主动消除违法状态的，可以不予行政处罚”的规定，可以看出，行政机关认为此种情形下可以不追究行为人的行政责任。据此，笔者认为，在行政机关都认为此种情形可以不予处罚的情况下，基于刑法的谦抑性，即使该种情形不影响现状地类的认定，也没有必要对该种情形予以刑事处罚。

综上所述，笔者认为，根据我国土地管理相关法律法规以及土地执法相关规程，非法占用农用地罪中“农用地”的认定应当依据现状地类，而现状地类则应由自然资源主管部门依职权根据占地行为发生上一年度土地利用现状图或者土地利用现状数据库进行认定。但自然资源主管部门出具的地类认定意见作为刑事证据，还需经当庭出示、辨认、质证等法庭调查程序查证属实后，才能作为定案的根据。

因此，在涉嫌非法占用农用地罪案件的辩护中，关于地类的认定问题，辩护人不仅要从认定依据、认定主体以及认定方法等角度对地类认定的真实性、合法性进行审查，还要从所占用土地是否取得了审批手续（包括占地行为发生时和发生后）以及所占用土地在占地行为发生时的实际用途等方面入手积极收集有利证据。必要时还可以借助专家辅助人制度，通过专家向法庭阐述地类认定的专业性和技术性问题，强化辩护意见的针对性，以提高辩护效果，实现有效辩护。

第三节　占地面积的确定

非法占用农用地罪属于结果犯，构成本罪需满足法定的结果要件，即“占用并改变土地用途的农用地数量较大”和“造成农用地大量毁坏”。根据相关司法解释，这两个结果要件中所涉及“数量较大”和“大量”的界定，均需以认定土地面积作为依据，前者涉及的是占用并改变用途的农用地面积，后者涉及的是毁坏的农用地面积。笔者结合以往相关案件的辩护经验，从律师辩护的角度对本罪中土地面积的认定问题进行探讨，供读者参考。

一、土地面积的认定应当委托专业机构出具测绘报告

我国《测绘法》第 2 条第 2 款规定：“本法所称测绘，是指对自然地理要素或者地表人工设施的形状、大小、空间位置及其属性等进行测定、采集、表述，以及对获取的数据、信息、成果进行处理和提供的活动。”第 27 条第 2 款规定：“从事测绘活动的单位应当具备下列条件，并依法取得相应等级的测绘资质证书，方可从事测绘活动：（一）有法人资格；（二）有与从事的测绘活动相适应的专业技术人员；（三）有与从事的测绘活动相适应的技术装备和设施；（四）有健全的技术和质量保证体系、安全保障措施、信息安全保密管理制度以及测绘成果和资料档案管理制度。”

根据上述规定，土地面积的测定属于法律所规定的测绘范畴，只有符合法定条件且取得相应资质的单位方可从事该项工作。因此，刑事案件中，对于案涉农用地面积的认定应当由办案机关委托符合法定条件且取得相应资质的专业机构进行测绘并出具相应测绘报告。

需要注意的是，根据我国《刑法》第 342 条以及相关司法解释的规定，只有在行为人占用并改变用途的农用地面积和毁坏的农用地面积均达到了相

关司法解释规定的数量标准时，才构成非法占用农用地罪。因此，本罪中土地面积的认定，既包括占用并改变用途的农用地面积的认定，也包括毁坏的农用地面积的认定。对于前者，由办案机关委托有资质的专业机构进行测绘即可；对于后者，由于其与农用地破坏程度的认定密切相关，一般是在农用地破坏程度的鉴定中一并作出处理。如河南、安徽等地发布的耕地破坏程度鉴定地方标准中，都将案涉土地的勘测定界作为农用地破坏程度鉴定的程序之一。但如前文所述，土地面积的测绘需要由符合法定条件且有相应资质的专业机构来完成，因此，从事农用地破坏程度鉴定的机构在不具有测绘资质的情况下不能就土地毁坏面积自行进行测绘。例如，湖北省制定的地方标准中规定，耕地破坏面积的确定应在具备资质的测绘机构所完成的测绘成果基础上进行。

二、土地面积测绘应当遵循法定形式和程序

我国《测绘法》规定，从事测绘活动，应当使用国家规定的测绘基准和测绘系统，执行国家规定的测绘技术规范和标准。因此，测绘机构在进行土地面积测绘时，其测绘人员、测绘程序、测绘方法、测绘报告的出具等都应遵循土地测绘相关法律法规和技术规范。

1. 测绘人员应当具有执业证书。《测绘法》规定，从事测绘活动的专业技术人员应当具备相应的执业资格条件。而根据我国的测绘人员管理制度，国家对从事测绘活动的专业技术人员实行职业准入制度，相关人员经考试取得《中华人民共和国注册测绘师资格证书》，并依法注册后，方可从事测绘活动。

2. 测绘的程序和过程应当符合相关技术规范。根据《测绘法》和我国土地测绘实践，测绘机构一般采用《土地勘测定界规程》（TD/T 1008—2007）作为其工作依据。《土地勘测定界规程》中对于勘测定界的一般工作程序做了明确规定，包括接受委托、查阅有关文件、搜集图件及勘测资料、现场踏勘和制定技术方案、实地调绘、勘测定界、提交成果资料等。同时，对外业

调绘、平面控制测量、界址点测量、面积计算等工作步骤做了详细规定。因此，测绘机构在进行土地面积测绘时应严格遵循该规程规定的工作方法和技术程序。此外，鉴于司法机关委托的土地面积测绘同时属于司法鉴定的范畴，其工作程序和过程不但要遵循所采用的技术规范，还要遵守司法鉴定的相关规定。

3. 出具的测绘报告应当具备相关技术规范所要求的内容要件。根据《土地勘测定界规程》，测绘机构出具的测绘报告中应当包含测绘目的和依据、施测日期、外业调查、测量情况、面积测算等内容。司法实践中，笔者发现很多测绘机构出具的测绘报告中经常会出现缺少对“鉴定过程”的描述或者仅是简单表述为何时何地由何人进行了实地勘测，对于外业调查情况（包括权属、土地类型的调查等），外业测量情况（包括测量仪器的选择、坐标系统的选择等情况）等均未做描述；或者对于面积的测算仅有相应结果，没有注明面积测算的方法等不符合规程要求的情形。

三、土地面积认定中的特殊问题分析

（一）多次实施非法占地行为时的面积认定问题

司法实践中，我们经常碰到行为人在不同时期多次实施非法占地的行为，对于这类情形能否以累计方式认定其占用土地的数量？《最高人民法院关于审理破坏土地资源刑事案件具体应用法律若干问题的解释》（法释〔2000〕14 号，以下简称《土地解释》）第 9 条规定：“多次实施本解释规定的行为依法应当追诉的，或者一年内多次实施本解释规定的行为未经处理的，按照累计的数量、数额处罚。”《最高人民法院关于审理破坏林地资源刑事案件具体应用法律若干问题的解释》（法释〔2005〕15 号，已失效，以下简称《林地解释》）第 7 条规定：“多次实施本解释规定的行为依法应当追诉且未经处理的，应当按照累计的数量、数额处罚。”《最高人民法院关于审理破坏草原资源刑事案件应用法律若干问题的解释》（法释〔2012〕15 号，以下简称《草地解释》）第 6 条规定：“多次实施破坏草原资源的违法犯罪行为，未经处理，应当依法追究刑事责任的，按照累计的数量、数额定罪处罚。”由此可见，对于多次破坏耕地、林地和草原三类农用地的行为，一般只有在同时满足“多个行为均达到追诉标准”和“未经处理”两个条件时，方可累计计算占用并毁坏的农用地数量。但需要注意的是，对于多次破坏耕地的行为，《土地解释》中做了特殊规定，即1年内多次实施破坏耕地行为的，无论单个行为是否达到追诉标准，均可累计计算土地面积。

（二）占用并毁坏不同地类土地时的面积认定问题

如果行为人占用并毁坏的土地范围较大，可能存在占用并毁坏的土地分属于不同地类的情形，此时能否将不同地类的土地面积合并计算，在司法实践中亦存在分歧。笔者认为，由于司法解释对于破坏耕地、林地和草原行为的定罪量刑分别规定了不同的数量标准，如果行为人占用并毁坏的不同地类土地面积均达到了法定的数量标准，将其占用并毁坏的各类土地面积合并计算并无不妥；但如果行为人占用并毁坏的某些地类土地面积未达到法定的数量标准，则不应将该部分土地面积计入非法占用并毁坏的农用地总面积。例如，王某占用并毁坏耕地20亩和防护林2亩，由于其占用并毁坏的耕地面积已达到了法定标准，此时可以认定王某的行为已满足了本罪的结果要件。但在土地面积的认定上只能认定王某非法占用农用地20亩，而不能认定其非法占用农用地22亩。因为王某占用2亩防护林的行为未达到非法占用林地构成犯罪的标准，不能将其计入认定非法占用农用地的面积。

（三）农用地被破坏后行为人后续非法占用的面积认定问题

现实中常常存在原农用地已经被其他人先行占用和破坏，后来行为人在此基础上继续占用该部分土地的情形，在非法占用农用地案件查办过程中，往往把该部分土地面积也算入行为人非法占地的面积。笔者代理的一起煤矿非法占地案件中就曾遇到过此种情形，即被告人从案外人处通过资产转让取得了某煤矿的采矿权后，在案外人已经堆放有渣土的原排土场（未取得用地审批）上继续实施了排土行为（新排渣土堆放在了原有渣土之上）。检察机关在认定涉嫌非法占用的农用地面积时，以被告人一直占用该部分土地为由，将该部分土地面积计入了非法占用并毁坏的农用地面积。

笔者认为，本案中检察机关的做法是值得商榷的。非法占用农用地犯罪属于结果犯，只有在行为人实施了本罪犯罪构成客观要件的行为并导致法定的结果发生时才构成犯罪。对于行为人仅仅实施了占地行为，但该行为与土地损坏的法定后果之间不存在因果关系的，不应认定为犯罪。在行为人后续占用案涉土地的情形下，由于土地损坏的法定结果在行为人实施后续占用行为之前已经存在，行为人的后续行为在客观上不可能与土地损坏结果之间存在因果关系。因此，行为人的后续占用行为不应构成犯罪，在认定毁坏的土地面积时应当将行为人后续占用的土地面积予以扣除。

四、关于土地面积认定问题的辩护建议

在刑事诉讼案件中，无论是行政机关在执法过程中委托，还是司法机关在刑事诉讼过程中委托专业机构就涉案土地面积所出具的测绘报告，均属于刑事证据中的“鉴定意见”。根据《最高人民法院关于适用〈中华人民共和国刑事诉讼法〉的解释》的规定，鉴定意见能否作为刑事证据使用需要依法进行严格审查，对于不符合法律规定的鉴定意见应作为非法证据予以排除。对于能够作为刑事证据的鉴定意见，也还需经当庭出示、辨认、质证等法庭调查程序查证属实后，才能作为定案的根据。所以，对于非法占用农用地罪中的土地面积测绘报告，辩护人可以从以下几个方面开展质证和辩护工作：

1. 针对土地面积测绘报告出具的主体、形式和程序问题进行审查。如前所述，土地面积的测绘应当遵循法定的形式和程序。因此，辩护律师应当在仔细研究相关法律和技术规范的基础上，针对测绘报告存在的测绘主体、测绘程序、测绘方法等方面的合法性问题提出律师意见。测绘报告明显违法的，应依法提出非法证据排除申请，或者视情况向办案机关申请重新鉴定；测绘报告存在合法性瑕疵，可能对当事人产生不利后果的，可向办案机关申请补充鉴定。

2. 申请鉴定人出庭。为了向法庭充分揭露鉴定意见中存在的问题，辩护人可以根据案件情况，积极向法庭申请通知鉴定人出庭。同时，辩护人应提前做鉴定人出庭的询问准备工作，有针对性地拟订好询问提纲。

3. 必要时申请专家辅助人出庭。《刑事诉讼法》规定，当事人和辩护人可以申请法庭通知有专门知识的人出庭，就鉴定人作出的鉴定意见提出意见。鉴于土地面积测绘专业性较强，辩护律师可以申请具有相应专门知识的专家出庭，由专家针对测绘报告存在的问题向法庭提出专业、客观的意见，以达到最好的庭审效果。

第四节　农用地毁坏程度鉴定

根据我国《刑法》第342条之规定，构成非法占用农用地罪需满足“造成农用地大量毁坏”的法定后果，所以，农用地毁坏程度认定是涉及罪与非罪的关键因素。但我国土地管理法规以及相关司法解释对于如何认定农用地毁坏程度缺少具体规定，导致非法占用农用地案件办理过程中对农用地毁坏程度的鉴定主体、鉴定依据、鉴定结论的认识存在较大的差异。笔者根据法律法规和政策、技术标准的规定，结合实践经验，就农用地毁坏程度鉴定相关问题进行探讨。

一、关于农用地毁坏程度的鉴定主体

（一）耕地毁坏程度应由自然资源行政主管部门负责鉴定并出具鉴定结论

2008年最高人民法院、最高人民检察院、公安部、国土资源部等部门先后两次联合印发了关于加强在查处国土资源违法犯罪中协作配合及案件移送的意见，其中就耕地破坏程度问题明确规定由市（地）级或者省级国土资源行政主管部门出具鉴定结论。根据上述规定，对于耕地破坏程度的鉴定应当由市（地）级或者省级国土资源行政主管部门负责，司法机关办理案件过程中需要对耕地破坏程度进行鉴定的，应向国土资源主管部门申请鉴定，不应自行委托第三方机构进行鉴定。

至于国土资源行政主管部门是自行鉴定还是可以委托第三方专业机构进行鉴定的问题，根据原国土资源部于2014年发布的《国土资源违法行为查处工作规程》（已失效）的规定，对于不具备自行鉴定条件的市（地）级或者省级国土资源行政主管部门，其可以委托具备相应资质的专业机构对耕地毁坏程度进行鉴定并出具鉴定报告等技术材料，但最终的鉴定意见或者鉴定结论，仍应由市（地）级或者省级自然资源行政主管部门出具。

笔者认为，上述文件规定由市级以上国土部门负责出具耕地破坏程度的鉴定结论，主要是因为耕地保护、地类认定等行政管理职责属于原国土资源部门，要求市级以上国土资源行政主管部门是考虑到县级国土部门在耕地破坏程度鉴定方面可能存在能力不足的问题。

（二）耕地以外的农用地毁坏程度也应由具有行政管理职责的市级以上行政主管部门负责出具鉴定结论

由于前述政策文件中仅就耕地破坏程度的鉴定问题进行了规定，对于耕地之外的林地、草地等农用地破坏程度鉴定问题未做规定。笔者认为，参照耕地破坏及矿产资源破坏等鉴定的规定，耕地之外其他农用地毁坏程度的鉴定也应属于行政机关鉴定范畴，所以，对于林地、草地等农用地破坏程度的鉴定应当由市（地）级以上的相关行政主管部门负责。

自然资源或者林业、草原行政主管部门在行政执法过程中认为行为人破坏林地、草地涉嫌犯罪，依法移送公安机关进行刑事立案侦查的，应当按照行政执法机关移送涉嫌犯罪案件的相关规定，将林地、草地毁坏程度的鉴定意见或者鉴定结论作为移送材料，一并向公安机关移送。

公安机关自行查处的非法破坏林地、草地涉嫌犯罪案件，在办案过程中公安机关或者检察机关需要对林地、草地毁坏程度进行鉴定的，应参照耕地毁坏程度鉴定的规定，向市（地）级以上自然资源或林业、草原行政主管部门提出申请，由相关自然资源或林业、草原行政主管部门出具鉴定结论。

至于市（地）级以上自然资源或者林业、草原行政主管部门是自行鉴定还是委托其他有资质的专业机构出具鉴定报告后，再依据鉴定报告出具鉴定结论，应当由行政机关依据自身的条件和能力作出决定，与耕地毁坏程度鉴定是一致的。

二、关于农用地毁坏程度的认定标准和具体情形

（一）认定农用地毁坏的标准应当是农用地土壤质量的破坏或者降低

根据《刑法》第342条之规定，构成非法占用农用地罪的客观行为是非法占用农用地，改变农用地用途，结果是造成农用地毁坏；根据《土地管理法》第75条之规定，认定占用耕地构成犯罪的条件之一是非法占地行为破坏耕地种植条件；《土地解释》规定，认定“造成耕地大量毁坏”的标准是耕地种植条件严重毁坏或者严重污染。《林地解释》中也将“造成林地的原有植被或林业种植条件严重毁坏或者严重污染”作为非法占用林地构成犯罪的条件。

根据上述规定可以判断，刑法所规制的非法占用农用地行为，是那些会导致土地农业生产功能丧失或者降低的非法占地行为。法律和司法解释中所规定的“耕地种植条件或者林业种植条件”，也就是土地用于农业生产的功能属性，是由农用地地力水平决定的。根据《农用地质量分等规程》（GB/T 28407—2012）、《土地复垦质量控制标准》（TD/T1036—2013）、《耕地地力调查与质量评价技术规程》（NY/T 1119—2019）等相关农用地、耕地质量管理标准的规定，土地地力水平一般是由以下几个方面因素所决定的：一是土壤质量，即土地的肥沃程度，主要指标是土壤的成分及耕作层的厚度；二是土地所处的自然环境，比如气候条件中的气温、光照、降雨等因素；三是土地利用的基础设施条件，包括土地所处的区位、交通便利条件及灌溉条件，等等。在上述三方面因素中，非法占地行为对农用地的毁坏很明显指的是破坏或者降低土壤质量，即将被占用土地土壤质量由适合农业生产改变为不适合农业生产。例如，在耕地管理中破坏了耕地的耕作层，将该宗耕地土壤质量改变为不适合农作物耕种，包括改变为林地、草地或者建设用地等，都属于破坏或者降低该宗耕地的土壤质量，均应当认定为毁坏耕地的范畴。

综上所述，笔者认为，认定构成非法占用农用地罪不能仅仅满足于非法

占地行为和改变农用地土地用途的形式要件，更要具备“造成农用地大量毁坏”的结果要件。对于认定农用地毁坏的主要标准应当是被占用农用地土壤质量的改变或降低，即由适合农业生产用地改变为不能作为农业生产用地，或者由适合农作物耕种变更为仅适合林草业用途。

（二）破坏林地草地上植被的行为不应简单认定为造成农用地毁坏的后果

《草地解释》中将破坏草原植被认定为造成农用地毁坏，《林地解释》中将毁坏林地原有植被认定为造成农用地毁坏，但这两个司法解释的上述规定是值得商榷的。

根据《刑法》第342条之规定，非法占用农用地犯罪构成须具备“非法占用农用地”“改变农用地用途”“造成农用地毁坏”三个要件，而非法占用草原破坏草原植被的行为并不会必然导致草地土壤质量破坏或降低。例如，开垦草原的行为，一般是指将草原转为耕地，在这一行为中仅存在“非法占用农用地”“改变农用地用途”两个要件，并不存在造成农用地毁坏的结果，因为除非认定因开垦行为导致该草地荒漠化、盐渍化，否则将草原开垦为耕地不会发生破坏或者降低该宗草地土壤质量的结果，所以不能认定构成非法占用农用地。

同样，对于《林地解释》中规定的造成林地原有植被严重毁坏，也不能直接等同于造成林地毁坏，若认为该违法行为需要纳入刑法范围调整的，可以适用破坏森林资源或环境资源的罪名。例如，某起非法占用农用地案中，法院以当事人杨某擅自将林地上的林木砍伐，改种核桃树，以非法占用农用地判处杨某1年有期徒刑。本案中核桃树所占土地的地类可能会被认定林地或者园地，无论如何杨某将一般林木砍伐改种核桃树的行为都没有破坏或者降低该宗林地土壤质量，不存在造成农用地毁坏的后果，不应该被判处非法占用农用地罪。如果需要追究杨某刑事责任的，可以考虑判处滥伐林木罪。

（三）对耕地的压占行为不能简单认定为造成农用地毁坏的后果

除林地、草地植被破坏情形外，实践中还存在耕地的临时占用行为也被简单认定为造成农用地毁坏的后果。临时用地在现实中较为常见，如建设项目施工中占用耕地堆放施工工具和材料、矿产资源开采中占用耕地作为临时排土场等都属于临时用地范畴。当然，临时用地也区分为合法临时用地和违法临时用地，未经审批的临时用地特别是占用耕地的情形肯定是违法的，但简单地将其也认定为造成耕地毁坏的后果，进而追究其非法占用农用地刑事责任是错误的。因为临时用地行为如果没有破坏耕地耕作层，就不存在导致该耕地土壤质量破坏或者降低的后果。如某砂石开采矿山，未经批准将矿山旁边的耕地作为临时排土场，堆放剥离的砂石土，被人民法院以非法占用农用地罪判处刑罚。笔者认为，本案中在查处该违法占地行为时首先应该要求行为人限期将被占用耕地退还，对拒不退还或者退还后经鉴定认为造成耕地土壤质量破坏或者降低的，才能认定造成农用地毁坏的结果，进而才能依法追究其刑事责任。

（四）认定农用地毁坏的结果应当依据专业机构和专业人员出具的鉴定意见

对于非法占用农用地中是否造成农用地毁坏的结果的认定，应当区别为两类：

一类是违法占地行为本身已经明显破坏农用地土壤质量的，如《土地解释》《林地解释》《草地解释》中规定的违法在耕地、林地、草原上建窑、建坟、建房、挖砂、采石、采矿、取土的行为，此类行为必然破坏土壤耕作层，造成土壤质量的破坏或者降低。对于此类行为，自然资源主管部门和林业、草原主管部门可以依据职责直接出具鉴定意见，认定造成农用地毁坏的后果。

另一类是违法占地行为本身不能确定是否破坏农用地土壤质量，如《土地解释》《林地解释》中规定的在耕地、林地上堆放固体废物的行为，《草地解释》中开垦草原种植粮食作物、经济作物、林木的行为，以及在草原上堆放或者排放废弃物的行为，这些需要通过专业鉴定机构和人员对土壤质量进行鉴定并出具鉴定报告。自然资源主管部门和林业、草原主管部门依据该鉴定报告出具造成或未造成农用地毁坏的鉴定意见。

（五）《耕地和林地破坏司法鉴定技术规范》不宜作为耕地、林地毁坏鉴定的标准

2020 年司法部发布实施了《耕地和林地破坏司法鉴定技术规范》，在非法占用农用地刑事案件办理过程中，办案机关经常委托鉴定机构依据该规范对农用地毁坏程度进行鉴定并出具鉴定意见。但笔者认为，该技术规范不能作为非法占用农用地罪中农用地毁坏程度的技术标准。

第一，该技术规范与原国土资源部、最高人民法院、最高人民检察院、公安部联合印发的文件规定相矛盾，我国土地管理的行政职责在自然资源行政主管部门，农用地毁坏程度鉴定属于行政机关鉴定的范畴，所以应当由自然资源主管部门制定农用地毁坏程度鉴定的政策和标准。

第二，该技术规范明确规定的适用范围是环境损害司法鉴定领域。2015 年环境损害鉴定被相关部门列入司法鉴定统一登记管理的范围，司法部、生态环境部明确将环境损害司法鉴定划分为 7 类，这 7 类司法鉴定都是指向环境损害的内容，并不包括农用地毁坏。非法占用农用地罪属于破坏资源类犯罪而非破坏环境类犯罪，所以对于环境损害的鉴定标准不能作为农用地毁坏程度的鉴定依据。当然，土地资源本身也是环境载体的一部分，如果在环境保护案件中需要对土壤环境损害情况进行鉴定，当然可以适用该技术规范。

第三，该技术规范在内容上欠缺科学性。该技术规范虽然规定耕地和林地破坏程度的鉴定需要经过现场布点、采样、检测和分析等程序，但在“鉴定意见”的确定部分却简单地将是否存在占地行为作为判断农用地毁坏的标准，在内容上欠缺科学性、合理性。

三、农用地毁坏程度鉴定意见的审查要点

非法占用农用地罪中关于造成农用地大量毁坏的结果，需要依赖鉴定意

见作为认定的依据。根据《刑事诉讼法》的规定，鉴定意见仅是一种法定的证据类型，与其他证据相比并不具有证明力上的优先性，鉴定意见能否作为刑事证据使用，同样应依法进行严格的审查，实践中存在的“以鉴代审”的倾向是错误的。律师在非法占用农用地犯罪案件辩护过程中，除针对一般鉴定意见审查质证要点之外，还要从农用地管理专业知识的角度对农用地毁坏程度的鉴定意见进行质证和辩护：

1. 委托程序的合法性。委托是鉴定程序启动的前提，委托程序不合法的鉴定意见，根据《最高人民法院关于适用〈刑事诉讼法〉的解释》的规定，不能作为定案依据。如果非法占用农用地案件是自然资源行政主管部门或者林业、草原行政主管部门移送的，根据相关法律规定，自然资源行政主管部门或者林业、草原行政主管部门应当在移送时一并移送有关鉴定结论，即自然资源行政主管部门或者林业、草原行政主管部门在移送前应当出具鉴定结论。如果非法占用农用地案件系公安机关自行侦查的，涉及农用地毁坏程度鉴定时，应当由公安机关或者检察机关委托自然资源行政主管部门或者林业、草原行政主管部门出具鉴定意见。

2. 出具主体的合法性。如前所述，农用地毁坏程度鉴定意见属于行政机关鉴定的范畴，只能由市级以上自然资源行政主管部门或者林业、草原行政主管部门出具。行政机关自身不具备鉴定条件的，可以委托具备相应资质的专业机构对耕地毁坏程度进行鉴定并出具鉴定报告等技术材料，但最终的鉴定意见仍应由市级以上自然资源行政主管部门或者林业、草原行政主管部门出具。

3. 鉴定依据的合法性。农用地毁坏程度鉴定，应当集中在非法占用农用地行为对农用地土壤质量是否造成破坏或者降低，所以应当将农用地质量管理、耕地地力质量评价、土壤环境监测、土壤检测等方面的国家标准、行业标准、地方标准作为鉴定的依据。

4. 鉴定结论的真实性与科学性。一是要关注鉴定意见与其他在案证据是否存在矛盾。二是由于目前关于农用地毁坏鉴定的相关规范尚不完善，鉴定机构出具的相关鉴定意见往往较为简单，对于鉴定的方法、过程、依据等缺少必要描述，对于鉴定结论的形成也缺乏必要的论证。辩护律师可以结合相关法律规定和专业知识，从鉴定方法、鉴定依据以及土地毁坏程度的判定标准等，对鉴定意见的内容和结论的科学性、准确性及合理性进行审查。三是利用专家辅助人制度。考虑到鉴定意见的专业性，辩护人由于自身知识的局限有时难以对鉴定意见的内容及结论进行专业的评价和判断，可以申请有专门知识的人出庭针对鉴定意见发表专业意见，提高律师辩护的针对性和有效性。

第五节　有责性辨析

“没有责任就没有刑罚”是现代刑法的一项基本原则。我国《刑法》第16条规定：“行为在客观上虽然造成了损害结果，但是不是出于故意或者过失，而是由于不能抗拒或者不能预见的原因所引起的，不是犯罪。”这体现了刑法的有责性理论。刑法理论中的三阶层论也明确把“有责性”作为犯罪成立要件之一。虽然《刑法》第342条对构成非法占用农用地罪客观行为要件规定得较为具体，但并不是说只要行为人的行为符合刑法规定的客观要件就一定构成犯罪，还需要结合责任要素判断行为人是否负有责任。刑法中的责任要素，包括故意、过失、目的与动机、责任能力、期待可能性、违法性认识的可能性等。

一、非法占用农用地罪的认定应当充分考量责任要素

土地是一种宝贵的、不可再生的自然资源，包括耕地在内的农用地更是人类生存的基本生产生活资料。正是由于农用地的不可再生性和稀缺性，为保护和合理利用农用地，我国制定了一系列土地管理制度，严禁非法占用农用地的行为，符合法定条件的，还运用刑罚手段予以惩处，依法追究行为人的刑事责任。

但我们也必须注意到，实践中行为人实施非法占地行为的情形非常复杂，导致非法占地行为发生的原因也可能是多方面的。特别需要注意的是，土地的开发和利用一直是政府的强监管领域，根据以往土地违法查处情况来看，行为人实施土地违法行为的背后往往有政府的支持。政府基于经济发展和项目建设的需要，常常采取越权审批、会议纪要、专题会、口头要求等方式，要求或者同意项目建设主体违法占用农用地进行项目建设。笔者认为，在这

种情况下，即使非法占用农用地的行为符合犯罪构成的客观要件，但从有责性的角度出发，亦不应认定行为人构成非法占用农用地罪。

第一，从违法性认识角度讲，基于政府及土地行政主管部门同意的违法占地行为，行为人缺乏违法性认识可能性。由于我国土地政策纷繁复杂，且经常随着国家宏观政策调整而不断变化，一般的管理相对人很难完全弄清具体需要办理哪些用地手续以及由谁进行审批的问题。而政府及其土地行政主管部门作为土地的管理者、用地申请的审批主体，其明确要求或者同意行为人违法占地的行为，一定程度上代表了国家对该宗土地利用的态度，此时一般行为人不可能认识到经过政府同意的占地行为属于违法犯罪行为。

第二，从期待可能性角度讲，“法律不强人所难”。刑法中的期待可能性理论，是指根据行为时的具体情况，可以期待行为人不实施违法行为，而实施其他适法行为。如果不能期待行为人实施妥当的行为，就不能对其加以追责。在政府要求或者同意行为人违法占地的场合，很多时候是政府机关为了促进地方经济的发展，通过招商引资等方式引进的项目主体，并对用地审批手续的办理作出了书面或口头的承诺。若项目主体是基于对政府的信赖，且不进行违法占地行为将会导致项目无法建设，造成重大损失，则此时仍然要求行为人严格按照土地管理制度的要求去进行适法行为，显然超出了期待可能性的要求。

第三，从公平合理角度讲，在政府及土地行政主管部门明确同意占地的情形下，追究行为人的非法占地责任有违基本的公平原则。一般而言，政府行为天然具有权威性，行政行为在理论上具有的公定力、确定力、拘束力和执行力。作为行政机关作出的明示行为，在该行政行为被撤销或者确认违法之前，首先推定该行为合法有效且具有拘束力，行政管理相对人必须遵守和执行，所以行政管理相对人基于对政府的信赖而实施的非法占用农用地的行为，当然不应承担相应的违法责任，对其定罪量刑会丧失基本的公平性和合理性。

第四，从罪刑法定原则讲，根据相关法律的规定，政府越权批准征收、征用、占用土地的，相关责任人员应当承担行政责任；构成犯罪的，应当承担刑事责任。非法批准、使用的土地应当收回，有关当事人拒不归还的，以非法占用土地论处。所以，基于政府批准或者同意的非法占用农用地行为，只有在政府收回案涉土地时当事人拒不交还的，才可能追究非法占用农用地罪，否则不能认定行为人构成犯罪。

二、相关争议案例要点分析

案例 1：基于对政府部门信任将耕地当作未利用地占用，不应被认定为非法占用农用地罪

A 公司为堆放矿山开采出的石料，与 B 村委会协商租赁其 18 亩未利用地。协商期间有村民提出上述土地属于其承包的耕地，但 B 村委会予以否认。为了核实土地地类，A 公司要求 B 村委会向县国土资源局进行查询，县国土资源局出具了案涉土地为未利用地的说明。此后，A 公司与 B 村委会签订了《集体未利用地租赁合同》，约定 B 村委会将集体所有的 18 亩未利用地租赁给 A 公司用于堆放石料。同时，A 公司的用地行为还得到了镇政府的批复同意。

后来，县国土资源局接到群众举报，称 A 公司违法占用了其承包的耕地。县国土资源局经核对土地利用现状数据库后认定案涉土地属于旱地，并将案件移送司法机关。司法机关认为，A 公司未经审批占用耕地用于非农建设，经鉴定土地损毁程度为破坏严重，构成非法占用农用地罪。

本案中，A 公司虽然客观上存在未经审批占用耕地的行为，但由于 A 公司并不知道案涉土地属于耕地，不应构成非法占用农用地罪：

第一，根据《刑法》第 342 条之规定，非法占用农用地罪的主观方面表现为故意，要求行为人对自己行为的内容、性质和结果等具有明确的认知。本案中，作为土地出租方的 B 村委会明确告知 A 公司案涉土地为未利用地，县国土资源局也出具书面文件对此进行了确认，A 公司据此认为其所占用土地属于集体所有的未利用地符合常理。因此，A 公司主观上对自身行为的性质（侵害了农用地特殊用途的法益侵犯性）是没有认知的，不具有非法占用农用地的故意。

第二，根据我国刑法理论，如果行为人不可能认识到自己的行为是违法行为而实施，不能对其进行法的非难。即行为人不具有违法性认识可能性时阻却责任。本案中，A 公司在有村民对案涉土地的地类提出疑问时，已通过 B 村委会向县国土资源局查询了案涉土地的地类，县国土资源局书面确认案涉土地属于未利用地。土地租赁合同签订后镇政府还批复同意了 A 公司的用地行为。据此，A 公司虽然主观上对案涉土地的地类产生了错误认识，但这种错误认识是基于对主管机关的信赖而产生的，责任并不在于 A 公司。而且，在行政主管机关明确告知案涉土地属于未利用地，相关政府也明确同意占地行为的情形下，A 公司缺乏违法性认识的可能性。

案例 2：地方政府文件规定的临时用地审批程序比法律规定的更为严格，企业据此办理临时用地审批手续的不应当认定为非法占地

C 市政府为了解决当地煤炭资源开发的用地难题，经上级政府批准，同意采矿企业在与原土地权利人签订采矿用地合同且经 C 市政府审核同意后，对于地表浅层或采矿作业周期、储量服务年限短的露天采矿用地，可采取临时用地方式办理用地手续。D 公司露天煤矿在取得采矿许可证后，根据上述政策规定办理了临时用地手续，取得了 C 市政府同意临时占用耕地的批复。D 公司在取得批复后，与国有农场签订了临时用地合同并支付了临时使用土地补偿费。后来，司法机关认为 D 公司虽然取得了政府临时用地的批复文件，但未按照《土地管理法》的规定到土地行政主管部门办理临时用地审批手续，构成非法占用农用地罪。

本案中 D 公司已按照当地政策规定办理了临时用地审批，不应认定为非法占用农用地罪，理由如下：

第一，D 公司之所以未按照《土地管理法》的规定办理临时用地审批手续，是因为 C 市政府发布的政策文件中明确规定符合条件的露天煤矿采用临时用地方式进行供地，临时用地手续由 C 市政府进行审批。D 公司按照该规定办理了临时用地的审批，并与土地权利人签署了用地协议、支付了土地补偿费，没有不经审批而违法占地的故意。

第二，D公司是按照C市政府发布的政策文件规定办理的用地审批手续，并取得了相应的政府批复文件。这些足以使D公司合理地相信其行为是合法的，即使D公司明知上述文件的规定与《土地管理法》不符，但由于地方政策规定是否合法的问题已经明显超出了企业的认识和判断范畴，即使上述政策文件违法，D公司也缺乏违法性认识的可能性，不能因为政府的违法行为而对其进行法的非难。

第三，根据期待可能性理论，如果根据行为时的具体情况，不能期待行为人不实施违法行为而实施其他适法行为，就不能对其进行法的非难。本案中，在当地政府以政策文件的形式对临时用地的审批权限做了比《土地管理法》更为严格规定的情形下，无法期待作为被管理者的D公司仍然按照《土地管理法》的规定去办理用地审批手续。

案例3：企业与政府签订了土地出让合同并支付了土地出让金，经政府同意后占用土地不应被认定为非法占用农用地罪

E公司露天煤矿经政府同意采用分期申请的方式办理用地审批手续，并先后取得了第一、二期用地的审批手续。2012年，E公司向F县政府申请办理第三期用地的审批手续，经F县政府同意后与F县国土资源局签订了土地出让合同，并全额缴纳了土地出让金。但此后数年间，F县政府因无法与村民达成征地补偿协议，迟迟未办理农转用和征地报批手续。

2016年年初，F县政府作出会议纪要，载明E公司露天煤矿被国家列入“保供”煤矿名单，煤矿停产将会对区域供暖造成严重影响，且第三期用地符合土地利用总体规划，同意E公司先行用地，并承诺尽快完成用地报批。此后，E公司在采矿许可证范围内，先后占用出让合同项下的三期用地1500余亩。后来，司法机关认为E公司明知案涉土地的审批手续正在办理过程中，在尚未取得建设用地审批手续的情形下占用案涉土地进行露天采矿作业，经鉴定造成天然牧草地严重毁坏，构成非法占用农用地罪。

本案中，E 公司虽然存在未取得用地审批手续而占用草地的行为，但不能据此简单地认定其构成非法占用农用地罪。理由如下：

第一，E 公司在主观上没有非法占地的故意。本案中，E 公司一直在积极申请办理用地手续，并且与国土部门签订了土地出让合同，全额缴纳了土地出让金，实施占地行为也是经过政府同意的。由此可见，E 公司在主观方面没有规避监管、非法占地的故意。

第二，E 公司的占地行为得到了政府机关的许可，不具有违法性认识的可能性。本案中 E 公司虽然知晓其占地行为需要办理用地审批，但在 F 县政府明确同意其可以先行占地，并承诺尽快办理用地审批手续的情形下，E 公司基于对政府机关的信赖，有理由相信其占地行为已经得到了政府机关的许可，缺乏违法性认识的可能性。

第三，E 公司缺乏实施适法行为的期待可能性。本案中，一旦 E 公司因为用地问题而被迫停产，不仅企业会遭受巨大的损失，还会对区域供暖产生严重影响。再加上 E 公司已然与政府签订了土地出让合同，缴纳了巨额的土地出让金，无法期待 E 公司在此情形下仍然实施适法行为。

三、针对非法占用农用地罪中行为人有责性的辩护建议

刑事案件中认定构成犯罪的有责性要件判断具有较强的主观性，需要扎实的客观证据予以证明；同时，有责性要件属于刑事司法理论的范畴，所以，在非法占用农用地案件中针对有责性进行辩护，一方面需要通过客观证据证明行为人不应承担法律责任，另一方面需要提高刑事司法理论的水平，为有效辩护提供有力支撑。

第一，全面做好证据的调查收集工作。故意、目的和动机等责任要素本质上都属于行为人的主观心理状态，无法进行直接的探究和判断。需要通过客观事实，比如行为的时间、地点、条件，行为人的相关表现，事前和事后的态度等来证明。《刑事诉讼法》中虽然明确规定办案机关应全面调取证明当事人有罪、无罪、犯罪情节轻重的各种证据，但是实践中部分办案人员抱

着有罪思维，侧重于调取有罪证据，对于当事人无罪或者罪轻的证据则怠于收集和调取。因此，为维护当事人合法权益，辩护律师应结合案件具体情况，围绕与行为人主观心态相关联的案件事实，积极开展调查取证工作。比如，行为人是否提出了办理用地审批的申请、是否与政府签订过相关协议、占地行为是否事先取得了政府同意、当地政府是否有特殊的用地政策等。

第二，结合刑法理论充分做好法律分析。我国刑法虽然规定了故意、过失、责任年龄、责任能力等责任要素，对于违法性认识可能性、期待可能性等责任阻却事由却未做明确规定。但近年来随着一系列案件在社会上引起争论和关注，责任阻却事由在定罪量刑中的作用也逐渐引起了部分刑事司法人员的重视。因此，辩护人可以在对刑法理论、司法观点和相关裁判案例进行整理的基础上，结合案件具体情况分析当事人责任的有无和大小，形成有利于当事人的法律意见。必要时还可以聘请刑法专家对当事人的有责性问题进行论证，出具专家意见，为律师辩护提供有力支撑。